名师工作室成果文库

教研 · 悟道 · 成长

JIAOYAN · WUDAO · CHENGZHANG

陈章义　姚秀海 主编

光明日报出版社

图书在版编目（CIP）数据

教研·悟道·成长 / 陈章义，姚秀海主编 . -- 北京：
光明日报出版社，2019.10
ISBN 978 - 7 - 5194 - 5555 - 2

Ⅰ.①教… Ⅱ.①陈…②姚… Ⅲ.①中学化学课—
教学研究—高中 Ⅳ.①G633.82

中国版本图书馆 CIP 数据核字（2019）第 221490 号

教研·悟道·成长

JIAOYAN · WUDAO · CHENGZHANG

主　　编：陈章义　姚秀海

责任编辑：庄　宁　　　　　　　　责任校对：李小蒙
封面设计：中联学林　　　　　　　责任印制：曹　净

出版发行：光明日报出版社

地　　址：北京市西城区永安路 106 号，100050

电　　话：010 - 63139890（咨询）　 63131930（邮购）

传　　真：010 - 63131930

网　　址：http：//book. gmw. cn

E - mail：zhuangning@ gmw. cn

法律顾问：北京德恒律师事务所龚柳方律师

印　　刷：三河市华东印刷有限公司
装　　订：三河市华东印刷有限公司

本书如有破损、缺页、装订错误，请与本社联系调换，电话：010 - 63131930

开　　本：170mm×240mm
字　　数：350 千字　　　　　　　印　　张：20
版　　次：2019 年 10 月第 1 版　　印　　次：2019 年 10 月第 1 次印刷
书　　号：ISBN 978 - 7 - 5194 - 5555 - 2
定　　价：78.00 元

编 委 会

主 编：陈章义　姚秀海

编 委：曹晓芹　李丽娜　张　馨

　　　　杨　健　付　晨　戴玉梅

前　言
人的发展正迈入发展共同体时代

　　一个教师的专业成长从根本上决定了他的职业生活的质量和自身价值的实现程度。历史让我们与改革开放同步，与时代同发展，机缘让我们融入贵阳一中新世界国际学校化学教研组，借助姚秀海名师工作室的平台，形成"个人＋教研组＋名师工作室"的成长模式。个人成长之路难免遇到困惑和艰辛，每一次对困惑的顿悟，每一次对艰辛的坚持，沉淀下来，因为有着共同体的依靠，仿佛又进入了春天，成为每一位教师这十年厚重的记忆与辉煌。十年积累，终待一时花开；十年磨剑，终见一时锋芒。

　　过去的时光，我们一起教研，一起悟道，成长途中苦与乐相依相伴，搀扶着走过了多少孤寂和落寞的日子，也排解了多少剪不断理还乱的愁怀。一直以来，我们与自己的心灵默默进行着对话，无须注解，自然懂得。那些留下来的些许感悟、零散文字，日子长了，攒积在一处，也就成就了这样一本书。

　　书中记录了我们这个发展共同体一路成长的足迹：从共同体形成到壮大，从学习共同体到发展共同体，再到自主发展团队，经历了在悟课中成长，在研究中成长，在团队中成长。它不仅是对我们成长轨迹的回顾，也是对大家青春易逝的慨叹。书中每一篇文章的材料都来自一线教师的教学手记，它们是我们对这段发展经历的悟道，对青春年华的追忆，对事业的执着与自信。

　　《教研·悟道·成长》是新世界国际学校化学教师成长的缩影。全书共分三篇：教研篇、悟道篇、成果篇。其中曹晓芹负责教研篇，姚秀海负责悟道篇，李丽娜负责成果篇，张馨负责收集资料，杨健负责收集图片。全书记录了我们的三步成长模式，反映了我们对教学目标的转化与执行，体现了我们"成功、成才、成人"的育人理念。它释放了我们的酸辣苦辣，或许这其中还有许多梦想，那是我们曾经迷恋过的希冀和期盼。

十年路上，那些深深的脚窝里盛满了我们的狂热。回首看来，才发现如今辑文成册的必要。就像把文字变成一颗颗沙砾，铺就在我们事业发展的道路之上。沙砾上留下的一串串歪歪扭扭的脚印，那是我们记录在教学悟道日记中最好的印迹。当我们回过头来，会看见了那些若隐若现的划痕，揭开我们所有的记忆，愿成为更多的同行教师成长发展的借鉴。

我们继续在虬枝中攀登，将众生杂乱的枝条理顺，让新枝逢春，成长为参天大树。

2019 年 1 月于贵阳新世界国际学校

目　录
CONTENTS

教学实践·求真探索·······························**115**

后　记·······························**309**

01

团队回眸·专业成长

强校必先强教，强教必先强师

——论学校师资队伍建设的加强

贵阳一中、贵阳一中新世界国际学校　陈章义　姚秀海

《国家中长期教育改革与发展规划纲要》提出的"强国必先强教、强教必先强师"的核心精神以及建设高素质教师队伍的要求，是当前中小学优秀教师队伍建设工作面临的前所未有的挑战。贵阳市政府提出"教育强市"的战略，为加快金阳新区（观山湖区）建设，由贵阳市政府牵头，贵阳一中与香港新世界房地产签订联合办学协议，于是就有了"7个人、一块牌子、一千万"的故事，经过十年的艰苦奋斗，一所优质民办学校：贵阳一中新世界国际学校，屹立在黔中大地。

"强校—强教—强师"，学校始终把师资队伍建设作为学校工作的重点，探索贵阳一中新世界国际学校优秀教师团队建设的新模式，引领未来学校教师专业发展的方向，使学校教师队伍在科学统筹的前提下实现全面、协调、健康的持续发展态势。

在人类命运共同体意识影响下，我们提出"个人＋×××＋学校"的发展共同体模式，学校是一个相对大的发展共同体；×××可以是一个班、一个学部、一个年级组、一个教研组、一个名师工作室，这些都是小的发展共同体；每一个教职工或者学生是发展个体。个体融入小发展共同体，于是，学校有了很多的发展共同体。学校统领、检查并考核，小发展共同体的"头"负责具体执行方案，并提出个体的发展目标。个体按照目标要求实现自主和谐全面发展。除原有的"老带新""老带青"的"青蓝工程""136918工程"，以及"送出去与请进来"的学习提升措施外，还建构了多个校级、市级、省级名师工作室，带教培学员多名，多位学科带头人，多位骨干教师，形成了自己的师资培养梯度与力度。其中"个人＋化学教研组＋姚秀海（市、省）名师工作室＋学校"就是我们学校一个发展案例。

　　在新课程理念下，教学目标从原来的"双基"到"三维目标"，再到向"核心素养"转变，教学理念从过去的"以教师为主体"到"双主体"，再到"以学生为主体"，以及"少教多学"等，我们在学习、贯彻、落实、执行着，并在教学中慢慢地悟道。在大一中教育集团的"本真教育、本色成才"教育理念下，结合学校实际，我们提出"A > B > C"（A代表身体与心理健康；B代表德育；C代表智育）的发展口号，"三成"（成才、成功、成人）发展理念。遵循"三出"（即出经验、出成效、出人才）的思想。倡导正高教师、特级教师、学科带头人、骨干教师、教研组长充分发挥示范引领作用，主动深入课改一线，研究学术，研究课堂，关注并且解决教学实践中的重点、难点问题，在推进学校教学改革纵深发展的同时，不仅获得了自身的专业发展，而且师资力量得到加强，优秀教师队伍不断壮大，从而实现了全校整体的共同发展。

　　我们总结出个体发展的三要素，一是志向，二是自学，三是个性化帮助。个性化帮助是外来推动力，志向与自学是基本的内驱力。我们常常对师生们讲："志向会产生引力，自学会产生推力，只要具备这两种力量，想不成才都难"。

　　我们概括了个体的发展经历的"三个发展共同体"：第一个是进入学习共同体，参加一个学习型组织；第二个是进入比较小的发展共同体，实现工作能力的提升；第三个是进入自主发展共同体，能够自主发展的教育家团队。

一、学习共同体

　　学习共同体就是指学生进入学校后，参加班级或者小组组成的一个学习型组织，学生经历小学、初中、高中、大学本科、研究生的学习共同体，在每一个学习共同体中，每个人主要以学习为主，向老师学习，向书本学习，学生之间互相学习。在实践中学习，随着学习方法的不断掌握与积累、学习能力的不断养成与提升，学习内容广度和深度的不断拓展，世界观逐步形成，为今后的继续发展打下基础。

二、发展共同体

　　例如我们的"个人＋×××＋学校"的发展共同体，有着共同的理念和奋斗目标，彼此学习、师徒学习、重点培训与轮回培训相结合。在马斯诺（Maslow）关于人的需求理论下，个体的需求在发展共同体中不断得到实现，每个人的工作能力和水平得到不断提高。我们把人的成长三要素，要靠志向、自学和个性化帮助与加强师资队伍建设结合起来。历史不断证明，教师在终身教育和终身学习理念的渗透和实施中扮演着重要角色，因为学校的发展是一个需要不断完善和不断认知的过程。

教师应树立终身学习理念并学会渗透性学习，建立适应自己个人专业成长的内在动力机制，建构全方位的、多种形式的终身学习体系，使自我的专业发展成为一个开放的、动态的系统。

三、自主发展共同体

（一）为自己制定切实可行的发展规划

我们的专业发展是一个持续的、长期的积累过程，任何人的专业发展和成长，都要经历一个从量变到质变的过程，存在着发展的阶段性。我们一定要用发展的眼光来规划自己的未来，为自己的专业发展设计一个蓝图，为引导、监督和反思自身发展提供一个参照框架。

（二）加强行动研究学习

教师专业发展的核心是提升自己的实践智慧，关键是使自己成长为研究型的教师。我们作为研究者其研究的主要方向为学科领域、学生、教育策略和教学法。要实现这种"三位一体"的研究，行动研究是比较好的选择，是一种教育研究活动，其中教学反思和案例分析研究就是突出的代表。

美国学者波斯纳（Posner）认为，没有反思的经验是狭隘的经验，至多只能是肤浅的知识，他提出了教师成长的公式：教师成长 = 经验 + 反思。教学的反思是对自我发展意义的教育实践活动以及在支持这些教学活动经验观念和理论进行积极、持续、深入的思考基础上，尝试改变自己的教育实践行为，丰富完善和重建自己的教育信念和理论，以使我们的专业能力和教育实践得到不断提升和加强。

教师间的相互学习，彼此交流也是其专业发展的重要途径。研究表明，同伴的相互学习与交流对于获取有效的教学资源，掌握新技术手段尤为重要。在实际教学活动中，我们往往会遇到一些共同的问题，如能相互交流、切磋，就可以相互帮助，共同进步，分享劳动成果。当然，在一个教师发展共同体中，每个人都会有不同于别人的思想、观念、教学模式和方法，而对于其他人的专业发展都是极其宝贵的经验财富。通过交流不仅可以对各种观点进行比较与借鉴，获得对问题更为本质的、全面的认识，更能实现共同提高。马克思关于人的发展论述中指出最终目标是建立"自由人联合体"。

新教师成长为成熟教师需要培训，但校本教研更有实效。凡是新教师，几乎都希望自己受到学生喜欢和家长认可。所以，新教师的专业成长不存在"志向"方面的问题。新教师的学习，重点是要学常识性的知识与技能，只要用心，随处可找资源。之所以强调自学，一是时间管理的需要，二是学习效率的需要。新教师往往效率不高，工作忙乱者比比皆是，只有乐于自学者，才可能利用好碎片化时间；教育常识的学习重在感悟，也只有自学的内驱力，才可能有更多的感悟。新教师的成长，毫无疑问需要共性的培训，比如，请专家讲授教育教学常识，多听名师的课程，都会让新教师对教学有更深认识。

外出培训固然不可缺少，但真正决定新教师专业成长速度的，还得靠所在学校形成有效的校本教研机制。教育教学是一门艺术，特别需要个性化示范与点拨。校本教研相对容易让新教师快速达成规范要求，并结合自身实际不断改进教育教学技巧。

成熟教师成长为名师，特别需要提升"以教育理念引领实践"的意识与能力。要想成为名师，成熟教师首先需要"志向"的激励。许多教师评上中级职称后，就不太追求专业成长了。缺乏志向，教师自然就不会有内驱力。其次是需要提高对自学的要求。教师自学的重点主要为学科素养、教学技巧，特别需要提升对教育理念的认识与实践。这时候的专业成长最好要有规划，这样才能让自己更有教育风格，也让学校提升有限资源的使用效率。

学校提倡所有教师要有个人发展规划。如纵向有论文、公开课、科研、教学质量等指标，横向分为几个等级。教师结合自身情况制定规划，提出希望得到哪些资源的需求，学校尽可能将资源分配给最需要的教师。当上级有公开课任务时，校长要看哪些教师有需求；针对希望提升论文水平的教师，校长要不定期请专家来校做个性化指导。学校因此涌现出一批名师，同时教师需求不断得到满足，在这个过程中又不断产生新的发展动力，有助于教师去实现更好的发展。

成熟教师与名师最本质的区别，在于是否具备"以理念引领实践"的意识与能力。我国文化关于"道"与"术"的哲学，是放之四海而皆通的真理。对教师而言，"道"是教育理念，"术"是教学技能。如果对教育的"道"有更多感悟，必定更能展示教育的艺术。但是，一线教师一般很难对理念有深刻认识，大多数只知道"怎么做"，而不太去深究"为什么做"。

我的经验是通过可操作的教育品牌共建，可以更快地帮助教师悟"道"。从2012年起，学校在学生中开展"每月之星"评价品牌，设计理念是"尊重人格""尊重差异""让每个孩子轮流做英雄"等；在帮助教师把握"道"的理念方面发挥重要作用。

（三）自主发展

教师发展为教育家型教师，需要理论团队的个性化支持。现在的教育现状是，追求名师者众多，而追求做教育家型教师的极为罕见。要成长为教育家型教师有两点很重要。

一是要有解决时代性困境的情怀与智慧。古语说，要"立德、立功、立言"，对教育家也是最贴切不过的。其中的"立功"，就是要解决时代性困境。比如，陶行知生活的年代，国民基本为文盲，陶行知的"乡村教育"正是针对那个时代性困境而提出的方案。又如，陈鹤琴，针对幼儿习惯教育几乎空白的现实，探索开设"幼稚园"，也是呼应当时时代性困境。

改革开放40年，尽管教育取得了巨大成就，但时代性困境也日益凸显，教育发展很不均衡，留守儿童没有得到很好的教育，比如，从南到北、从城市到农村，儿童享受的教育资源不一样，随处可见孩子挣扎在作业堆里，还有我们的教育严重忽视孩子的个性与独立人格，共性与个性的矛盾，如何调和？呼应这些时代性困境，应该是有志成为教育家型教师应有的家国情怀。

二是需要理论团队的个性化支持。相当多的优秀教师是有真才实学的。但是，从名师到教育家型教师，缺的就是如何将独特教育理念提升为个性化的理论、个性化的思想。从理念到理论是一线教育者"立言"的短板。教育家型教师成长，最缺的是外来专家团队针对名师的个性化教育理念、教育风格进行研究、提炼与完善。

我们也在发现、帮助有情怀、有潜力的名师提升，发展个性化教育理论，探索教育家型教师成长的有效途径，而这正是现实教师发展共同体所缺乏的，是学校发展必须解决的一个难题。当然，教育家不是靠培养可以产生的，但如果能形成理论家反哺名师的机制，学校出现一批教育家型教师还是很有希望的。

习近平总书记说："教师重要，就在于教师的工作是塑造灵魂、塑造生命、塑造人的工作。一个人遇到好老师是人生的幸运，一个学校拥有好老师是学校的光荣，一个民族源源不断涌现出一批又一批好老师则是民族的希望。"

肩负着"办人民满意的教育""办学生喜欢的学校"使命，以可持续创新为动力，创设综合化、国际化、信息化的教育生态，让每一门课程、每一次教学都承载未来社会对人才的要求，创造教育的最大价值，这是我们每一位教育工作者的职责和担当，也是我们永远的追求。

我们的成长感悟

贵阳一中新世界国际学校　姚秀海　陈章义　曹晓芹

一、在悟课中成长

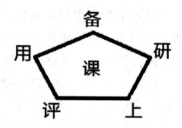

聚焦悟课的循环图

（一）如何备课

1　备课的因素

备课的因素包括备学生，备教师，备课标，备教材，备资源及其他。

2　专家的建议："一课三备"

一备：不使用任何参考资料，凭自己对教材的理解，写好一案；

二备：通读大量的教辅资料后，在一案的基础上形成上课教案；

三备：课后根据课堂实际调整教学策略、知识的重难点、教学的方法形成三案。

感悟：先有自己的，再学别人的，在课堂实践中逐步完善。没有十全十美的课，只有不断完善的课。

（二）如何研课

研课就是课前说课，是指教师在独立备课的基础上，通过学习与交流分享等活动，与同伴、专家一起，系统研究某课题的理论基础、学科本质、知识功能、育人价值、教学设计、作业布置等内容，并形成上课的资料（教案、学案、演示文稿、练习等）。这正是我们"教师＋教研组成员＋名师工作室成员"发展共同体成长的一种形式。

（三）上课

1　上课就是把课前准备和研讨过的教学方案用于课堂教学实践，是在一定的时间内，在老师的组织和引导下，学生自主通过合作、积极主动完成学习任务，达到教学目的的过程。

2　上课目的

每一个学生的"学习"必须是实现"上课"的诉求，其中以获得知识为基本目标；以掌握方法与技能为较高目标；以学会思维、生成智慧为最高目标活动。

3　上课步骤

（1）课前准备（物质准备、状态准备、学习准备……）

（2）导入活动（情境创设、问题驱动……）

（3）主体活动（讨论、交流、分组、实验……）

（4）总结与建议（高屋建瓴、全面系统……）

（5）检测与反馈

除此之外还要精心设计和形成板书，认真研究和布置作业；每一位学生都能在化学教师的支持和指导下开展学习、交流和分享等活动。

4　理论支撑

上好一节课不仅需要化学专业知识，还需要心理学的知识，方法论的知识，教育学的知识。

（四）如何评课

1　教师培训

第一步，对骨干教师开展如何听课评课的培训；第二步，现场观课评课，切实提高评课能力；第三步，发现典型、解决问题，反思提升；第四步，在研发阶段研制评课标准和记录表。

教师听评课的培训。如何准备？如何观察？如何记录？如何反馈？听课评课如何反思？如何调研（监测)？如何分析？如何规划？

2 学生问卷

序号	评价内容	评价等级			等级
		A	B	C	
1	这节课的内容我掌握了	70％以上	50％左右	30％以下	
2	这节课的学习内容	深刻到位	比较有深度	浅显易懂	
3	这节课	很吸引我	挺有意思	不感兴趣	
4	上课时我能	积极思考	有点想法	没有想法	
5	老师设计的活动我能	深度参与	可以参与	无法参与	
6	参与教学活动使我	收获很大	有点收获	收获不大	
7	课上我能独立的	提出问题	听懂问题	没有问题	
8	你认为这节课老师备课	非常认真	比较认真	不太认真	
这节课我最大的收获是：					
上完这节课，我最想对老师说的话是：					

3 要求

发现亮点，提炼到位，升华固化，问题准确，建议可行，共同反思。

4 如何评价

"三看"。一看效率：每一位学生都能在化学教师的支持和指导下开展学习、交流和分享等活动；二看师生过程欢快、结果满足，有愉悦感；三看学生领悟深刻、收获多元，有成就感。

"四评"。一评教师身份，是新教师、成熟教师、骨干教师、名教师上课。不同的教师，上课的水平不一样，评价要求不一样。二评课型。是新课还是复习课；是理论课，还是实验课。不一样的课型难度系数不一样，评价不一样。三评课堂的"五度"，即"情景设置诱惑度；问题提出的刺激度；获得组织参与度；习题训练的扎实度；知识与方法、思维与智慧的生成度"。四评学生课堂的"四动"，即"动口、动手、动脑、动心"。

总之就是评价"二感"，即师生的愉悦感、师生的成就感。

（五）如何用课

用课就是对成功课的分享、应用和完善。教师要善于把对课堂教学反思的结果用到新的教学设计中，团队要善于把深入研究的好课作为教研活动或校本研修的情境，在学科内或跨学科跨学段做交流分享。

1 不断完善，提升新一轮备课不平，用课循环图

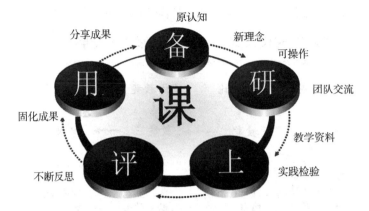

分享成果、原认知、新理念、可操作、团队交流、固化成果、教学资料、实践检验不断反思。

2 学习专家"课研"模式：一个课例——两次反思——三个阶段

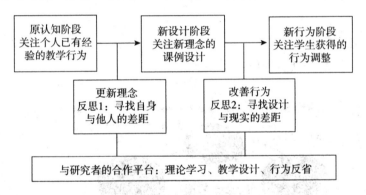

3 "教研组＋名师工作室＋专家团队"研课模式

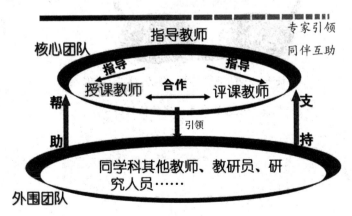

4 团队不断完善、提升教案水平，简称"四案成长"模式

"四案成长模式"—促进教师个人发展

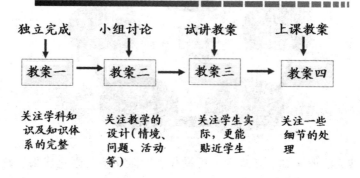

通过收集学生反馈，促进师生成长。注重课堂观察，调查问卷，课后访谈，数据分析，其他。

二、在研究中成长

（一）课题（专题）研究

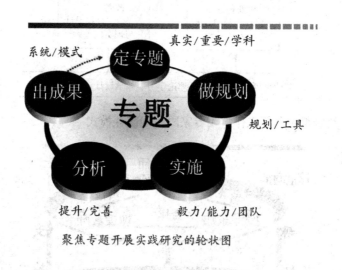

聚焦专题开展实践研究的轮状图

（二）教师成长规律研究

1 教师专业发展的阶段性特点研究

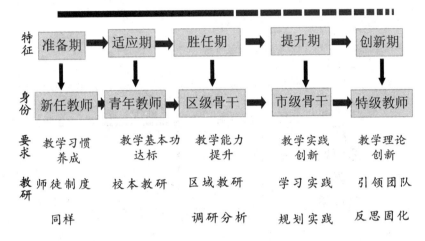

2 教师成长分化点的坐标分析

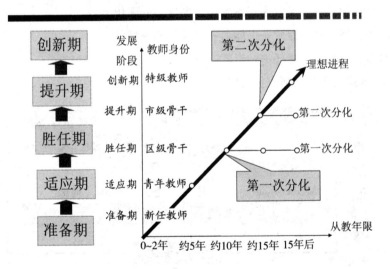

3　教师教学风格及特点的形成阶段坐标分析

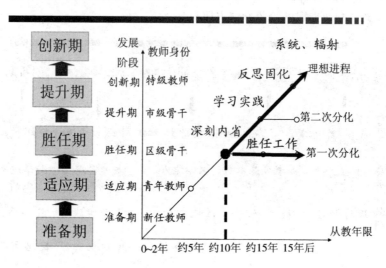

4　教师成长中三个方面变化规律

外显：学习——实践——思考——提炼——固化

内隐：规律——课堂——能力——反思——特色

素养：爱心——责任——奉献——执着——认真

5　名师工作室教师成长结构图

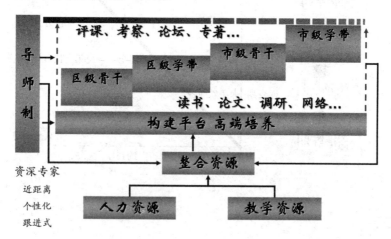

6 名师工作室教师三年成长轨迹图

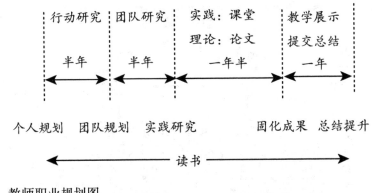

7 教师职业规划图

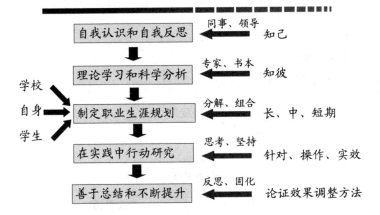

自我规划方法：依据 SWOT 法，就是将与你密切相关的各种主要内部优势因素（Strengths）、劣势因素（Weaknesses）、机会因素（Opportunities）和威胁因素（Threats），通过调查罗列出来，并依照一定的次序按矩阵形式排列起来，然后运用系统分析的思想，把各种因素相互匹配加以分析，从中得出一系列相应的结论（如对策等）。

请尽可能准确地找到自己的以下四方面因素：

优势：	劣势：
机会：	威胁：

（三）教研组"研课"效果图

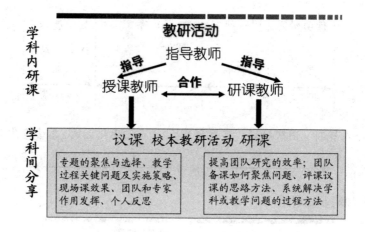

三、在团队中成长

（一）教师专业发展的三条途径

（二）雁阵理论

一个队伍中最重要的是领头雁。当领头的大雁累了，会退到队伍的侧翼，另一只大雁会取代它的位置，继续领飞，这体现协调重在配合。

大雁编队飞行产生一种空气动力学的作用，一群编成"人"字队形飞行的大雁，要比具有同样能量而单独飞行的大雁多飞70%的路程，也就是说，编队飞行的大雁能够借助团队的力量飞得更远，这体现协同会增加力量。

大雁的叫声热情十足，能给同伴鼓舞，大雁用叫声鼓励同伴，使团队保持前进的信心，这体现协调会增强组织的信心力。

当一只大雁脱队时，会立刻感到独自飞行的艰难迟缓，所以会很快回到队伍中，继续利用前一只大雁造成的浮力飞行，这体现协调具有吸引力。

（三）建立学习共同体

创造继续学习的机会；促进探究与对话；增进合作与团队学习；建立学习

与分享学习的系统；促进学员能构建共同的愿景；促进组织与环境相结合。不断优化，使团队的结构更加科学。

（四）开展课例研究的基本形式

序号	教师	研究	内容	主要收获者
1	一位教师	同一主题	同一内容	上课教师
2	一位教师	同一主题	不同内容	上课教师
3	多位教师	同一主题	同一内容	备课组
4	多位教师	同一单元	不同分工	备课组
5	多位教师	不同角度	同一内容	教研组
6	多位教师	不同层次	同一内容	教研组
7	多位教师	同一课型	不同学科	年级组
8	全体教师	同一专题	不同学科	全体教师

（五）研究学生发展空间，创新课题教学模式，促进师生共同发展

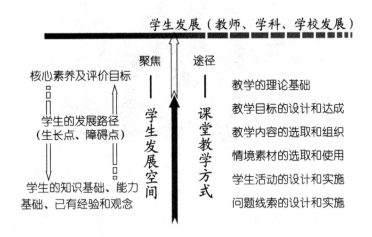

（六）不断优化，使团队更加科学

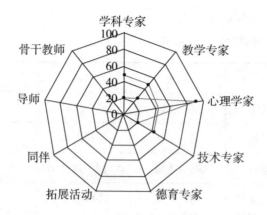

这个时代，我们在合作中共同成长。我们提出了"教师＋教研组＋名师工作室"的团队成长模式，教师得到发展，学科得到发展，学生得到发展，学校得到发展；学校要不断打造优化的团队，教师要加盟优秀的团队、优质的学校，在共同体中成长，在共同体中发展，这就是我们的感悟。

在2017年7月公布的由贵州省教育科学院和贵州省教育学会联合主办的贵州省教育教学科研论文及教学设计获奖名单中，贵阳一中新世界国际学校化学组硕果累累。在全省的79400篇参赛作品中，我校化学组投稿教师全部获奖，其中一等奖3篇、二等奖5篇、三等奖1篇。

冰冻三尺，非一日之寒；积土成山，非斯须之作。化学组的老师们在竞争激烈的角逐中何以脱颖而出，他们是否有着绝密的"武林秘籍"，让我们一起走进贵阳一中新世界国际学校化学组这个大家庭。

团队介绍

　　化学教研组共有 11 位化学老师，其中特聘专家 1 名，省级特级名师 1 名，高级教师 3 名，老、中、青教师比例合理。教研组打破学段的限制，跨年级学

段进行教学研讨，步调一致，高效输出。同时，组内实行老带新的促教师成长策略，全组教师共同参加多项科研课题、承办协办省内市内教研活动等，互帮互助，齐步发展。

武林盟主——陈章义

　　化学组的日益发展，离不开领导的重视与支持。2017 年，我校化学组增添了一位最有魄力的成员——陈章义校长。在他的带领下，化学组大兴实验室建设，鼓励教师开展趣味实验，促进化学组老师的专业发展和职业提升，组建了一支活力四射、奋力勃发的教学队伍。一个豪情的盟主必能凝聚四方英雄，看我化学组势如破竹，壮志昂扬。

一代宗师——姚秀海（化学组创始人、高中部教研组长）

　　熟悉姚老师的人都知道，他有着校长、名师等华丽的头衔，但是唯独最爱"姚伯伯"这一朴素温暖的名字，于是全校从老师到学生都亲切地称他"姚伯伯"。

无论是从铜仁一中到贵阳一中，再到一中新世界的工作变迁，还是从优秀教师发展到市级名师，再从市级名师蜕变成省级名师的专业发展，都证明了他多年的教学专研获得的成果。

他成立了我校化学组，并带领着这个团队从无到有、满载荣誉。他静处体悟，事上修炼，旁征博引，自成一派，所到之处都播下了教学求真的种子，在江湖上独树一帜。

曹晓芹中学高级教师，贵阳市优秀教师，贵阳市骨干教师，贵阳市百名学科带头人培养对象。

她是第一个加入化学组的成员，作为在化学组成长起来的第一批中青年骨干教师，长期承担学校初高中化学教学工作，初中化学备课组长工作。对于初高中化学教学有一定教学心得。尤其在初高中衔接课程上，能够让学生自然地做好初高中知识、学法、能力上的衔接。

除了关注自身的发展之外，还积极地帮助身边的年轻教师获得成长。从2012年到现在，陆续指导了本校几位年轻教师。从各个细节和年轻教师们逐一揣摩，在他们参加工作的最初阶段，关注他们的成长，使他们更快的在教学岗位上真正独当一面。

热火掌门——曹晓芹（初中部教研组长）

姚老师经常和化学组的老师们开玩笑说曹老师是他的大弟子，私底下曹老师也经常对学生们说姚伯伯是她的师傅，这是多么亲密无间的师徒关系啊！作为当家掌门，曹老师的绝技便是"全天候作战"。高三、初三同时上，教务、教育两手抓，教学、教研并排跑。正能量满满的曹老师为组内年轻的老师们树立了学习的榜样，更是在生活上热心帮助大家的邻家姐姐。

江湖侠客——戴玉梅

戴玉梅是一名温柔优雅的新疆舞者、教学经验丰富的老师让化学组其乐融融、温情和谐。身体力行，践行着老一辈教书人的教育理念；和蔼可亲，指导青年教师的教学实践。不计回报、不问出身，若非侠骨柔肠，岂能待人如此？

武林新秀

年轻活力是他们共同的标签；奋力拼搏是他们追逐的脚步，这是一群相同又不同的青年教师。在姚老师的聚集下，风格迥异的年轻人们得到大量锻炼的机会，相互切磋，享受着化学教育，感恩着平台成长。套用"我们是谁"的问答形式，他们一定会这样回答：

我们是谁？——化学组的新秀

我们要做什么？——发展自我，自我发展

我们要怎么做？——虚心学习，用心做事

张馨

李丽娜

杨健

付晨

优秀的团队并非一蹴而就，那么化学组平日里是如何修炼的呢？现在让我们来一探究竟！

团队修炼

组建队伍确定目标

工作室专题会议

23

贵州省第二批名师工作室主持人授牌仪式举行后，姚老师确立工作室的研究方向和年度目标，制定了每一年度工作计划，成立了名师工作室办公室。化学组老师们可谓近水楼台先得月，全部加入名师工作室，探讨工作室培训内容及方案，撰写学年目标，有计划地进行自我提升。

初中化学、高中化学备课组在贵阳一中新世界国际学校 2018—2019 学年度"激趣·乐思·有效——基于核心素养的学科教学"优质课评比活动中，荣获优秀备课组。

整合资源带动全体

姚秀海名师工作室与贵阳市唐远霞、田仁君、马静仁、江琴等名师工作室长期开展联合教研活动，同时，化学组老师全部为化学学会会员，我校化学组长期承办贵阳市初高中、贵州省高中教研活动。姚秀海特级教师，曹晓芹和王欣高级教师每学期都要上示范课，供组内成员听评学习。凭借姚老师名师工作室的平台，化学组整合了优质的资源，助力年轻教师成长。

承办贵州省教研活动　　　　　　　　　姚秀海老师示范课

高考复习专题报道

印江送课下乡

传习中学同课异构

大方送课下乡

印江高考复习策略讲座

王欣老师示范课

微课制作培训会

理论熏陶课题研究

化学组以课题研究为抓手，引导教师走研究之路，使每位老师都能"研究出成效"。化学组全体成员均参加了贵州省重点课题的研究，包括"物质结构微课的开发与研究""电化学微课的开发与研究"。同时，化学组组内拟定了"初高中化学的衔接""化学新课程课堂高效教学策略研究""科学利用现代化教育技术、倾力打造高效课堂"等其他课题作为重点研究课题，全员参与，争做研究型教师。

开阔眼界与时俱进

2015年10月24—26日，由时任校长周进带队，贵阳一中教师一行26人参观上海名师工作室基地，并现场结队拜师，并聘请场外指导专家。2015年10月27日—30日，工作室主持人姚秀海率部分成员应邀参加了在厦门召开的全国化学年会，并被组委会聘请为全国化学实验评比的评委。参加名师培训，不仅让老师们学习到知识，提升了理论水平，更能开阔眼界，做与时俱进的教师。

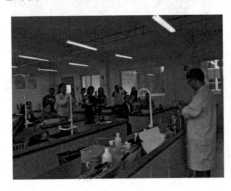

实验创新比赛

上海唐增富老师实验创新讲座

化学组老师和上海专家合影

猜猜我们摆的是什么 pose？没错，我们站的是第 12 号元素镁（Mg）的核外电子构型［2，8，2］。"镁"的谐音"美"，正是一中新世界每个化学人向您发出的邀请——让我们一起来感受化学之美。

古人云"动人以言者，其感不深；动人以行者，其应必速"，化学组的老师们爱智求真，用实际行动探索知识的海洋，传递教育的力量。教育的事业路阻且长，"吾将上下而求索"，江湖豪情若常在，我们定当"直挂云帆济沧海"！

主持人姚秀海个人简介

姚秀海，男，1963 年出生，湖南湘西人，中共党员，大学本科，贵州省教育学院化学教育专业毕业，1983 年 7 月—1993 年 2 月在松桃县第一中学工作，

1993年3月—2005年7月在铜仁一中工作，2005年8月至今在贵阳一中工作，由于学校发展的需要，2009年4月受贵阳一中委派，参与贵阳一中新世界国际学校管理并任副校长。

2000年10月—2001年10月，参加了由南京师范大学举办的国家级化学骨干教师培训班，主要接受化学专业和新课程理念的培训，获得教育部颁发的合格证书；2004年4月—7月参加由铜仁市委党校举办的中青年干部培训班，获得优秀学员称号，2004年底被评选为贵州省政府表彰的特级教师，2009年10月—2010年10月，参加贵州省在华东师范大学举办的首批教育名师高级培训班，经过集中培训，岗位锻炼，论文答辩，获得贵州省教育厅颁发的合格证书，长期担任贵州省骨干教师培训班的兼职教师，2013年获得贵阳市教育局颁发姚秀海名教师工作室，后名师工作室又被评为贵州省高中化学名师工作室。2014年由贵州省教育厅派出，参加国家教育行政学院举办的第十三期全国基础教育改革动态研修班，学习基础教育改革动态。2015年11月—12月，作为贵州省名师工作室主持人，被贵州省教育厅派出，北京师范大学为贵州省举办的名师，名校长高级研修班。2017年成功申报中小学教师系列正高级教师专业技术职务任职资格。

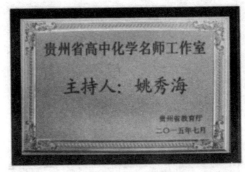

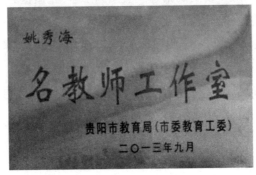

姚秀海及部分化学组员荣誉展示

姚秀海	2017 年获评正高级 指导多名学生参加化学奥林匹克竞赛获国家级二等奖、省级一、二、三等奖 7 篇论文分别发表于国家中等教育核心期刊 9 篇论文参与国家级、省级论文评选，分别获得一等奖、二等奖 化学教研组组长、名师工作室主持人
郭欣	2018 年被评为贵州省特级教师、中学正高级教师，被贵阳市教育局提拔为贵阳市教科书领导，分管高中教科研
曹晓芹	2017 年 8 月入选贵阳市中小学百名学科带头人 多次承担省、市级教育教学类讲座 荣获校级优质课高中理科组一等奖
曾琦茹	获得贵州省优质课一等奖、全国优质课二等奖 2017 年 8 月入选贵阳市中小学百名学科带头人
杨健	2014 年 7 月《浅谈新课程标准理念下的中学化学实验安全教学》荣获贵州省教育科学院、贵州省教育学会 2014 年教育教学科研论文、教学设计评选一等奖 2016 年 10 月 微课视频说课《分子和原子》在 2016 年贵州省初中化学优质课观摩展示活动中，荣获二等奖 2017 年 3 月贵州师范学院"国培计划"——名师送教下乡项目化学班示范课授课教师 2017 年 7 月《酸碱盐复习课》教学设计荣获贵州省教育科学院、贵州省教育学会 2017 年教育教学科研论文及教学设计评选三等奖 2017 年 7 月《浅议翻转课堂在我的课堂上的应用》荣获贵州省教育科学院、贵州省教育学会 2017 年教育教学科研论文及教学设计评选二等奖 2017 年 12 月贵阳市组织的市级教研活动中的专题讲座《微课制作过程中的技术分享》
张馨	优质课获观山湖区一等奖 论文参评获市级一等奖
付晨	双语化学教学
李丽娜	指导学生在澳大利亚科学竞赛中荣获一、二、三等奖 指导学生在全国数理化知识能力评比中荣获一等奖 荣获学校中考质量奖、校级优质课初中理科组一等奖 承担市级研讨课《基于实验探究下单元复习》 双语化学教学

02

教学研究 · 构建提升

新课程理念下化学教育观念的八个转变

贵州省高中化学名师工作室主持人　姚秀海

近年来，随着世界范围内科学技术和经济的发展，许多国家的教育发生了巨大变革，化学教育观念有了很大的转变。人们对化学教育的认识由低级走向高级，由封闭走向开放，由单一走向多元，由局部走向整体。以下将通过八个方面探讨化学教育观念的转变问题。

一、教材观的转变

我们现在的化学教学内容是比较陈旧的，由于教材的落后给教学造成的负影响是十分巨大。学生尽管书本知识学了不少，但毕业后面对高速发展的科技社会，眼花缭乱，不知所措。而发达国家的教学内容一般每隔 5 年，就要有一次较大的变动；有的国家两年一小改，五年一大改，以保证教学内容的现代化。在高科技蓬勃发展的今天，科学技术是第一生产力的观念日益深入人心，教学内容的现代化是我国化学教育改革的重要课题。传统教育理论认为：教材应按逻辑顺序进行编排，它不考虑学生的接受能力，认知层次，因此内容繁杂，只重视纵向的知识体系，忽视了知识的横向联系和综合运用，只利于教师教，不利于学生学。现代教学理论则重视教材内界的基本性，主张学习化学的基本结构。新的教材观应是：

1. 教材现代化。把 20 世纪以来化学学科中的新成果吸收到教材中来，使教材反映现代科学技术的新成就。

2. 教材理论化。在教材中加强基础理论和基本知识的比重，提高理论水平。

3. 教材结构化。在教材中反映出化学学科的基本结构，使学生便于学习，掌握本学科的基本框架。

4. 教材的多样化。除必修课外，还应开设相关的选修课，以拓宽学生的知识面，建立合理的知识结构。

5. 教材的趣味化。增加教材的可读性，增加化学史和化学小实验。提高学生学习化学的兴趣。现代教学理论认为，教材内容包括五个层次：知识层次、能力层次、情感层次，认知层次、教学思想及方法层次。从教材的结构上，应突破重点，以重点带全面。比如，对重点知识、结合科学发现的过程及化学史，讲清来源和应用范围，使学生掌握学习思路和方法，提高举一反三、触类旁通的能力。

二、教师观的转变

现代教育理论认为，作为教师不应只满足于能教好课，而应该具有较高的教育理论修养，一方面，教师应进修一些有关教育理论方面的课程，包括教学论、课程论、化学教育学、化学学习心理学、教育测量学、智力心理学等。另一方面，教师应结合教学进行教育研究，每学期都应写一些科研论文，这样，教师不是在单纯地进行知识的传授，而是像心理学工作者那样，发现学生心灵的奥秘，捕捉学生内心的感受，培养学生健康良好的个性，建立起高尚美好的情操。

教师是教育活动的组织者，对学生的发展起着不可替代的作用。未来社会对教育的要求，归根结底是对教师的要求，无论是教育观念的更新，还是教学内容，教学方法的改革，都将取决于教师的素质和态度，教师不会做的事，很难让学生学会做，教师不具备的品质，也很难在学生身上培养出来。所以，教师必须掌握广博的知识与各种技能，教师不仅要具备化学知识，还应该有社会知识与实用技术知识，不仅能讲授，还能够运用现代化的教学仪器。教师除了应注意自己的知识结构和外部行为之外，更应该注意自己的个性及心理品质，应该从政治、道德、知识、能力、心理、审美能力等多方面提升自己，全面发展，综合提高，成为"全能型""开拓型""创造型"的教师。总之，要让学生具有的品质，教师应首先具有，21 世纪的教师要走在 21 世纪学生的前头。

三、人才观的转变

一般来说，人才分三个层次：那些具有非凡创造力和创造精神，具有突出智慧，丰富学识和优良心理品质的高级人才，是人才的第一层次；能够熟练掌握和通晓某一方面的知识和技能，既能动脑，又能动手的专业人才，是人才的第二个层次；有一定文化素养和实践经验的广大公民和普通劳动者，是人才的第三个层次。社会对这三个层次的人才都是需要的，缺一不可。比如，在厂矿既要有工程师，也要有技术员和技术工人；在大学和研究所，既要有教授、研究员，也要有资料员和实验员，社会对各种人才的需求有一个合理的比例。如果建筑公司只有绘图员没有施工工人，医院只有开药方的医生没有抓药的护士，工作将如何开展。但当今许多人认为，只有高分考上大学才是人才，在高分、大学、人才之间画等号，因而在中学阶段一切围绕分数转，只抓智育，不抓德育、体育、美育。在智育中，只抓知识，不抓能力；在知识中，只抓高考要考的知识，不抓生活知识和社会知识。这一切，都是片面人才观的反映。

社会主义建设对人才的要求不仅是多层次的，而且是多方面的，既需要科学家，也需要音乐家、艺术家、发明家。我们的学校要把培养多种人才作为我们的教学任务。长期以来，人们一直认为，人的大脑分为两个区域，分别控制语言和数学两种智能，美国哈佛大学加德纳（Garder）教授却认为，人具有六种智能，由大脑的六个区域来控制，前两种是众所周知的语言和逻辑（数学）智能，后四种则分别为音乐智能、体育智能、空间想象智能和感知自己或他人情感的智能。这六种智能各有自己的信息储存库，这一点可由某些健忘症患者的症状来证明，他们有时丧失了某种记忆力，而另一种智能却异常发达，这同时也证明了这六个区域中的某一区域若缩小，即某种智能衰退，其他区域则相应扩大，占据原属于另一智能的区域。

这就为我们培养各种人才做了生物方面的最好注释，也就是说，学生在这六种智能中的任一方面的发展都是有可能的。所以，我们完全没有理由只以文化课的分数高低来衡量是不是人才，而应努力发现学生的特殊才能，为学生特殊才能的发展提供特殊的条件。

受传统观念的影响，教师一般都喜欢学生循规蹈矩，而认为那些常问"为什么"的学生是"刺头"，其实，这些"刺头"的创造力都很强。著名发明家爱迪生小时候就因为问了"一加二为什么等于四"，而被教师赶出了教室。我们在教学中有时也会发现，学生没按教师的思路做实验，教师大发雷霆；学生对某个问题刨根问底时，教师不耐烦地敷衍学生。所以，德国心理学家海内尔特说："今天的学校忽视了促进创造力，而且常常跟创造力作对"。海内尔特的话应该引起我们的深思。在我们不正确的人才观的指导下，在我们的训斥下，有多少创造思维的火花被熄灭，有多少人才被埋没，现在是转变人才观的时候了。

四、认识观的转变

近年来，"ＳＴＳ"（科学·技术·社会）教育正在世界范围内兴起，这是由于近半个世纪以来科学技术的发展已越来越广泛地影响着人类社会，因而，科学、技术、社会这些本属不同范畴和不同性质的体系，在现代社会中已越来越成为紧密关联相互渗透的整体，而化学在"ＳＴＳ"教育中占有特别重要的地位。现代高科技领域取得的成果在很大程度上可以说是化学学科发展的结果。因而中学阶段的化学教育应该完成三个任务：1. 教给学生基础的、系统的化学知识；2. 培养学生科学的思维方法和能力；3. 使学生养成科学态度和培养学生美好的情操。但相当一部分教师在教学中连一项指标都达不到。因为他们不是让学生自己去学习、去思考，而是让学生大量地背诵，靠死记硬背记下公式，会套公式算题即可，而新的教学观念认为：背诵一些定理定律不是学习，能背诵，记住的东西并不一定能理解，而不理解的东西是学不会的。

　　还有一些教师在教学中不考虑中学生的生理和心理状况，把中学生当作"缩小了的成年人"，不注意中学生的思维习惯、认识过程和认识规律，一切教学活动都按教师的思路进行，让学生被动地接受知识。笔者认为，在教学中要具体体现学生的主体与教师的主导地位的完美结合，要调动学生的积极性，让学生提问题、找思路、做实验，错误让学生分析，是非曲直让学生分辨，方法优劣让学生比较，从而真正体现学生的主体地位。

五、知识的转变

　　目前的教学过程中过多地强调知识的重要性，其实，知识不过是我们教学中的一个目的，我们还应该注意非知识性素质的培养。

　　1. 强调全面提高人的素质，以适应社会发展的需要，不但要学习书本知识，更要注意培养能力和技能，不但要培养化学方面的能力，还要通过学习化学养成正确的自然观和科学态度，如终身学习观点和自学能力，与别人合作的能力，选择、处理和运用信息的能力。

　　2. 强调渗透和综合，现代科学发展有两个突出特点，即高度分化和高度综合，一方面门类越分越细，另一方面由于各学科之间的广泛渗透，产生了许多综合性的边缘学科。所以不但要强化化学知识，还要注意化学与其他相关学科之间的联系；不但要重视书本知识，还要注意社会知识、人文科学、使学生的知识"广、博、精、深"，为未来的发展打下良好的基础。

　　3. 要注意培养"学是为了用"的观点，努力创设学生自己动手实验、观察、制作、创造的机会，把化学变成活生生的实物，活生生的生活，活生生的化学。

六、过程观的转变

化学教学中狭义的过程一般是指化学实验过程、概念的形成过程、规律的演变过程或某一被研究系统从一个状态变到另一个状态的过程。我们知道，知识与能力是构成现代人才的两大要素，知识是能力的基础，并在一定条件下转化为能力，然而，并不是所有的知识都能转化成能力，只有活的知识才具有能力价值，化学过程和终端结论相比，前者属于活的知识，后者属于死的知识。

在教学过程中，倘若忽视化学过程的分析研究，而强求学生死记硬背结论，实属本末倒置。在教学中，要把重点放在做好化学实验，分析化学过程中，这样，学生不但通过研究过程掌握了知识，还掌握了研究问题的方法。

广义的教学过程是学生在教师的指导或引导下，通过自己的学习活动来掌握文化科学知识，发展认识能力，逐步认识客观世界的过程。众所周知，在一般的认识过程中，所涉及的是认识的主体和认识的客体之间的关系，这可以称为是认识论中的"二体问题"。

但在教学过程中，除了认识的主体（学生）和认识的对象（客体）之外，还有教师起着重要的作用。所以，教学过程是个三体问题。处理好教学过程，也就是处理好教师、学生和客体之间的关系，这三者相互依存、相互联系和相互作用，就构成了教学过程的基本矛盾。由于人们对这三者在总体中所处的地位及其矛盾有不同的认识和不同的处理方法，就导致了不同的教学思想、结论及方法。

比如，过分强调教师在教学过程中的主导作用而忽视学生学习主动性，是注入式教学法的基本特征，这种教法主要表现为"教师讲，学生听"，教师将知识"嚼烂"喂给学生，而新的教学观点则认为，学生在一定的条件下，完全可以独立地发现问题、解决问题。这一定的条件，则靠教师来进行指导和引导，这种方法称为"指导发现法"，也就是说，学生依据教师和教材提供的材料，背景、场所、器材，由教师启发指导学生通过自己的观察、实验、思考、问答、讨论、分析推理、综合概括发现问题，解决问题和得出结论，使学生成为知识的再发现者。这种方法最显著特点就是注重获取知识的过程，最大限度地调动学生学习的主动性和积极性，使他们由接受教师灌输知识的被动学习转变为自己发现和获取知识的主动学习。学生自己参与问题的发现、实验分析、结论的整理过程，这种重视过程的教学方法对于学生的自学能力、实验能力、思维能力、解决问题的能力和创造能力的培养、强化、提高都是颇有益处。

七、课堂观的转变

传统的课堂教学是一个教师面对全体学生讲，基本上是"教师——学生"的单向传递，美国教育家林格伦（Lindgren）曾把课堂上的师生交流分为四种：第一种是单向交流，教师讲，学生听；第二种是双向交流，教师问，学生答；第三种是多向交流，师生之间、学生之间相互问答；第四种是综合交流，师生共同讨论、研究、做实验。所以，我们的教学信息传递方式应该由单一转多向，即同学教师，同学同学，同学社会，应由课堂转向课堂课外活动家庭社会一体化，形成多渠道、多层次、多方位、多手段的综合、立体大课堂。

以前我们过分地强调保持教师的尊严，保证课堂的纪律性、严肃性，使课堂气氛紧张，学生情绪受到压抑。现代心理学证明，紧张的情绪是妨碍学习、抑制智力的。所以，教师应在课堂上营造和创立一种宽松和谐的氛围，把紧张的学习过程转变为愉快的学习，精心设计游戏、实验、情景，让学生感到学习有趣味、有意思，现在流行的诸如"愉快教育法""幽默教学法""快乐学习"等均属这种类型。

在每节课的45分钟内，目前基本上都是教师用于讲课，而在美国，每节课只讲10分钟，剩下的时间让学生相互交流、提问、消化，教师不"承包"学生的学习，教师不再以讲为主，而是以导为主，变"讲师"为"导师"，学生不再以听、抄、记为主，而是以练、思为主，自己动手、动脑、动口、自己阅读、思考、质疑，使课堂真正成为学堂，使学生在课堂上真正像大教育家夸美纽斯（Comenius）所说的那样："能看见的东西用视觉，有气味的东西用嗅觉，有滋味的东西用味觉，能感触到的东西用触觉"，使学生活动成为教学的中心环节，在宽松、自然、和谐的氛围中，让知识、方法、能力如泉水般流进学生的心田，这才是我们真正的课堂观。

八、评价观的转变

许多学生从小学起就开始受"考试""补课"的折磨，其目的只有一个：上大学。而怎样培养学生成为一个有道德、情操、素养的公民，却往往被忽视，造成这种局面的重要原因之一，就是教育评价的错误导向所致。

教育的评价功能有多种，但主要表现为甄选功能和发展功能两种，人们历来对评价的甄选功能比较重视，通过它来体现教育的人才分配作用，而对评价的发展功能研究得不够，人们希望通过甄别选拔考试，对学习者按智力水平层层选拔进入高一级学校深造，堆砌"象牙宝塔"，因此，学习者的升学竞争异常激烈，出现"千军万马过独木桥"的景象，由于评价的甄选功能被不恰当地提高，造成了我国中学教育围绕考试评价运作的情景，教师为考试而教，学生为考试而学，教师满堂灌，作业满天飞，为追求高分而牺牲学生的兴趣、生活追求、价值目标和情感生活，用题海把学生训练成解题和应试的机器，所以，把升学作为教育的根本目标，不符合大多数学生的需要。由此可知，考试评价作为左右教育的指挥棒，其对教育的制约和干扰作用是十分明显的。

教育的评价观念的更新主要表现在应从重视评价的甄选功能转变到重视评价的发展功能上来，让评价为学生的发展服务，让评价更有利于促进学生的德、智、体、美、劳全面发展，要注意评价信息的及时反馈，调节教与学的进程，让评价促使学生萌生成就感，以激发学生的学习内驱力。

在我们教学的不同阶段，我们可以采取不同的评价手段，且不论是形成性评价，诊断性评价还是终结性评价和系统性评价，都应遵循心理学家布鲁姆（Bloom）所说的"评价作为一种反馈—矫正系统，用于教学过程中的每一步骤上，判断该过程是否有效；如果无效，则必须采取什么变革，以确保过程的有效性"。

在评价的方式上，适当地将学生个人自我评价的"自控"，小组同学相互评价的"互控"及教师和学生共同组成的评价反馈矫正网络的"调控"三种方式有机地结合起来，形成学生自身，学生与学生，学生与教师的三维主体评价反馈矫正网络，促进教学中主客体适时的相互转换，调动教与学的积极性。

（此文章应用于贵州省高中化学姚秀海名师工作室学员的培训，时间2015年—2018年。）

浅谈新课程标准理念下的中学化学实验教学

贵阳一中新世界国际学校　杨　健

摘　要：根据新课程标准，中学化学实验教学要重视试验设计，培养学生创新意识，引导学生自主探究，亲历成功，重视生活中化学知识，激发学生学习化学热情和兴趣，达到提高学生综合素质的目的。

关键词：新课标；化学实验；实验探究；创新思维；素质教育

《全日制义务教育化学课程标准（实验稿)》（以下简称《新课标》）是我国中学教育阶段化学课程改革的一个重要文件，其鲜明的特征是以培养学生的科学素养为宗旨，构建了新的课程目标体系，打破了按学科体系组织教学内容的传统框架，立足于学生学习方式的转变，大力倡导科学探究。新课程标准的实施，为我们带来了新的理念及要求，实验教学的有关内容和要求也发生了巨大的变化。

化学是一门以实验为基础的学科。化学实验是化学学科赖以产生和发展的沃土，是提高化学教学质量的重要途径，也是激发学生对化学学科产生兴趣的最好方式，更是化学教学中实施素质教育的内容之一。在提倡素质教育的今天，要求我们培养的学生成为有知识、懂技术、创新能力强的一代新人。因此，新课程标准将实验教学提到了空前的高度，改革了应试教育以书本为主、实验为辅的教学模式，化学实验不再仅仅是学生验证化学知识、训练操作技能的手段，而是作为一种科学方法，强调让学生经历科学探究过程，学习科学研究方法，培养学生的探索精神、实验能力以及创新意识。

贵州是一个地处边远山区、经济发展相对落后、少数民族聚居的省份。长期以来中学化学实验教学开展的情况普遍较差，实验教学水平较低，与整个教育发展的形势要求存在较大差距。近几年来，随着教育改革的推进，高考化学试题也在不断地进行改革。考查学生实验能力、综合能力、创新能力的试题逐年增加。而从我省近几年考生在这些方面表现出来的情况看，失分率普遍偏高。

因此，在化学实验教学中，要加强学生的实验能力、综合能力、创新能力的培养。重视实验设计，改进实验方案，思考设计多种实验方案来完成同一实验。

一、化学实验教学应引导学生自主探究，亲历成功体验

《全日制义务教育化学课程标准（实验稿）》（以下简称《新课标》）将科学探究作为"课程改革的突破口"，明确指出：科学探究不但是一种重要的学习方式，同时也是中学化学课程的重要内容。化学实验是科学探究的重要形式，用化学实验的方法学习化学，既符合化学的学科特点也符合学生学习化学的认知特点，是化学教学实施素质教育的基本手段。探究性教学是目前中学实验教学中最重要的教学方法之一。实验探究的方法有很多，下面以实例形式做简单介绍。

（一）利用比较的方法进行实验探究的实例

例：实验探究：氢氧化钠溶液中哪一种粒子（H_2O、Na^+、OH^-）能使指示剂变色？实验步骤：（1）在第一支试管中加入约 2mL 蒸馏水，滴入几滴无色酚酞试液，观察现象。（2）在第二支试管中加入约 2mL 的 NaCl（pH = 7）溶液，滴入几滴无色酚酞试液，观察现象。（3）在第三支试管中加入约 2mL 的 NaOH 溶液，滴入几滴无色酚酞试液，观察现象。通过上述实验的探究，回答下列问题（下述"现象"是指：无色酚酞试液是否变红）：实验（1）看到的现象是_____，你得出的结论是_____；实验（2）看到的现象是_____，说明 Na^+ 离子_____；实验（3）看到的现象是_____，你得出的结论是_____。

分析：比较是经常使用的一种科学方法。化学研究中常常进行比较实验，根据实验结果的异同寻求科学的结论。在这道题中，利用实验的对比探究对学生进行考查，根据我们已经知道的碱溶液能使无色的酚酞试液变成红色的知识，得出相应的结论。

答案：（1）不变红，H_2O 不能使无色酚酞试液变红；（2）不变红，Na^+、Cl^- 不能使无色酚酞试液变红；（3）变红，OH^- 离子能使无色酚酞试液变红。

（二）自主设计探究方案进行实验探究的实例

例：已知在常温下，氧化铜能与稀硫酸发生反应，而木炭不能与稀硫酸发生反应；在高温下，氧化铜能与单质碳发生置换反应。某同学做氧化铜粉末与木炭粉反应的实验，高温加热一段时间后，冷却到室温，将固体残渣倒在纸上，观察到残渣中有红色物质和黑色粉末。为确定黑色粉末的成分，对其可能的组成进行探究，请你设计实验方案，将有关内容填写在下表中。

猜想（假设）	验证方法	可能观察到的现象	分析及结论

分析：在这道实验探究题中，重点考查对题干中所给信息的分析能力，在所提供的情景中通过阅读理解，能选取、加工、提取有价值的信息，并对所获得的信息进行实验方法的设计。

答案：

猜想（假设）	验证方法	可能观察到的现象	分析及结论
1. 氧化铜	向此粉末中加入足量的稀硫酸	黑色粉末全部消失，溶液变成蓝色	氧化铜与稀硫酸反应，黑色粉末为氧化铜
2. 木炭粉	向此粉末中加入足量的稀硫酸	黑色粉末不消失	木炭粉不与稀硫酸反应，黑色粉末为木炭粉
3. 氧化铜与木炭粉	向此粉末中加入足量的稀硫酸	黑色粉末部分消失，溶液变成蓝色	黑色粉末为二者的混合物

（三）结合生活经验进行实验探究的实例

例：影响化学反应速率有很多因素，例如，二氧化锰能加快过氧化氢的分解速率。请你列举生活中的事例，对影响化学反应速率的其他可能的因素，再做出两种猜想，并设计实验方法或操作以证明你的猜想，将有关内容填在表中。

生活事例	猜想	验证方法或操作

分析：化学来源于生活，服务于生活，在生活实际中寻求与化学有关的信息，并对所寻求的信息进行加工，是对知识的进一步拓展、是学生实验能力的延伸。这道题考查了知识、能力与生活事实是否有机地结合在一起，是否真正地学会了思考。

答案：

生活事例	猜想	验证方法或操作
铁在潮湿的空气中比在干燥的空气中易生锈	生锈速度与水的含量有关	把铁钉放在水面处和空气中，水面处铁钉先生锈
食品在夏天比冬天坏得快	与温度有关	把食品放在冰箱中和冰箱外，冰箱外的先变坏
蜂窝煤比煤块燃烧更旺	与接触面积有关	相同质量的碳粉和碳块燃烧，碳粉先燃烧尽
可乐摇动后气泡冒出明显加快	振荡加快反应速率	相同质量的两份碳酸钠粉末和稀盐酸反应，一份振荡，另一份不振荡，振荡的先反应掉

（四）综合学科知识进行实验探究的实例

例：暑假里，蔡星与爸爸一起在西藏参观，可当爸爸要用打火机时却怎么也打不着，而在家里打火机还很好用。蔡星检查了一下打火机，用来燃烧的丁烷液体还剩下多半，火石的发光情况也正常。蔡星看着打火机，觉得很奇怪，想探个究竟。（1）请你推测打火机打不着的原因可能有哪些？（2）请根据当时的情况和条件，设计简单的实验，逐条验证或否定你的推测，简要写出操作步骤、现象及可能的结论，替蔡星找出问题的原因。

分析：知识不是孤立存在的，学科之间有着紧密的联系。这道题就将物理中压强的知识与化学中物质燃烧的知识巧妙的联系到一起。这种试题对综合运用学科之间的交叉知识、全面解决问题的要求很高，不仅要运用本学科的知识，还要联系和运用相关学科的知识。

答案：（1）①由于气压低，机内的压强不变，丁烷气喷出的速度过大，火石的火花不能将其引着。②由于气压低，空气中的氧气浓度小，不够丁烷气正常燃烧使用。③高原风大，丁烷气难以点燃。（2）将打火机上控制气流大小的旋钮调小，重新试打，若能燃着，则可推测①是正确的；找一处避风的地方，试打，若能燃着，则肯定推测③是正确的；将备用的氧气袋慢慢放气，在氧气浓度较高的环境中试打，若能燃着，则肯定推测②是正确的。

科学探究的方法将实验教学跟探究学习融合起来，不但让学生获得知识、学到技能，更重要的是让学生受到科学方法、科学思维的训练，养成科学的品质，发展学习的兴趣，这是新课程的重要理念。我们在实验教学中应精心设计实验内容，尽量发挥实验的探究性，让学生体验、理解科学探究的方法和过程，丰富学生探究活动的亲身经历。学生在亲身经历的过程中才能体会到知识的产生和发展过程，在亲手操作的过程中才能培养出娴熟的实验技能，在小组合作中培养团队精神，在独立思考中才能提高分析归纳能力，从而加深对相关知识的认识和理解。使不同层次的学生都能在原有的基础上获得进步。

二、化学实验教学应立足生活经验，贴近日常生活

新课标提倡从生活走进化学、从化学走向社会。生活中的化学与学生有着密切的关系，从学生熟悉的身边现象入手，引导他们发现问题、展开探究，增强学生学习科学的兴趣，加深他们对化学知识在生活中应用的认识。如学习煤和石油时，介绍洁净能源的开发、目前各国开发新能源的举措等；如英国农村大面积种植油菜，用植物油代替石油；美国一些科学家开发利用人体能量。学习酸的通性、pH 时，让学生完成家庭小实验：用 pH 试纸测定肥皂水、食醋、矿泉水、洗发剂等液体的 pH 值，判断各种液体的酸碱性。使学生亲身体验到生活离不开化学，化学源于生活。

（一）选取学生身边的化学物质作为实验药品

化学实验是进行科学探究的主要方式，有利于启迪学生的科学思维，揭示化学现象的本质。因此，教学中要广泛开展小制作、小实验，并开展自制仪器，自制实验装置评比活动，充分调动学生的能动性，培养学生关注化学与生活的关系。以学生身边常见的化学物质作为实验药品，可以使学生有一种亲切感，感到化学并不神秘，就在我们身边，这有利于调动学生的学习积极性和激发他们进行实验探究的兴趣。下表是生活中的一些化学药品。

固体类	易拉罐（铝）、铁钉、铜丝、火柴盒贴（红磷）、铅笔芯（石墨）、木炭、食盐、面碱（碳酸钠）、鸡蛋壳、建筑用的刷墙面的碎石（主要成分是碳酸钙）、生石灰、熟石灰、废干电池拆下来的铜帽、锌片、碳棒等
液体类	白酒、白醋、农用硫酸铜
指示剂类	碘酒、PP 粉（高锰酸钾）、果导片（内含酚酞）、中药紫草（其酒精浸出液可作石蕊试液）

（二）实验内容的"生活化"

化学在给人类带来巨大福祉的同时，也出现了很多与化学有关的社会问题。这些问题关乎每一个社会成员，当然也应当是作为未来社会公民的学生所关注的内容。因此，选取这些问题为实验内容，对于学生形成从化学的视角来解释和解决现实中的与化学有关的生活和社会问题，具有重要作用。例如，"硫在空气中和氧气中燃烧及形成酸雨的实验""污水净化实验""小组协作完成当地土壤酸碱性测定的实验，提出土壤改良的建议或适宜的种植方案""设计实验，探究农药、化肥对农作物或水生生物生长的影响"等。

（三）仪器的"生活化"

化学仪器也可以来自生活。各种饮料瓶、吸管、输液管，医生注射器就是一个不错的尝试。如注射器可替代分液漏斗、滴管应用于实验，也可用作制取气体的发生装置；另外，医用注射器还能作为气体或抽气装置，应用于气体反应平衡、气体的取样、简易吸滤装置、气态和液态物质微粒间间隔大小的比较等方面。由于医用注射器具有坚固耐用、不易被腐蚀、可反复使用、规格多、有刻度、具有活塞、易于封闭等特点，把它作为实验仪器来进行实验，能达到意想不到的效果，在某些实验中，甚至具有常规仪器所不能替代的优点。

化学实验的生活化，将"面向全体学生的化学""面向公民的化学"这一新课程理念落实到化学教科书中，就要求化学教科书的内容要贴近生活、贴近社会，使学生学习"有用的化学"。作为化学教科书内容重要组成部分的化学实验，尤其要注意联系学生的生活实际和社会实际。因而立足于学生生活经验，从学生和社会发展的需要出发，发挥学科自身优势，通过化学实验拉近学生与化学科学间的距离，让学生体验到知识的实用性和价值性，使化学实验贴近学生生活成了中学化学实验的一种新追求。

三、中学化学实验教学应尽量趣味化

化学实验具有动机功能，可以激发学生的化学学习兴趣，这是人们的共识。但是过分强调"学科中心"的化学教科书，使化学实验的"学术化"倾向十分明显。国内外的各种调查显示，很多中学生对化学学习的兴趣正在明显降低，甚至一些学生放弃了化学学习。导致这一状况的原因是多方面的，但做了化学实验，是否就一定能够激发学生的化学学习兴趣的问题引起了人们的思考。因此，如何增加化学实验的趣味性，成了人们开始关注和研究的一个问题。为此，"课标"实验教科书中采取了"趣味实验""家庭小实验"等新的化学实验形

式。引导学生综合运用所学知识，在探索中对原有实验进行创新设计，增加化学实验的趣味性，激发学生的学习兴趣。

例如，浓氨水和浓盐酸分别用玻璃棒蘸取接近后产生大量的白烟，生成氯化铵固体小颗粒的实验可以改为以下趣味实验：在小木块上插一朵深色的鲜花，然后把木块放在装有5mL浓盐酸的培养皿中，向另一只大烧杯中加入适量的浓氨水，尽量润湿烧杯壁，然后把烧杯倒扣在培养皿中，一个"雾里看花"的景象就出现了，待到"雾"散去，可以看到挺立于"白霜"之中的鲜花。

这种类型的实验还有很多，如趣味实验"套取指纹""巫师揭谜"等。再如家庭小实验"食盐含碘和常见食物的pH测定的家庭小实验""火山喷发""用碘水检验马铃薯、芋头、面包等食物中淀粉的实验"和"鸡蛋壳与醋精反应实验"等。没有危险时尽量让学生自己动手做，这样不仅能让学生牢记所学化学知识，而且使学生的学习兴趣格外高涨。这种成功的体验对于学生发展良好的自我意识、养成乐观向上的个性是非常重要的，此外还有利于提高他们的动手操作能力。

四、结论

化学实验是学生学习化学、进行科学探究的重要方式，通过以化学实验为主的多种探究活动，使学生体验科学研究的过程，激发学习化学的兴趣，强化科学探究的意识，促进学习方式的转变，培养学生的实验设计能力，培养其思维的全面性、系统性，培养学生根据实验现象，观察、记录、分析或处理数据得出正确结论的能力，获得了科学的方法，通过活动也可以强化学生解决实验问题的能力，为以后的学习打下良好的基础。因此在新课程实施中我们在处理实验内容时既要紧扣新课程标准，更要创新化学实验教学方式，才能发挥化学实验在提高学生科学素养中应有的作用。同时结合教材和教学进度，选择结合实际、贴近生活的具趣味性创造性的学习课题，开展一些实验设计活动，对体现化学的社会实用价值具有十分重要的意义，同时更能培养学生的科学素养，激发学生的创造动机。

参考文献

[1] 郑长龙. 义务教育化学课程标准实验教科书中化学实验的新特点 [J]. 课程·教材·教法，2004，20 (12)：54-58.

[2] 刘知新. 化学教学论. [M].3版. 北京：高等教育出版社，2003：

150 - 190.

[3] 常艳红. 论中学化学实验教学中的创新教学设计 [J]. 天水师范学院学报, 2006, 9, 5 (26): 107 - 109.

[4] 都金声, 余跃东. 贵州省中学化学实验教学情况调查 [J]. 贵州教育学院学报, 2003, 4, 2 (14): 70 - 73.

[5] 曾兵芳. 在化学实验中培养创造性思维的策略 [N]. 广西教育, 2006, 6: 31 - 32.

[6] 刘正贤. 中学化学实验大全 [M]. 上海: 上海教育出版社, 1992.

[7] 孙同明. 新课程背景下化学教学论实验教学改革与探索 [J]. 当代教育论坛, 2007, 11: 106 - 107.

[8] 王爱华. 新课程理念下中化学实验改革探析 [N]. 山东教育 (中学刊), 2005 (26): 20 - 21.

[9] 胡勇春, 罗春水. 新课程标准理念下探究性化学实验教学初探 [J]. 井冈山医专学报, 2008, 9, 5 (15): 83.

[10] 王秋生. 以新课程理念指导中学化学实验教学 [J]. 新课程新实验, 2007, 2 (21): 3 - 4.

[11] 罗芳. 课程改革下的化学实验科学探究 [J]. 科教文汇, 2007, 2 (中旬刊): 99.

[12] 方新红. 谈中学化学教学中新课程标准的落实 [J]. 吕梁高等专科学校学报, 2008, 6, 2 (24): 85 - 86.

[13] 马学梅. 新课标理念下中学化学实验教学功能的探索 [J]. 新课标·新理念, 2006, 6 (16): 30 - 32.

浅谈新课标下评价在课堂中的渗透

——基于新课标学习的感悟

贵阳一中新世界国际学校 曹晓芹

当代的教学课堂应该是学生占主体，学生来体验的课堂。课堂中教师的任务就是为学生的体验做好前期的铺垫，框架设计；中期的引导，课堂把控；后期的提升，课堂点评。课堂的核心应该是基于课标的指引，以教材为依托的。因此在谈评价之前，不妨先谈谈课程标准。

一、重视《新课程标准》学习，完成教师自我提升

当我们正式走上教室的讲台之前，在当学生的时候就认真读过教材。当我们正式站在讲台上的时候，手里捧着的也是教材。研读教材，琢磨教材，已经成了很多优秀教师成长过程中的必修课。一本教材由"厚"而"薄"，再由"薄"而"厚"，承载了一个教师的成长历程。但是很多老师都未能静下心来研读《新课程标准》。《新课程标准》是教材背后的纲领性文件，教材可以依据不同的地区有着不同的版本。但是，全国上下的《新课程标准》却只有一份。它是国家对于这门学科的指导性文件。《新课程标准》为我们制定了在某一学段、某一门学科所需要教的内容和学生学的目标。它明确了教师教什么和怎么教的问题；也明确了各学段学生应该达到的知识目标、能力目标和情感目标。并且各级水平测试的命题依据都是《新课程标准》，而不是教材。可见课标是高于教材的。

我国高中的化学课程标准是针对高中学生在化学学科上的纲领性文件，就我自己而言，我经历了 2003 版和 2017 版的新课标学习。通过这样的学习过程，加深了自己对当时教学大方向的理解，也让自己的课堂跟上时代的发展脚步。2003 版的课标也叫三维目标版，2017 版新课标也叫核心素养版，从名字上，就能体会到，课标的修订是紧紧跟着时代的步伐。2016 年 9 月 13 日，中国学生发

展核心素养研究成果发布，2017年新课标修订，让我们对核心素养的理解更加具体化，更加可操作。这新一轮的课程改革的浪潮让很多老师应接不暇。

新发布的化学学科素养分为五个层面。它包括素养1：宏观辨识与微观探析；素养2：变化观念与平衡思想；素养3：证据推理与模型认知；素养4：科学探究与创新意识；素养5：科学精神与社会责任。

2017版的新课标正是对这五大素养的具体呈现。在仔细阅读了2017版的新课标以后，我又去读了很多专家对课标的解读文章。总的感受是，再不学习，怕是要不会上课了。这种不断地学习，不仅仅是学科知识的学习，更是教学理念的学习。更是为了培养适应社会发展的人而要做的教师自身的观念改变。

具体来说：一、新课标的要求更加符合高校选拔人才和社会对人才的需求。社会在发展，社会的需求也在不断地更新。教育做的是未来二十年乃至更长时间的谋划，走在社会发展的前面，为未来的社会培养人才。二、更加明确要推进分层次教学，有着详尽的分层次内容，具有更强的可操作性。孔子几千年前就说，因材施教，分层次教学，难在对不同层次学生的教学目标的确立，新课标在这方面做了更加具体的工作。也就更加照顾到了学生的兴趣点，而学生的兴趣点就是知识和能力的生长点。三、对于探究性学习，更加强调在学科活动设计过程中探究的角度、路径、推理的依据，对教师的设计和学生的学习过程要求更加细化。四、更深层次的挖掘知识的内在价值，要求教师能在学科活动中更加充分的发挥知识的价值，将能力的提升最大化地体现在学生的学习过程中，让学科能力活动真正成为知识转化为素养的途径。

由此看来，学科活动就不仅仅是为了推进教学过程，更需要我们在过程中去落实学科素养的培养，重视过程中的体验和学生发展大于最终的知识结果。

二、课堂教学评价应该适应新课标的发展

在学科活动的设计中离不开评价，评价是推进学科活动有效进行的必要手段。

评价是教师在教学活动中非常重要的一个环节。教学评价在我们平时的教学中大致有高考评价、学业水平评价、学期考试评价、单元模块评价、课堂评价等。从评价人来看有社会评价、家长评价、教师评价、同学评价等。从评价的对象来看有教学成果评价、学生学习结果评价等。任何一种评价，它除了是一种结论性的呈现，也会起到导向性的指引。因此评价的价值定位就显得尤为重要。如何利用好评价来突出化学学科特点，凸显化学学科价值，来帮助学生建立认识化学的思路，培养学生的化学学科素养。这将成为我们每一位老师需要严肃思考的课题。

作为一名一线教师，我想和大家分享的是在一线课堂上如何去进行适应新课标改革的评价，如何去实现教学评一体化的一点自我思考。

从评价的功能定位上来看，课堂评价，往往不是用来给学生的学习结果定位的。课堂评价更多是对教学进程、教学活动设计中的一种推进手段和措施。那么课堂评价就可以很好地承担起落实学生化学学科素养提升的功能。它要能突出化学学科特点，凸显化学学科价值，让学生在评价过程中建立认识化学的思路，通过评价还要能培养学生的化学学科素养。

课堂评价在学科活动的环节中显得尤为重要。在我们进行学科活动设计之时，在问题设计里就应该主动去思考如何在评价中才能够包含这五大的素养提升的落实。并通过评价去区分出不同层次学生应该达到的素养培养目标。

例如：人教版高一化学必修2原电池复习课教学活动设计

环节一：

课堂提问：铁与硫酸铜的反应是否可以设计成原电池？并解释一下原因。

评价任务：学生对原电池反应原理的认识水平。

层次一：简单记忆（原电池原理的必备条件）。

层次二：能从氧化还原的角度理解原电池。

核心素养：电子的得失（素养1），能利用教材原理解决类似相近的问题（素养3）。

问题的设计应该给学生的回答留下一定的空间，不管什么层次的学生只要积极参与课堂，都可以能够作答。也要让教师能够检测出学生目前学习的基本水平。然后教师的评价对于不同层次的回答，都应该给予积极的肯定。再依据学生学习迁移能力的不同，选择继续追问，或者换其他同学来继续层次二的落实，来推进下个素养3能力的培养。教师的评价也不能仅仅是停留在对学生的知识层面的反馈上，对于学生的思维的缜密性，逻辑严谨性，语言表达是否流畅等都要做出相应的回馈。教师的评价不应该是学生的对与错，更多的是对各方面素养表现的认同，来达到评价的导向性功能。

环节二：

课堂提问：如果可以，请设计一个原电池装置，实现这个反应。

评价任务：学生对于原电池装置的理解水平。

层次一：能完成简单单液原电池的设计，并做出合理的解释。

层次二：能完成双液原电池的设计，并解释设计理由。

核心素养：设计简单实验装置（素养3），对化学能转化为电能效率的提升（素养4），能够对原电池的装置原理进行解释（素养1）。

这个问题的设计更加具有开放性。将理论问题具象化，并利用教材上的原电池装置进行迁移，对于学生除了知识上的理解，还需要学生能够用绘图的方式把自己的意图表达出来，在表达能力的要求上更加提升了。学生的回答一定是多方面，千姿百态的。这时候教师的评价要注意：1. 及时性，可以利用信息化的手段，将学生的回答反馈到全班可见的显示器上，做针对性的评价。2. 注意教师评价和学生互评的交叉使用，利用学生的相互点评来发现问题，解决问题，让学生更深层次地参与到你设计的学科活动中，体现过程中素养的提升培养。3. 虽然我也大致的规划了一下评价的两个层次，但是这样开放性较大的学科活动中，学生表现出的层次绝不仅仅只有这样两个层次，因此教师的评价应该更多地去挖掘学生学习过程的闪光点，让学生各种不同的素养提升都在你的评价中得到肯定，得到支持。评价的多元化更加有利于学生的多维度发展，也让其他同学在你对部分同学的评价中找到自我提升的切入点。

当然具体评价目标的确定，必须与化学学科核心素养水平、内容标准、学业要求和学业质量标准保持一致。在我们的课堂教学中尽量使用描述性语言来呈现具体的评价目标。对于不同的学生，利用评价任务的不同层次去落实教学任务的不同层次。让分层次教学能具体地落实在课堂，也让不同层次的学生都有学习成就感。

三、教学评一体化对课堂教学的影响

学科核心素养是2017版新课标改革的"源头"。作为改革时代的老师，应该意识到的是我们的教育观念要转型——教师要从"学科教学"转向"学科教育"。要明白自己首先是教师，其次才是教某个学科的教师。要清楚化学学科本质，才会明白化学的教学究竟要把学生带向何方。

（一）用评价推进课堂教学

在教师进行教学设计的时候，要精心设计学科活动来提升学生的学科能力和学科素养。让学生的亲历与学科知识建立联系，通过经验的获得来重构知识。在这个过程中，利用恰当的评价来推进活动的进程，来落实学科价值观。以学生学科素养的发展作为评价的着眼点。在设计这样的评价时要考量知识点和学科素养之间的关联点包含什么，如何实现对学生的这些学科素养的培养。在问

题提出之时，就要设计好问题的落脚点，即评价落地的点。做好评价与问题之间的关联，这种关联既包括上一个问题也包括下一个问题，让评价在学科活动的环节之间起到一定的起承转合的作用。这样才能真正完成问题——体验——回答——评价，再推进到下一个环节的问题，形成完整学科活动的体验。

这样的课堂环节推进不会显得突兀，让学生在活动的成败之中都有收获。学科的活动探究过程应该只是体验，是形成良好学科素养的提升渠道，而不是对与错的最终判定。

（二）用评价落实素养提升

科学设计评价内容与要求。要把评价建立在课程标准的基础之上，依据课程标准和学生年龄特征，学生的具体来源特征，合理设计评价目标、评价内容与评价方式。在设计学科活动之初应该非常明确这节课的教学目标，包括素养提升的目标。这样在评价过程中，才能有的放矢地针对你想达成的目标去评价，而不是超越你的目标。譬如在刚才的例子中，原电池的设计过程，如果是普通中学，只是落脚点在可以绘制出反应原电池装置的图示即可。如果是条件允许的学校，还可以在课外时间，让同学依据他们的设计图，搭建相应的原电池，并让其工作。可以让学生更加直观地看到原电池的工作原理。同时也使他们的动手创作的能力得到提高。

加强过程性评价和表现性评价，教师要善于通过课堂观察及时评价学生表现。要注重学生的描述性语言表达，探究活动过程中的行为表现、动手实践、最终的作品展示等。只有细致观察、有效记录、深入分析学生完成任务的情况，综合分析学生的知识、方法、态度、兴趣与习惯等。才能给出让学生认同和信服的综合性评价。这样的评价也才能对学生有针对性的指导意义。

（三）用评价互动教学

多媒体技术、网络技术、虚拟现实技术、人工智能技术等信息化的新技术手段现在在课堂应用越来越广泛，新技术渗透的课堂，丰富了教学手段，也实现了教师与学生双方在信息环境下的合作互动，促进学生学科素养的全面发展。例如，投票选择器，将学生回答的各个选项数据实时汇总，就可以一目了然，学生在哪一些选项上容易出错，针对学生的整体作答情况做出客观的评价，以此作为评价学生的技术支持。投票器的使用还可以对学生进行分类、分层的评价，做好个性化指导。利用同屏传输，可以将学生纸面作答的东西实时传送到班级大屏幕上，有针对性地对学生的纸面答案进行评价。同屏传输还可以将教师演示实验，学生分组实验的过程，实时传输到班级大屏幕上，让教师和学生一起点评。借助新技术的便利，利用好课堂教学环节中的过程性评价来调整教学策略和学习方式。提高学生对课堂的参与程度，对学生的学习体验过程起到"以评价促发展"的作用。

评价是一门艺术，是课堂教学、学科活动中不可或缺的那一环。没有了客观的评价，教学的目的就不能很好的落实；没有了艺术的评价，就缺少了学生真心的参与。我们在进行教学设计，活动设计，问题设计时就要想好评价的落脚点，只有提问设计，没有评价设计的过程是不完美的。重视问题引导，也要重视评价落实，让我们的课堂更加有效，更加吸引学生。

改变以革新

——浅谈中高考改革下教师之思

贵阳一中新世界国际学校　李丽娜

对于高考改革以及中考改革，无疑引起了我们的重视与思考。先从高考改革实施内容说起，三门必考＋三门选考。必考科目：语文、数学、英语。选考科目：不同省市提供不同数目的选择科目，如已试行的上海与浙江，分别提供7选3、6选3。选考科目进行两次考试共同计分：合格性考试、等级性考试。但其中合格性考试采用会考成绩，每位同学都需要考试，成绩分为0分或者满分。等级性考试是对选考该科目的同学进行考察，难度等同高考题目，按等级赋分，由各省市自主划档避免分分必争。各省市具有自主权，考试时间、难度、考试方式都可自我掌控。课程评价改革推动教学改进，具体招生章程也随之改变。高校须至多确定3门选考科目，考生只需满足1门符合要求即可报名高校；另外填报志愿不分批次，采用平行志愿"专业＋学校"。

具体课程方案也进行了相关改革，其中化学课程分为必修、选修1、选修2。必修课程每位学生都需要学习，选修1涵盖化学反应原理、物质结构与性质、有机化学基础，选修2集中体现为校本课程的选择，选考化学的学生必学选修I。对于化学这一科，我们转化为教学层面思考，其实面临着巨大的挑战。未改革前的高中生必须学习化学这门学科一学年，完成必修1和必修2的学习后，高一年级学期末进行分科选择，文科学生不再学习化学，只需完成会考考试。而理科学生将继续学习化学，必须完成化学反应原理学习，从物质结构与性质、有机化学基础中二选一必学。学生一学年完成必修内容已经课程十分紧张，之后两年也需完成重点内容化学反应原理，物质结构与性质、有机化学基础中二选一的内容，以及高三备考。若实施改革后，意味着学生还需要更多的学习内容，但在同等时间内完成。不仅对于学生是一种挑战，对于教师的教学同样是巨大的挑战。这仅是教学管理中教师这一软件资源。另外课表、教室都是挑战，一个学生6选3有30种选择，7选3则共有35种选择。排课的压力可想而知，所要提供的教室数量与调配也是难以协调的，对于教师的需求与要求也是更为严苛，如果其中一位老师请假，则牵一发而动全身。

中考也在进行着紧锣密鼓的改革，两考合一、一考多用；改变考试科目构成；采用等级性表达。具体考题也在改变着，更多注重基础性：必备知识与关键能力的考察；综合性：强调学生知识体系和对知识间的联系的把握，注重思维方法的总结与提炼；应用性：解决实际生活中的实际生产、社会热点问题；探索性、开放性：考查创新意识和能力，关联知识、服务于生活，指向于核心素养的培养。

中高考改革有力的回应着培养什么样的人？又该如何培养的问题？但在现实中的实施还有待考察，需要更多的时间。过多的学校拥有自主权，实质上并没有真实的给到学生足够大的选择权，学校只会依据自身情况开出相应的课程，若学校想全部选择都开全，无疑是难上加难。学生除此之外是学业压力的负担，学科需要提前学习，成绩需要每年都抓，是减压还是加压？值得人们深思慎思！改革要改，但改革的具体实行也需要通过试点学校及时总结经验，并讨论出一套适合本省的方案。无论学校、教师、家长、学生，无一不在尝试与试探，别让一些投机取巧之人得了便宜坏了改革，别让功利蒙蔽了众人的眼睛将核心素养抛到脑后。

让改革之风刮到全国各地，并将教育的新观念吹去春的气息！

浅议翻转课堂在我的课堂上的应用

贵阳一中新世界国际学校　杨　健

翻转课堂译自"Flipped Classroom"或"Inverted Classroom"，也可译为"颠倒课堂"，是指重新调整课堂内外的时间，将学习的决定权从教师转移给学生。在这种教学模式下，课堂内的宝贵时间，学生能够更专注于主动的基于项目的学习，共同研究解决本地化或全球化的挑战以及其他现实世界面临的问题，从而获得更深层次的理解。教师不再占用课堂的时间来讲授信息，这些信息需要学生在课后完成自主学习，他们可以看视频讲座、听播客、阅读功能增强的电子书，还能在网络上与别的同学讨论，能在任何时候去查阅需要的材料。教师也能有更多的时间与每个人交流。

在翻转课堂中的一种模式是利用视频资源进行教学，而这样的教学有以下的几个特点：1. 教学视频短小精悍；2. 教学信息清晰明确；3. 重新建构学习流程；4. 复习检测方便快捷。作为新时代的一代接班人，我们老师也应该与时俱进，因为学生在不断进步，如果我们还是以传统的教学模式来进行教学，那么，我们只能是被这个时代所淘汰。这样的情况也就促使我们老师去做出思考，应该如何去进行教学。

在2018年的12月份，我接到了一个通知，需要在外面代表我们学校去上一节课，当时接到这样的通知是很开心的，但是紧接着的却是担心，既然是代表学校出去上课，那么应该如何去表现才能达到最好，去充分体现我们作为国际学校所代表的水平呢？我思考了很久，但是也只是建立在传统的教学模式下的思考，这样设计出来的内容让我自己都没有办法满意。有一天，我在我师傅面前苦恼应该怎么去设计这节课呢？怎么才能达到自己需要的结果呢？我师傅说："你怎么不试试一种现在很流行的教学模式'翻转课堂'呢？"我想："对啊！为什么我不用翻转课堂的模式来进行设计这节课呢？每一次都是很赶时间的上课，基本没有多少时间来进行思考应该应用什么样的模式进行教学，很久以前就想用翻转课堂的模式，但是总是被时间所限制，这次刚好有一次机会，为什么不试一试！"说干就干，于是我开始设计本节课的教学设计。

翻转课堂的教学设计和一般上课的教学设计是有很大的差别的，一般情况下，我们的教学设计要去分析教材、分析学生、列出三维目标、划出重难点以及设计好教学基本流程；这一部分相对来说是不会发生太大的变动的，只是其中的一些内容需要发生一些改变，因为在翻转课堂的教学中，我们要设计的是两堂课而不是一堂课，第一堂课我们没有直接面对学生，但是间接的接触了学生，这个时候对于我们老师来说是一个非常重要的时刻，因为我们需要我们的第一堂课能足够地吸引学生的注意力，让他们能够喜欢上你的课程内容，并能将你第一节课的内容充分的了解。这个说起来很简单，但是做起来却是非常的麻烦，需要大量的人力和物力，这就是我们现阶段最难的微课的制作。

微课，并不是我们随便拿我们上课的内容中的一段来进行录制，微课主要是为了突出课堂教学中某个学科知识点（如教学中重点、难点、疑点内容）的教学，或是反映课堂中某个教学环节、教学主题的教与学活动，营造了一个真实的"微教学资源环境"。我们需要一个专门的关于本节微课的教案，并且还要达到刚刚所说的效果，这只是我们的第一步，我在设计"燃烧与灭火"时，足足修改了六次微课的教案才开始了第一次的录制微课，在后面的录制微课的过程中，因为语言或者是物质方面的原因还要对微课教案进行修改，到最终将微课录制修改完成，我将微课教案改了 16 次。在微课录制过程中主要的问题有：1. 我们要将我们录制微课时需要的材料准备齐全；2. 找到一个非常安静的地方；3. 调适好你的设备（设备当然是越好用越好）；4. 开始你的录制生涯。

当然，录制完成的视频并不一定能马上就拿来使用，因为你看过之后，总会觉得还存在瑕疵，所以需要进行一定的后期加工，这部分属于技术工作，需要专业人员来进行。微课制作完毕，你的第一节课算是完成了，但是第二节课还没开始呢。

相对来说，当微课制作好之后，我们后面的正常教学任务的设计就会简单很多，我们只需要根据学生的学情进行分析，就可以得到我们想要的教学模式，如果是自己的学生，那么我只需要在上课的时候让他们自己上来讲述自己学到的东西以及哪些地方是不明白的，然后再让其他的同学来帮忙解答，或是没有人能解答的情况下自己来进行分析。然后再给一部分的问题让学生根据所学进行思考。但是如果面对的是别人的学生，而且你还一点都不熟的话，那么就得稍微地收一点，多引导一点，找一点喜欢发言的学生先进行表扬，促进一下大家之间的关系之后再说。在后期的时候，给学生一点适当的升华，那么本节课就算是功成圆满。

通过这次的活动，我发现其实我们老师也是可以发生改变的，并不能就局限在我们当下自己给自己画的"地牢"中，我们应该走出去，看看外面的世界，将我们的教学也与时俱进，这样的我们才会更加贴合社会的发展需要。

让化学式"活"起来

——构建初中化学式课堂教学中的化学文化内涵

贵阳一中新世界国际学校　曹晓芹

摘　要：化学用语教学在义务制教育阶段的化学教学中有着不可替代的重要性，是学生学习化学的重要工具。但是由于自身枯燥的学习特点，也是很多学生在学习化学时遇到的第一个阻碍。本文借两节课例研究，摸索出在化学用语中的化学式教学上的一些经验，力图真正从化学用语的内涵上让学生通过化学式的学习走进化学的世界。

关键词：化学用语；化学式；教学设计；化学文化内涵

化学用语是一种国际性的化学科技语言，是研究化学的工具。它是国际上统一规定，用来表示物质组成、结构和变化过程的科学符号。在化学学科中有特殊的化学含义，是学习化学的"敲门砖"。是在学习和交流化学知识中常用的有力工具。加强化学用语教学，对于帮助学生理解化学现象、学习化学知识、提高学科探究能力、培养其严谨的科学素养都有着重要的意义。化学用语的教学贯穿了整个义务制教育阶段化学教学的始终，并为高中化学学习奠定良好的基础。化学用语与化学基本概念、基本理论、元素化合物知识、化学计算有着密切联系，是学生正确理解所研究对象的化学内涵的重要工具。义务制教育阶段的化学教学非常基础，对化学用语的教学起点便是在元素符号的教学上。但是由于元素符号教学不可避免的枯燥性，会让学生在学习的时候感到困难。在教学实践中学生不能及时建立起符号与化学含义之间的对应关系而产生退缩、厌倦的情绪，因而感到记忆困难，乏味，导致进一步求知探索的兴趣下降。如何让学生跳脱出化学符号仅仅是英文字母的表象，真正体会到字母背后的化学内涵。如何让学生的背诵不只是简单的字母背诵，而成为是化学内涵的记忆。如何让学生由化学式、化学反应方程式等基本化学用语"翻译"出其中的化学内涵。如何激发学生的学习兴趣，引导他们利用好正确的化学用语，成为他们进一步探究化学科学的得力工具。本文将自己三年的化学式教学设计及教学实践探索过程进行了整理，立足于化学式的课堂教学，渗透具备化学文化内涵的课堂文化建设。

20世纪80年代，我国教育界曾经有过一轮关于"校园文化"研究与建设的热潮。当时研究与建设的重点都放在了校园空间的变革上。但是校园只是一个空间概念，它有一定的局限性。从根本上说，学校"文化"的核心应该是学校组织以及所处其中的人所具有的教育专业精神和思想意识、教育思维方式和教育行为方式。它是以潜移默化的方式影响着教师和学生在学校教育活动、学校生活中的思维方式、价值观念和教育行为方式、人际关系及其学校生活样式。校园文化的核心是以学生为主体的生本意识，以课堂文化建设为主渠道的中心意识。新课程改革的核心理念是"一切为了每一位学生的发展"，它意味着以下三层含义：第一，关注每一位学生。关注的实质是尊重、关心、牵挂。第二，关注学生的情绪生活和情感体验。要求教师精心设计教学内容、教学过程，使教学过程成为学生一段愉悦的情绪生活和积极的情感体验，帮助学生树立学习的自信心。第三，关注学生的道德生活和人格养成。教师不仅要充分挖掘和展示教学中的各种道德因素，还要积极关注和引导学生在教学活动中的各种道德表现和道德发展，从而使教学过程成为学生一种高尚的道德生活和丰富的人生体验，帮助学生建立爱心、同情心、责任感。"课程即经验"要将课程的落脚点落实在过程上，还不只是结果上。抓好过程即抓住了学生知识发展形成的内涵，在学生形成知识的同时，渗透了学科文化的内涵。给予学生知识的"灵魂"而不仅仅是枯燥乏味的表象。

在初中有关于物质结构方面，学生需要把握的是一些基础的概念和基本的化学表达方法、思维方式，这是学生今后进一步学习化学的重要工具。化学式的概念、意义、书写、读法，既是本课题的重点，也是整个初中化学教学中的重点。因为学生不会正确的书写物质的化学式就不能学好化学。对于抽象而枯燥的概念，在教材上也采用了图片、人物叙述的方式来表达。希望能以一种形象化的方法，让学生理解并掌握有关化学式的意义。对于化学用语，相信很多老师其实在一开始进行化学科教学的时候，就对学生进行着潜移默化的渗透了。但是当时学生的记忆其实是凌乱机械的。通过教材上这一章节的学习，学生对化学用语慢慢开始建立概念，开始真正去理解化学符号的内在意义，就不再是以前的单纯记忆了。要善于抓住这个时机，让学生真正理解化学式的意义，从内在规律去记忆，并在此过程中形成基本的化学素养。所谓化学的思维方式，化学的视角，化学文化内涵都是建立在化学语言上的，利用化学语言的教学培养学生的化学素养，建立化学课堂的文化内涵，是一个非常好的切入点。但是必须承认的是学生对化学用语的理解记忆，有一定的反复性，学生之间也存在理解上的差异。事实上也往往是从这一部分开始，学生对化学的学习出现了两极分化的现象。在这一部分，更加要对出现了记忆困难的学生多加关照，不能让他们因此产生畏惧化学的情绪，进而放弃学好化学。在面对学生对于看似枯燥的化学用语学习上，很多老师都采用过多种教学方式，去激发学生的兴趣。我想在激发学生兴趣的基础上，是不是可以正视学生的这种情绪，首先让学生知道，这种情况的出现是正常的，是很多同学都会面对的，不是因为你"笨""不如人家"才会出现这种情况。第二，让学生知道这样的情况是可以克服的，只要我们勇于克服困难，再加上适当的方法和必要的努力，一定可以做得更好。信心建立在老师对学生的理解上，课堂文化首先要在一个平等交流的平台上。老师不仅是在教态、语言等方面和学生平等，更是在心态上要主动去理解学生的困难。当学生感受到这种理解，这种关心，他会愿意主动来接受你给他提供的方法，接受你的帮助去战胜学习上遇到的困难。

本人采用课例研究的方式，力求在化学式的实践课堂中探索出渗透化学学科文化内涵的教学模式。通过两次化学式的课堂教学的课例研究，落实化学式的内涵式记忆。

2012年化学式第一课时教学（新授课）。在教学设计的时候考虑到要突破化学式教学过程中的枯燥乏味和学生的机械记忆。因此在第一部分化学式及其含义设计时，教学从学生们之前学习过程中接触过的物质入手，比如、水、氧气、氮气。然后用实验室里的药品标签以及身边常见的食品和药品标签，加上讨论来完成该内容的教学，以便更好地激发学生的学习兴趣，也要利于突破化学式的含义这个教学难点。第二部分的化合价与化学式。教学中主要通过小组合作竞赛记忆元素及原子团的化合价来突破记忆化合价的难点；利用化合价推求化合物的化学式主要是反复多次训练便可实现教学目标。第三部分的有关相对分子质量的计算。教学中主要采取讲练结合让学生熟练掌握计算相对分子质量和组成物质各元素的质量比，计算物质中某元素的质量分数是初中学生应掌握的基本计算。

在实际的教学过程中，学生因为这样的设计，确实很好地激发了学习的积极性，也达到了积极记忆的预期，对于化学式的英文字母也不只是简单的机械记忆。在后续的教学中，我还对于一些简单常见的元素给学生列举它们的英文名称，介绍它们的发现命名历史，例如，氧气的英文名字是 Oxygen，加深了学生对于氧元素用"O"来表达的理解。更体现了化学用语的内涵，一种用化学视角分析描述身边世界的语言。在课堂中还利用了一些简单分子模型，来加深学生对化学式中角码来源的理解。让学生不止是从枯燥的符号中学习、记忆。但是在教学中也发现了学生记忆的反复性，尤其是在复习课上，之前记忆的化学式，有部分同学开始遗忘。针对再次加深学生的理解记忆，加深化学语言的内涵渗透，又设计了复习课的教学。

2013 年化学式与化合价复习课。在这部分课的设计上，我考虑要充分发挥习题的作用。利用习题，让学生体会做题、整理、归纳的过程。从而慢慢改变单纯"看题——解题——得出答案"这么一个单一的过程。首先是看题时要理解出题人的意图，考察方向。其次是在解题过程中总结解题思路上易错的点。再次是将这些所获按一定的框架归纳，从而得出对这一部分较为完整的体系。基于此，我在课堂引入的时候就试图从有关药品同名不同药，也就不同价开始，从生活实际让学生体会化学用语就在我们身边，科学严谨的利用化学用语能帮助我们辨明是非。然后让学生练习"出题"，其实是借助这个过程让学生总结可以出题的一些基本知识点，以及解决问题的基本方法，并且在展示的过程中，就让学生再一次体会了化学用语的内涵及应用。当然学生展示的题目不可能完全覆盖本部分的知识点，那么在总结了习题之后，再次的反思就可以弥补这个空缺。也在这个过程中逐步培养学生利用习题总结归纳的能力。最后，依然回到课前的问题上来，让学生正视本节内容的难点，并且一起找出解决问题的方法。让学生在用中学，在用中记。从做题人的角度换到出题人的角度，从另一个视角去分析化学式，理解化学式。

通过这两次化学式教学的不同角度的设计，不同方向的突破。我认为对于化学式的教学要整体构思、分步落实。首先，教师要先使用化学用语规范，不能用字母代替元素含义，不能在描述化学式的时候用字母发音替代。虽然可以让学生马上书写出化学式乃至化学用语表达，但是对学生理解化学式的化学内涵是有偏差的。其次，将化学用语教学情景化、具体化、生活化。让学生在可以观察可以接触的实际生活中去认知，去感悟。第三，强调落实。落实方式多样化、娱乐化，及时反馈。抓反复，反复抓。落实包括学生书写的规范性。第四，逐步渗透。在新授课阶段，在复习课阶段，针对学生不同的理解层次，逐步渗透化学式的内涵，逐步开发其外延。第五，充分利用化学家的故事，化学式的来源，元素符号的英文表达等素材，让学生走进化学的世界，体会化学就在我们身边。

当然学生的个体情况是有差异的，包括记忆的速度和反复的程度，如何在课堂上及时地照顾到学生之间的差异，不让还没有记住的学生跟不上，也避免记住了的学生空泛无聊。在课时设计上除了要强调整体性，还要加强针对学生的个体差异的设计。尽可能让每一个学生都感受到属于他的课堂，而不是来上某位老师的课。

化学课堂文化的建设，重点是在课堂。但是文化建设的外延应该渗透到课下，利用好对学生的课外读物推荐，课外娱乐设计，不只是简单的作业布置，考试测评，也许更能激发学生的学习热情。突破为了分数学习，为了考试学习，让学生真正拥有热爱化学的热情，形成求知化学的源动力，才应该是我们作为化学教师追求的目标。

参考文献

[1] 余文森. 一位教育学教授的听课评课与教学断想 [M]. 福州：福建教育出版社，2011.

[2] 黄希庭. 郑涌. 个性品质的形成理论与探索 [M]. 北京：新华出版社，2004.

[3] 耿帅. 课例研究：备受教师关注的教育科研形式 [J]. 潍坊教育学院学报，2009（6）：96-98.

同步作业研究报告

贵阳一中新世界国际学校　李丽娜

一、研究背景

中共十八大和十八届三中全会提出关于立德树人的要求，2014 年教育部研制印发《关于全面深化课程改革落实立德树人根本任务的意见》，提出"教育部将组织研究提出各学段学生发展核心素养体系，明确学生应具备的适应终身发展和社会发展需要的必备品格和关键能力"。在此要求下，化学课程随之进行深层次的改革，而课程改革是教育改革的核心。课程改革包含多方面内容：1. 转变教学理念，提倡以学生为本；2. 传统学习方式的转变；3. 课程多样化设计。而与此同时化学课后习题也需要改革来满足学生发展需求。

化学习题现状：面临升学压力，无论老师、学生还是家长都广泛使用"题海战术"，而现在习题册种类繁多且良莠不齐，无目的的题海战术实际上十分低效甚至无效，这是研究同步作业的原因之一。或者是一味为了追求高分而做大量难题训练，忽略从基础知识出发逐步思考，建立思维体系。另外，依据对学生发展核心素养的发展需求，同步作业也不再仅限于书面作业，更需要拓展到学生实际操作，尤其是针对化学学科是以实验为基础的学科特点更需要鼓励学生实际动手，培养实际操作能力以及实验探究能力，而若同步作业仅仅限于书面形式忽略实际操作无法实现对学生的核心素养发展需求。

二、研究意义

研究同步习题可以促进老师教学和学生学习能力，对老师和学生都有十分重要的意义。对老师而言，第一，依据学生同步作业完成情况来确定教学知识的重难点，学生的同步作业答题情况（正确率，分析思路等）都能传达学生对知识点的理解程度；第二，依据学生同步作业完成情况来确定课堂教学设计，学生作业完成情况是对老师课堂教学的最佳反馈渠道，由此可针对性地调整某一教学环节或是突出某一教学环节（如学生对于硫的转化内容由同步作业反馈得出对不同价态转化的具体探究方案不理解，在课堂教学设计时可以突出对实验研究方案设计的讲解）。

对于学生，同步作业的意义更为重要。第一，巩固基础知识，提高运用人文领域知识和技能等方面的能力并在此过程中促进培养学生的科学素养。在化学学科的学习过程中会不断学习新的知识，引入陌生概念理论逻辑性较强，甚至有些概念会比较抽象，所以要达到认知领域仅仅靠课上老师的讲解是不够的，必须要通过习题构建知识框架结构，将抽象的概念内化为可理解和灵活应用的水平。第二，提高学生自主学习能力、综合应用能力及信息获取能力，使学生通过习题达到构建知识体系查缺补漏培养逻辑思维的能力（STSE 思维训练）。第三，联系社会问题提高学生实际问题解决（实验探究）和实践创新能力，并在此过程培养学生的社会责任感。化学是一门以实验为基础的学科，一定要培养学生科学探究实验的能力即布鲁姆教育目标体系的操作领域。科学探究实验包含理论上设计实验，分析实验，自主归纳总结以及实际操作的能力，可在同步作业中采取书面实验探究题或者课后小组实际实验，使得学生能力得到提升，并在实际动手操作的过程中将知识与实践相结合，实现对学生的核心素养发展需求。

三、习题对比分析

下面选取三道同步作业的习题来做分析说明

【案例一】

下列关于合金的说法，正确的是（　　　　）

A. 合金不能导电、传热

B. 合金属于纯净物

C. 合金没有延展性

D. 合金的很多性能与组成它们的纯金属不同

分析：该习题考查合金的物理性质，但仅从识记水平且题目信息一目了然过于简单乏味，不能体现对学生的知识迁移能力训练，再从知识点考查角度过于单一，且没有体现对合金典型性质的考查，没有抓住核心知识点。所以不是一道较好的同步作业题目。

改编后习题：

铜钱是古代常用的货币，是用铜或铜合金铸造的。目前市场上流通的人民币硬币的材质有铝合金、铜合金和不锈钢，也有钢芯镀镍、钢芯镀铜合金等。查阅资料，讨论制造货币选材时应考虑哪些因素。

对比前后两道习题，虽然是针对同一知识点的两道题目，但两者有显著不同。改编后的题目题干信息丰富并且结合实际生活，考查方式以及设问形式都较改编前更加灵活，更能够培养学生知识迁移能力和实际问题解决能力，思维角度比改编前有明显提高。另一方面，题设情景素材与古文化结合融洽，又在情境中分析实际问题充分体现学生发展核心素养的发展需求。

【案例二】

亚硫酸钠中的硫为+4价，它既有氧化性，又有还原性，现有试剂：氯水、大度包容化钠溶液、亚硫酸钠溶液、稀硫酸、烧喊溶液、氨水。

（1）要证明亚硫酸钠具有还原性，应选用的试剂是_____，看到的现象是_____，反应的离子方程式为_____。

（2）要证明亚硫酸钠具有氧化性，应选用的试剂是_____，看到的现象是_____，反应的离子方程式为_____。

分析：该习题考查从氧化还原反应的角度来分析亚硫酸钠的化学性质，但是分析思路在题设中已经给出，考查知识点十分明确作为一道大题，考查点过于狭窄提示较多，无法对学生自主设计实验的能力进行充分考查。

改编后习题：

猜想与假设		方案设计		
化学性质	猜测依据	选择试剂	预测现象	反应的离子方程式

改变后的习题，题目变为实验探究型给学生更多思考空间，引导学生将知识本体灵活应用，并通过习题构建知识框架体系。学生可从多角度思考并设计方案，有助于提高学生自主设计实验的能力，培养 STSE 思维。

【案例三】

为了防止储存氯气的钢瓶被腐蚀，钢瓶在装入氯气前可以做哪些处理（ ）

A. 在钢瓶中充入稀有气体

B. 彻底干燥钢瓶内壁

C. 用盐酸彻底清洁钢瓶

D. 除去钢瓶表层的铁锈

分析：该题目是氯气的化学性质的课后同步习题，但此题目考查点不明确，选项 A 涉及稀有气体，容易使学生产生知识主体聚焦模糊，不适合作为同步作业习题。

改编后习题：

根据氯气的性质分析，为了防止储存氯气的钢瓶被腐蚀，钢瓶在装入氯气前需要做哪些处理？

改变后的习题避免了不必要的干扰信息，改编变为开放性习题，既可对基础知识进行归纳梳理，又以"根据性质提出对策"的形式培养学生的发散思维。

结合以上三个案例分析，以及课上对同步习题的研究学习，提出以下习题设计建议。设计同步习题时要根据教学目标的三个维度（方法维度，知识维度，情感维度）来综合考虑设计同步习题，要达到让学生能通过同步习题来达到预设的教育目标。

第一，方法维度：1. 主要考虑在设计习题时用什么样的方式即题型，题型不仅仅指书面类：填空题、选择题、问答题，也可以是实际操作，比如，自主实验探究类，课外实践等灵活多变的形式。2. 在设计习题时考虑运用什么方式来锻炼学生的科学思维能力，比如，以"燃烧和灭火"的同步习题为例，运用什么方法能够达到学生对控制变量法的进一步理解。

第二，知识维度：1. 设计习题时与课堂所学知识相符，不能脱节更不能超前或超纲；2. 设计习题是除了考虑对知识本体的练习（为主）还要训练学生对知识的理解层次（为主）、直接应用（为较次）和间接应用（为少）的能力，可概括为对知识的迁移应用即将知识不仅仅限于课本上所学习的内容，更能利所学用知识自主分析和解决实际问题。3. 习题要能够符合学生发展核心素养的发展需求，将对知识本体的考查与实际生活、思维训练及能力培养融会贯通。由知识维度可以确定题目的数量和难度。

第三，情感维度：1. 培养学生通过习题能够将学习知识与实际生活联系，将所学知识与社会发展、人文历史相联系而不是单一地对化学知识的学习；2. 通过新颖的习题情境来激发学生学习化学和思考的兴趣，让化学的学习充满乐趣而非枯燥无味。由情感维度来确定习题情境。

另外，设计习题时要考虑整体布局，难度有分层且适当应用图片素材。另外，根据学生课上实际学习的情况来调整习题，如果学生课上有一部分内容理解得很通透，而有部分内容理解不清就可以有针对性地加多对困惑点的训练，即通过习题来突破知识中的障碍点。总之，同步习题设计应根据学生考虑多方面的因素且结合实际教学情况。

参考文献

[1] 郭震.高中化学教材配套习题探讨——以人教版课程标准实验教科书为例 [J].北京：人民教育出版社课程教材研究所化学室，2017，21（1）：3-4.

[2] 刘冰.新课程背景下人教版高中化学同步习题编制研究——"以非金属及其化合物"为例 [J].2011，45（3）：9-13.

西部地区中学生化学学困原因的分析与思考

贵阳一中　姚秀海

　　西北地区的基础教育由于诸多的因素，很大程度上还受应试教育惯性的影响，还是"金字塔"模式，只注意抓尖子生，而忽视了学困生。

　　新世纪的教育是通过提高学生学科素养来落实以德育为核心，以创新精神和实践能力为重点的素质教育；新世纪全新的教育理念是以学生的全面发展为本，也就是要以全体学生的发展，学生的全面发展，学习个性的健康和学生的可持续为根本。新课程的功能是全面提升学生的学习能力，促进中学生的发展。随着新课程的全面实施，在化学新课程的教育教学中，关注学困生，分析学困原因，促进他们化学学习能力的提高，全面提高教育教学质量，是贯彻落实新教育理念的具体体现，也是当前西部地区的基础教育改革中亟待解决的问题。

　　贵州省铜仁市地处湘、黔、渝两省一市交界的地方，属于落后的西部地区；铜仁一中是一所省级示范性高级中学，共有 39 个班级，现在已经形成高一年级 15 个班，高二、高三均有 8 个理科综合班、4 个文科综合班的稳定规模，在校学生人数共有 2200 多名，来自九县一特区，生源相对较好，随着高中的扩招，在校学生人数不断增多。

　　在化学学习中，我们把遇到基础的、一般性的化学知识都无能力解决的学生，称之为学困生。由于高一结束后要分科，不稳定因素多，故调查的对象确定为高二年级理科综合班的学生，学习上有了确定的去向，把连续 3 次在全年级单元测试中，化学成绩不及格的学生视为高中化学学科的学困生。以高二年级理科综合班学生为对象，以每一次全年级单元测试成绩为依据，结果显示，2001 年有 62 名化学学困生，2002 年有 80 名化学学困生，2003 年有 95 名化学学困生。

一、调查结果显示及其学困原因的分析

显示1：学困生城镇多农村少；学困生主要分布在条件比较好的家庭；因父母离异的学困生也占了一定的比例。因为家庭条件好，生活舒适，不思进取，是部分学生学困原因之一。

显示2：绝大多数学困生认为化学新编教材编得生动、有趣，与生活贴近，但同时也认为教材内容偏多、抽象、难度大、难学。化学教学内容偏多、偏难是学困原因之二。

显示3：绝大多数学困生的化学基础比较差，是学困原因之三。

显示4：绝大多数学困生没有被老师关注，被遗忘，师生情感比较差；老师上课枯燥无味，是学困原因之四。

显示5：学困生的学习动机比较差都是被动学习，学习缺少内动力，天生的懒惰是学困的原因之五。

显示6：绝大多数学困生对学习化学没有浓厚的兴趣，是学困原因之六。

显示7：绝大多数学困生没有掌握正确的学习方法，学习效果差，没有学习方法是学困原因之七。

显示8：绝大多数学困生喜欢上网玩游戏，消耗过多的时间与精力，是学困原因之八。

从物理学知识的角度来看任何一种变化都是受到一种力作用的结果。学习过程是一个复杂的过程，受到很多因素制约，学生是学习的主体，是决定学习变化的内部因素，是推动学生学习变化的内部动力；其他诸多因素如学习条件、学习方法、教学内容等为外部因素，是学困生学习变化的外部条件，制约着学习变化，他们之间有如下的方程式关系：条件+动力+方法+作用=变化；学习主体（内因）与其他外部条件（外因）呈协调关系，内因促进学习呈现正态变化；内因与其他外部条件（外因）不协调，学习呈现负态变化。上述调查结果充分显示这种关系。关注学困生就是要使他们从不想学习状态变为想学习状态，增加内动力，促进内因与外因和谐发展，促进化学学习呈现正态变化，提高他们的化学学习能力和成绩。

二、促进学困生化学学习呈现正态变化的建议

（一）增强学困生的忧患意识，鼓励其处于积极进取状态

71.6%学困生因家庭条件比较好，放松了对自己的要求，怕苦怕累、不思

进取，导致化学学习困难，学校和家长要引起高度重视。教师要告诉学生未来的社会竞争更加激烈，竞争是残酷无情的，没有真才实学是难以生存的，让他们知道西西部地区还很落后，落后发达地区及发达国家几十年甚至上百年，我们的物质生活和文化生活水平还很低，还应该积极奋发进取；教育学生对将来负责，以家庭、社会、国家的发展为己任，要为社会的发展、国家的富强做贡献，激发其进取心，使他们积极想学。

（二）精减教学内容，降低教学难度

课程改革后，新教材删去一些内容，难度降低了，内容的生动性、趣味性比以前有所增强，但是仍然存在内容偏多、偏难的现象，因为学困生的化学基础差，建议新教材内容可以再精减一些，难度再降低一点。教师要掌握好教材，有充分驾驭教材的能力，对介绍、了解、掌握应用的知识处理得当，要降低起点。多搭知识台阶，引导他们慢慢地向上爬，最终达到顶点。不要什么都当成重点讲，更加不能加大难度，要找到学困生可以接受的知识水准，推动学困生的学习呈现正态变化。

（三）加强情感投入，努力提高接受综合素质，实现彼此间的和谐

在教学过程中，教师是教的主体，学生是学的主体；教师要把目光投向学困生，关心他们的学习和生活，注入更多的情感和爱，缩短师生心灵之间的距离，开发学生的闪光点，使他们得到鼓励和信任，最后达到学生热爱化学老师、热爱化学的目的。学困生更加希望他们的老师是知识渊博、上课生动、幽默风趣、兴趣广泛、热情而有耐心、工作责任心强、有理想、对学生态度客观、善于启发、教学方法好，能注重多做实验的老师。因此，我们的老师要努力提高自身的综合素质。

（四）努力挖掘学生学习的内动力

作为学习主体的学生是否想学，是决定学习变化的必要条件中重要的部分，不想学的学生，任何教学方法都等于零。笔者认为，任何"变化"的产生，都是某种"力"作用的结果，"力"的作用是"变化"产生的最重要的条件。帮助学困生消除惰性，消除自卑感，树立自信心，给他们创造成功的机会，体验成功的喜悦，使他们有不想学变为想学，增强内动力，这个力作用最直接、最大、最能促进学困生化学学习呈现正态变化。

（五）激发学习兴趣，增强化学学习的推动力

培养和激发学困生学习化学的兴趣是教学的首要任务，充分利用化学学科特点，充分利用化学实验教学来培养和激发兴趣，利用演示实验，边讲边演示，

边讲边实验。让学生分组实验，把一些演示实验改为学生实验，使学生充分动手、动眼观察、动手记录、动脑思考、用口表达，使之学有所成，学有所益，形成比较稳定的学习兴趣，并且转化为学习乐趣。运用现代化媒体，培养化学学习兴趣，把上网，玩游戏的兴趣转化到网上化学学习上来，模拟化学反应过程，进行电脑实验，制作 CIA 课件来提升和巩固化学学习兴趣。调动一切可以激发化学学习兴趣的因素，增强化学学习的推动力。

（六）加强学习方法指导，促使学困生学会学习

教师不仅要让学生学会，更应该让学生会学。要求学生课前预习，上课专心听讲，积极思维，课后及时复习、练习；指导学生注意和学会从现象事实到结论的过程，即学会对比、分析、综合抽象，概括的思维方法和演绎推理等；在复习时可指导学生抓住新旧知识的联系，归纳概括以形成知识网络，学会记忆方法和自我检查，及时得到学习效果反馈等学习方法；在布置作业上，对概念理解型和知识了解型章节，不布置作业或少布置作业；对要求掌握技能型的章节，布置少量必做作业和一定量的参考作业；对必须熟练掌握技巧章节，不必一步到位，可以适当分散难点，设置梯度，分步实施推进和提高。实现由想学到会学的目的。

参考文献

［1］费孝通.教育应使学生始终注重具有"想学"的状态［J］.教学研究，2003（3）.

［2］朱伟尔.中学生化学学习非智力因素的调查及关系［J］.化学教学，1996（2）.

［3］奚达宝.化学教学中对智优学生非智力因素的引导和培养［J］.化学教学，2000（1）.

（此文章发表于教育核心期刊《教学与管理》2004年第5期。）

西部地区化学教学中实施双语教学的思考

贵阳一中　　姚秀海

摘　要：为了适应进入 21 世纪后国际经济、文化等诸多方面的竞争和建设，应重视中学生的双语教学，化学教学也不例外。西部地区的中学化学教学虽然存在着诸如生源不足，师资紧缺等困难，但是我们应该积极营造化学双语教学的一切有利环境，分阶段有步骤地实施化学双语教学。

关键词：西部地区；化学教学；双语教学

英国著名的朗曼出版社《朗曼应用语言词典》对"双语教学"的定义：将学生的外语或第二语言通过教学活动或环境，经过若干阶段的训练，使之能够接近或代替母语的表达式平。不同的国家、地区实施的方式不同。在美国，双语教学一般是用英语和西班牙语，进行学科教学。在加拿大，双语教学一般指在英语地区用法语授课。在澳大利亚，双语教学是指用非母语进行的部分学科教学。这些国家有一个共同点特点，就是拥有众多的移民，能够更好体现其国家多元文化的共融性。在欧洲，双语教学大多数是指用英语进行的部分学科教学，目的是在于加强国与国之间的交流，繁荣经济，形成聚合力。在中国，双语教学是指汉语教学外，用一门外语作为课堂主要用语进行学科教学，可以是英语、日语、法语、德语等。目前主要是英语，我国一些发达省市的部分学校正在起步。

一、西部地区开展双语教学的必要性

（一）社会发展的需要

进入 21 世纪后，世界各国间的竞争越来越激烈，世界各国、各行各业之间的竞争归根到底就是人才的竞争，核心是尖端人才的竞争。最近，中共中央又召开了专门的人才工作会议，提出加大实施人才战略决策的工作力度。这表明党中央高度重视人才的培养。随着我国加入 WTO，国际之间的交流、合作、竞争也越来越广泛，随着西部大开发战略决策的实施，西部地区与发达地区、与国际间的广泛交流与合作日益增多，西部地区的学生应该与发达地区的学生享有均等教育。英语作为获取信息，交流合作的工具，其作用越来越重要，在使西部地区探索双语教学是很有必要。使西部地区学生充分认识到学好外语的必要性和紧迫感，真正把外语作为一种交流的工具来看待，使高中毕业生的外语水平至少达到交际能力方面基本要求，能在外语交际需求日益增强的社会环境中参与国内、国际的交流与合作。我们建议西部地区积极行动起来，加大中小学教学的力度与进程，缩小与发达地区的差距，把双语教学提到议事日程来，加快在化学教学中积极实施双语教学实践探索。

（二）信息时代的需要

以多媒体和国际互联网为代表的当代信息技术创始人和大力开发者是以美国为主的英语国家。如要在消息交流与思考中游刃有余，除了掌握独特的网络语言外，英语的使用是至关重要的。印度能够成为世界软件开发大国，与其用英语为官方语言这一点是分不开的。因此，在信息环境的背景下，英语特别是学科英语（熟练掌握）就成了交流的必要工具。

（三）化学学科发展的需要

未来的化学学科应该既有学科特点，又注重学科的相互联系与结合，是多样化的、立体的、富有弹性的体系。所以，化学教学中实施双语教学是符合这一指导思想的。在21世纪，英语作为工具在学科教学的作用越来越突出。有资料显示，国内一些重点大学在近几年内将10%左右的教材采用国外原版教材，并且呈现上升趋势，这就要求中学进行双语教学，使中学生有一定的阅读能力，将来才能适应在高等学府的继续深造，充分掌握专业英语可以使我们从网络中更快、更广泛地获取知识信息，并为将来从事化学学科研究打下扎实的基础。

三、西部地区在化学教学中实施双语教学存在的困难

（一）缺少可以实施双语教学的氛围

西部地区的双语教学可以说还没有起步，人们的认识没有到位。要充分利用宣传工具，政府加以引导，使人们充分认识到双语教学的重要性，在意识上接受它。人人讲外语，多渠道用外语，给实施双语教学营造一个良好的氛围。

（二）缺少可以实施中学化学双语教学的教师

实施双语教学的教师不仅可以用外语进行日常对话，而且精通高中化学内容、化学专业英语，能够较流畅自如地用双语进行教学。在落后的西部地区，这样的教师很少。所以，目前要实施双语教学，西部地区面临的首要问题是缺少可以实施中学化学双语教学的教师。

（三）缺少合适的教材

现在西部地区实施双语教学，遇到的另一突出问题，就是没有现成的合适的英语教材，使教师教学时无据可依，无本可循。在教育主管部门尚未组织力量编写高中化学双语教学教材之前，实施双语教学的教师必须能够组织或编写高中化学双语化学教材，也可以借鉴国外、国内先行者用过的教材。

（四）学生对双语教学尚未完全认同

西部地区学生外语平均水平低，大多数学生对双语教学感到高深莫测，尚未完全认同，认为用处不大，可有可无，甚至担心怕影响自己将来的高考成绩。

三、现实状况

双语教学不仅对教师提出了更高要求，而且对中学生的英语基础，接受新事物的心理素质也提出更高的要求。在一些发达地区生源优秀的学校，如上海中学，约 30% 的学生认为双语教学对自身的发展很有好处，50% 的学生觉得不错，只是学习稍有一点累，另外有 20% 左右学生感到有困难。

所以，地处西部地区的铜仁一中，尽管是省级示范性高中，学生对双语教学的态度不容乐观，2003 年 3 月 18 日，我对曾经教授过的高一某班级的学生，展开了化学双语教学的问卷调查，统计数据如下：

问题	选项	选择人数	所占百分比
1. 你对化学双语教学是否了解	A. 了解	15	26.8%
	B. 不了解	41	73.2%
2. 你对化学双语教学持什么态度	A. 非常喜欢	5	8.9%
	B. 喜欢	22	39.3%
	C. 一般，谈不上喜欢	20	35.7%
	D. 不喜欢	9	16.1%
3. 化学双语教学中涉及的英语，你能够听得懂多少	A. 听懂85%	8	14.3%
	B. 听懂60%	20	35.7%
	C. 听懂30%	22	39.3%
	D. 一点听不懂	6	10.7%

续表

问题	选项	选择人数	所占百分比
4. 你认为用英语教化学会影响你的化学成绩吗	A. 不影响	3	5.4%
	B. 有一定影响	26	46.4%
	C. 很大影响	23	41.1%
	D. 完全影响	4	7.1%

数据显示，双语教学只算是开了个头，是课堂教学的新生事物，绝大多数学生对双语教学还有一个适应和接受过程。只有学生适应并且接受双语教学，双语教学才能成功，双语教学才有生命力，才能够持续发展。

四、双语教学的尝试

双语教学首先要学生适应，得到学生认同，只有绝大多数学生的认同，双语教学才会有生命力，为了达到目的，以下几点是我的具体做法。

（一）努力提高自身英语水平

实施双语教学并非是一件容易之事，不仅要求自己要有勇气和胆量，更需要自己有实施双语教学能力和水平。给学生一碗水，自己必须是一条小河，自己现有的英语基础，要达到实施双语教学的水平还远远不够，加强英语自学，在实践中学习，努力提高英语水平，特别是化学专业英语水平，为自己实施双语教学寻找知识源泉。

（二）激发兴趣

学习兴趣是学生学习活动中一种自觉能动的心理状态，是学生主动学习、积极思维、探索知识的内在动力，兴趣是最好的老师，兴趣的力量是巨大的。在双语教学过程中，努力提高学生的兴趣，使学生逐步适应、认同、接受双语教学，消除顾虑。

首先，在课堂上我鼓励学生多开口、多交流，学习完一章后，布置一个作业，要求同学们去学校电子阅览室，在网上找一篇跟本章有关的一些简单的化学原版英文资料，并在多媒体教室通过自己讲解分享给其他同学，通过完成这些课外作业来提高学生用英语学习化学的兴趣。其次，在教学过程中增加一些英文版的"生活中化学"科学读刊，把最新科技动态穿插在教学内容中，提高学生学习兴趣。再次，是刺激与强化，维持兴趣。对双语课学得好的学生及时表扬、奖励，并让他们传授经验。

（三）要适当引导

由于一开始接触较多陌生的化学专业英语单词，有一些学生就感到学习很困难，这时，我就及时引导和帮助学生，用国内外一些成功的典型案例鼓励、引导他们，帮助他们树立信心，努力适应用英语学习化学。

（四）编写一些合适的化学双语教学参考教材

借用国外的一些教材，如美国的高中化学通用教材，国内发达地区化学双语教学的先行者们使用过的教材，以及一些从网上下载的资料，综合学校实际，实行"选、改、合、编"措施，力求编写出符合我校及本地区中学生实际情况的教材。

五、实施双语教学的三个阶段

我认为化学双语教学应该遵循渐进原则，D. A. 诺曼和 D. E. 鲁梅哈特根据图式理论提出知识学习经过增生（accretion）、重建（reconstruction）、融会贯通（tuning）三个阶段，双语教学的实施是学生学习知识的过程，知识的形成和掌握必须经过这三个阶段。

（一）增生阶段

增生阶段即学生适应阶段，以母语教学为主，适当地渗透英语，以降低在双语教学过程中学生理解化学知识的难度，课堂交流不严格规定必须使用英语，但每一堂课要渗透适当的、常见化学的英文拼读方式。例如，同位素（isotope）、铅（lead）、氧气（oxygen）、臭氧层（ozonelayer），这些学科英语单词与学生认知结构中原有的相关化学知识相联系并发生相互作用，被同化而成为学生自身知识，逐渐适应双语教学，学生运用一种新的语言去学习他们所掌握的化学知识时，能够产生学习兴趣，激发学生学习的积极性。

（二）重建阶段

重建阶段又可理解为展开阶段，这个阶段仍然以母语教学为主，适当地渗透英语，逐步提高英语在化学课堂使用的比例。力争每节课中标题用双语表示，同时渗透 3~4 组化学专业英文词组，课前打印好，并注明中文含义和英文的音标，发给学生。

例如：高一上学期，学习离子反应一节知识时，我渗透了以下的化学专业英文单词。

离子反应：ionic reaction

定义：defintion

必要条件：necessary condition

充分条件：sufficient condition

写离子方程式：Writing ionic equations

The steps in writing an ionic equations.

Step 1. Writing an ionic equation are

Step 2. Replace the formula of some substance in the chemical equation with the formulas of ionic.

Step 3. Eliminate the spectator ionic.

Step 4. Check Whether the ionic is balanced. （In an ionic equation，net charge must balance as well as number of atoms.）

练习：doing some exercises

这样学生逐步适应用英语去体会、理解和掌握一些化学知识，随着时间的推移和知识不断深入，可逐步增加化学专业英文单词的量，甚至可以引入一些短文。例如，高一下学期学习环境保护时，我引入了短文——酸雨。

Acid rain

Acid rain affects environment. One of the most acidic lakes in the U. S. is Little Echo Pond in Franklin. New York. With a PH of 4. 2. It affects pyramid in Egypt and The Forbidden City in China. Also it would affect your skin eye if you touch it directly.

附译文：酸雨

酸雨影响环境。世界上酸性最强的湖是美国纽约富兰克林的小依科庞德湖，它的 PH 是 4. 2，酸雨破坏埃及的金字塔、中国的紫禁城。如果你直接接触酸雨的话，那将有损坏你的皮肤和眼睛。

这样的短文阅读起来既不难，又有趣，英语和化学学科之间的联系很容易地建立起。

（三）融会贯通阶段

融会贯通是双语教学的理想阶段，此阶段是以英文为主或完全的英文教学，英语成为化学课堂教学的主要语言，学生置身于英语语言的环境中。最终达到用英语交流、思考化学问题，完成化学作业。

"世界上原本没有路，走的人多了便成了路"。在西部地区的化学双语教学中，我愿意抛砖引玉，做西部地区化学双语教学的探索人。尽管西部地区实施双语教学没有条件或者条件尚未成熟，我们广大的化学教育工作者，要创造条件积极跟上，只有这样，我们西部地区的双语教学才能够迎头赶上，紧跟时代步伐，做出自己的贡献。

参考文献

［1］皮连生．智育心理学［M］．北京：人民出版社，1996.

［2］曹莉等．化学教学，2002（10）：23－24.

［3］邱辉忠．化学教学，2003（1－2）：58－60.

（此文发表于《化学教与学》2004 年第 1 期。）

不畏浮云遮望眼

——读《中学化学教学设计之第四章中学化学单元教学设计》有感

贵阳一中新世界国际学校　曹晓芹

教书 20 年，教案也写了几摞，从一开始的教案到现在的教学设计。对于备课，不只是名字上的改变，更是一种观念上的改变。教学设计，是教师为了达成一定的教学目标所使用的一种"研究教学系统、教学过程，制定教学计划的系统方法"。它已经不是简单的盲目的教学过程的描述，而应该是一种育人意识的自觉蒙醒。假期读叶佩玉老师的《中学化学教学设计》，想再静下心来从备课做起，反思自己的课堂。

叶老师的书值得一读再读，阅读后会发现有很多的细节需要慢慢回味。尤其是第四章中关于中学化学单元教学设计的内容。

一节课的教学设计主要是针对适合在一个课时内实施的学习内容进行教学设计，上好一节课，不难。单元教学设计主要是对教材中的一章或一个单元等知识结构相对完整和综合的学习内容进行设计。真正的设计应该站的角度更高，所谓"欲穷千里目，更上一层楼"就是这个意思吧。

叶老师在这一章分了三节内容来进行探讨。第一，什么是单元教学设计；第二，如何划分教学单元，如何制定单元教学目标；第三，如何真正进行单元教学活动的设计。并通过三个实际案例的展示，来将理论落到实地。

做好单元教学设计，可以从整体上对一个单元或整章知识的结构都有着很清楚的认识，会明确每一节课应该讲到什么程度，更好地把握教材、解读教材。学生的学是循序渐进，逐步推进的，教师的教同样也应该是逐层上升的过程，这样才会让学生对一个模块或一个单元的知识有一个系统地理解，让学生能够知道本单元在整个知识框架中的地位以及与前边学过的章节和后续章节的联系，学习的过程会更加科学化。

平时教学中，会依赖教学参考，教参里会提供将一本教材划分若干单元的建议。但是这样的建议的提出毕竟是基于大部分这个年龄和学历阶段学生的一个平均水平，和我自己的学生还是有出入的。因此，叶老师说，教学单元和教材的单元未必是完全吻合的。对于个性化的学生，我们应该要制定真正适合他们具体情况的教学单元划分。"走出"教材单元，将其转化、重组，重新构建有利于自己的学生的科学素养提升的教学单元，真正实现"用教材"教学。我觉得叶老师的"用"字很贴切，用好了，教材就"活"了；用不好，就成了教死书。

但是做好化学教材的单元设计，做好教材的重组工作，一定是基于教师自身对于中学化学教材内容，学科教学培养目标的正确理解基础上的。对于国家的学科素养在教材中的落实点有明确的意识。知识与技能的定位不难，但是过程与方法，情感态度与价值观的定位往往才是提升学生学科素养的关键。如何在单元设计中逐层渗透，是体现一个教师教学"实"的功力所在。单元教学目标有了，教学手段以及架构各个课时之间的教学关联又体现了一个教师的教学"巧"的功力。

教学如登山，登高才能远望。当每一节课都能够整体构思，课时之间能够环环相扣，就不会再因为课时不够，匆忙赶课，也不会就题讲题。一节课要放在一个单元里看，一个知识点要放在整个教学单元里渗透。

在学习了叶老师的书后，自己也尝试了一篇单元设计。希望能慢慢通过这样的设计，能够对自己的教学提供帮助。

附：

（人教版）第三章 水溶液中的离子平衡
单元教学设计

一、教材分析与课标分析

（一）地位与作用

"水溶液中的离子平衡"是人教版高中化学选修4的重要内容之一，是中学化学基础理论的一个重要部分，也是学生整个中学阶段的难点。本章的内容比较抽象，综合性强，难点和易混淆点较多。

　　离子平衡知识与化学平衡知识密切相关，尤其是化学平衡的建立和平衡移动原理等知识及其学习方法，可直接用来指导对离子平衡的学习。因此，本章是化学平衡学习的继续与拓展。对电离平衡、水解平衡和溶解平衡的掌握，是对中学化学的平衡理论体系的丰富和完善。

　　通过本章的学习，不仅可以加深对已学过的强弱电解质、离子反应和离子方程式等知识的理解，而且还可以进一步指导有关电解和物质的检验等知识的学习。有关电离平衡、盐类水解、离子浓度大小比较等知识考点是历年高考考查的热点和难点，依知识点设计的考题，题型多样，考题具有较强综合性。在本章结束或复习时总结化学平衡、电离平衡、溶解平衡及水解平衡等四大动态平衡的范围、原理、影响条件、热效应及平衡特征，以便让学生建构完整的平衡知识体系。同时，在学生用动态平衡观整体分析外界条件对三种平衡移动的影响的过程中，学会利用理论工具加以广泛迁移和应用。通过对常见电解质的讨论，使学生重视分类的学习方法。

　　（二）知识类型、水平与知识结构

　　本章内容应用前一章所学化学平衡理论，探讨水溶液中离子间的相互作用，内容比较丰富，理论与实际、知识与技能兼而有之，如电离平衡、水解平衡、沉淀溶解平衡的过程分析，体现了化学理论的指导作用。pH 的应用、盐类水解反应的应用、沉淀转化的应用等，展示了相关知识在生产、生活中的应用价值。酸碱中和滴定介绍和测定酸碱反应曲线的实验则是学习实验操作技能。在教学功能上，这一章起着巩固和深化前一章所学知识的作用。

　　全章 4 节内容可分为两条知识链：一是与弱电解质相关的电离平衡，包括 1—3 节，它们在知识的认识水平上是渐进的，前一节是后一节的基础和铺垫；二是沉淀溶解平衡，安排在第 4 节，它的知识基础是溶解度和化学平衡理论。

　　从整体上看，本章内容以深入认识水溶液中离子反应的本质为核心问题线索，分别研究了各类物质（弱电解质、水、盐类、难溶电解质）在水溶液中的离子平衡，使学生发现化学平衡、电离程度和溶解度之间的关系，并了解这些原理的应用。教材内容框架如下：

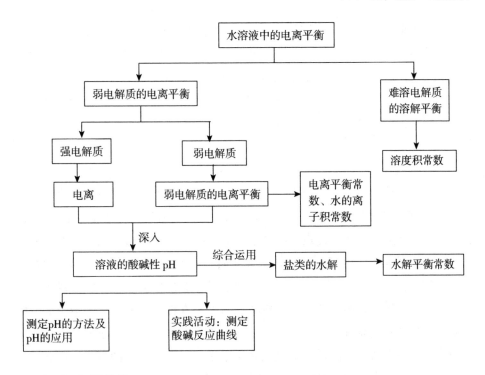

（三）知识价值

在教学中充分利用初中和高中必修、选修已学的知识，采用理论推理与实验探究相结合的方法，在运用已学知识分析、推导新知识的过程中，通过搭设小台阶减小理论学习的坡度，降低学习难度，给学生留出自主学习的时间和空间。在保证达到课程标准规定的基本要求的前提下，注意教学内容的深广度。如对于沉淀溶解平衡，课标仅仅要求定性地描述，知道沉淀转化的本质，在教学中就不宜定量分析和计算；教材在科学视野栏目中提供的与正文内容紧密相连的更深入些的知识如电离常数、盐的水解常数、溶度积等为学生选择性学习提供内容，应根据学生实际情况决定教学策略；对于溶液 pH 计算，只要求计算强酸溶液、强碱溶液以及涉及这两者反应后混合液的 pH 值；教材以资料的形式提供的某些相关数据、事例等内容，在教学中能达到帮助学生更好理解正文内容的目的便可。以上这些内容都有赖于教师在教学中注意呈现知识的选择性，准确把握好教学内容的深广度。

理论分析是研究、阐述理论问题最重要、最常用的方法，也是学生学习理论性知识和训练逻辑思维、推理能力的必要途径。但是在教学中应注意不可忽视理论与实际的联系，陷入从理论到理论的教学误区中，导致学生逐渐丧失学习化学的兴趣。根据化学学科的特点及学生的心理、生理特点，通过科学探究和实践活动使理论分析丰富、生动起来。①实践活动：用 pH 计测定中和反应过程中溶液 pH 值的变化，绘制滴定曲线。②科学探究：测定不同盐溶液的 pH 值，寻找这些盐溶液呈酸性、中性或碱性的原因。③科学探究：探究促进或抑制氯化铁的水解的条件。做好这些探究活动有利于激发学生的学习兴趣，促使学生主动参与其中，使他们在学习科学知识的同时，也培养了逻辑思维能力，获取了科学探究的体验，培养学习化学的浓厚兴趣。

二、学情分析

本章第一节内容是《必修 1·第二章 第二节离子反应》的发展。学生在此前建立了电解质及电离的概念，知道酸、碱、盐是电解质，并能正确书写强酸、强碱、可溶性盐的电离方程式。通过本节的学习，学生将建立强、弱电解质的概念，建立弱电解质电离平衡的认识，并能正确书写弱电解质的电离方程式。此外，学生在《必修 1》中认识到离子反应发生的条件为有水、气体或沉淀生成，能够书写涉及易溶、易电离的酸碱盐的离子方程式，那么学完本节后，学生对离子反应实质有进一步的认识，并掌握弱电解质生成，而涉及弱电解质的反应也能正确书写。电离理论又是联系化学平衡与溶解平衡的纽带。因此，本节知识对于后续章节的学习有着重要的指导作用。

第二节内容是第一节内容的应用。在弱电解质电离平衡的基础上，将水看成一种反应物浓度不变的弱电解质，从一般到特殊认识水的电离平衡的特征（水的电离平衡和离子积），逐步认识水溶液中离子浓度的特点（溶液的酸碱性），从定性到定量的研究其特征（溶液 pH 值的简单计算），最后考虑其应用（中和滴定实验和应用）。在方法上遵循从一般到特殊，从定性到定量，从简单到复杂的认识观。

第三节内容延续了第二节的学习。从学生比较熟悉的盐类物质入手，引导学生通过实验并运用归纳法分析盐类的组成与盐溶液酸碱性的对应关系；再以水的电离平衡为基础，分析盐类电离出的阴、阳离子与水电离出的 H^+ 和 OH^- 结合成弱酸或弱碱的趋势，明确不同盐溶液呈现不同酸碱性的本质原因，同时深化对过去所学"离子反应发生的条件"的认识。

第四节内容相对独立，但也可将沉淀溶解问题与离子生成沉淀的反应相联系，难溶电解质在水中也会建立一种动态平衡，这种动态平衡和化学平衡、电离平衡一样符合平衡的基本特征、满足平衡的变化基本规律。将溶解平衡与化学平衡相联系，明确用化学平衡的基本规律来研究溶解平衡的相关问题，把知识紧密联系，形成完整的知识体系。

三、本单元的教学目标与学生学习活动

教学目标	活动与探究
知识与技能： 1. 能描述弱电解质在水溶液中的电离平衡，了解酸碱电离理论 2. 理解水的离子积常数的含义，并能应用其进行水溶液中的有关计算 3. 知道测定溶液 pH 值的方法，掌握酸碱中和滴定的原理和方法 4. 能描述弱电解质在水溶液中的电离平衡，归纳影响弱电解质电离平衡的主要因素 5. 认识盐类水解的原理，归纳影响盐类水解程度的主要因素 6. 能描述沉淀溶解平衡，知道沉淀生成、转化、溶解的本质 过程与方法： 1. 能运用化学平衡的理论处理水溶液中的问题 2. 进一步树立平衡观和离子观的思想 3. 掌握从简单到复杂，从单一研究对象到多个研究对象的对复杂体系的研究方法 情感态度与价值观： 1. 认识调控溶液 pH 值在工农业生产和科学研究中的重要应用 2. 能通过实例认识盐类水解在生产、生活中的应用 3. 通过酸碱中和滴定等活动，体会定量的方法在科学研究中的作用	1. 讨论或实验探究：等体积等浓度的盐酸与等量镁条的反应，等体积等浓度的盐酸和醋酸 pH 值的测定 2. 查阅资料并讨论：常见弱酸的电离常数 3. 交流讨论：纯水中加入少量盐酸或氢氧化钠后氢离子浓度和氢氧根离子浓度的变化 4. 家庭小实验：测量家中常见物品的 pH 值 5. 查阅资料：pH 的应用 6. 查阅资料：酸碱指示剂 7. 实践活动：用 pH 计测定中和反应过程中溶液 pH 值的变化，绘制滴定曲线 8. 科学探究：测定不同盐溶液的 pH，寻找这些盐溶液呈酸性、中性或碱性的原因 9. 查阅资料并讨论：盐的水解常数 10. 科学探究：探究促进或抑制氯化铁的水解的条件 11. 查阅资料并讨论：一些电解质的溶解度 12. 实验探究并讨论：沉淀的溶解和转化 13. 查阅资料并讨论：溶度积和氟化物防治龋齿的化学原理

四、本单元课时安排

第一节　弱电解质的电离	1 课时
第二节　水的电离和溶液的酸碱性	3 课时
第三节　盐类的水解	2 课时
第四节　难溶电解质的溶解平衡	2 课时
复习与机动	2 课时
合计	10 课时

打造有温度的课堂

——贵阳二中教学活动月听课手札

贵阳一中新世界国际学校　曹晓芹

2018年4月25日依照贵州省教科院罗敏老师的安排，贵阳二中冷枫校长的邀请，参加了贵阳二中教学活动月的一次化学听课评课活动。在本次听课活动中，通过冷刚老师、何一冰老师、余志坚老师的三节高一化学课，收获良多。

一、用最美的粉笔字，打造有温度的课堂

曾几何时，一手漂亮的粉笔字是一位优秀教师的必杀技。但是现在这项技能在很多的老师那里已经失传了。粉笔字能够体现一位教师的人文素养和教学基本功，它能够展现教师个性魅力，传承汉字文化。即便是在化学课堂上，规范、漂亮的粉笔字也同样是化学老师的魅力所在。这次听课过程中冷刚老师漂亮的粉笔字和余志坚老师规范的板书就给我留下了深刻的印象。中年教师扎实的基本功，让人感受到了课堂的美好，这样的手写板书也同样让学生感受到了老师对课堂的尊重和热爱。

不仅如此，教师在板书的时候，同样也可以给课堂适当的时间"留白"，留给学生记笔记的时间，留给学生思考的时间。让学生能够跟得上教师的思路，跟得上课堂的节奏。一节课下来，完整的课堂板书会呈现出整个课堂的探究推理过程，给学生一个完整的课堂结构。

很多时候老师们都会抱怨，现在的学生"懒"上课不记笔记，那么学生上课记笔记的习惯同样也是需要教师培养的。比如，教师每节课都用规范的板书去影响学生养成记笔记的习惯，去规范学生的笔记，一定会有着不一样的效果。只是用PPT翻页的老师，怎么能要求培养出认真规范记录笔记的学生。

二、用最美好的语言，打造有温度的课堂

教师的课堂语言是教师驾驭课堂，构建课堂的重要"利器"。

规范的语音，磁性的语调，会让学生透过"声音"爱上这门课。余老师磁性的声音，冷老师标准的普通话，都会让学生爱上他们的课堂，爱上他们的传达的知识。

即便是理科，一样也可以用诗意的，有温度的，感性的语言来让学生感受课堂的温度。譬如，余老师在讲到有机物的元素组成时，学生们发现了各种有机物中都有"碳"元素的身影。余老师马上问道："为何上天如此眷顾碳元素"？"眷顾"一词，让人很自然地感受到了碳元素的重要，也体现出了一位化学教育者的温情。

美好的语言还体现在老师对每位学生的评价。在冷老师的课堂上，老师要求学生自己推理绘制出反应物浓度增大时的 v-t 图。上来板演的两位同学，一位画得很对，一位画成了 c-t 图的形式。冷老师从知识上评价了正确的图像以后说，也积极肯定了这位画错的同学能够有勇气表达自己的观点和看法。不随意挫伤任何一位同学在学习过程中的积极性，保护每一位同学的求知欲，是我们每一位老师都应掌握的语言基本功。

三、用历史的沉积，打造有温度的课堂

从开始使用"火"，人类就开始了与化学相伴的发展历程。培根说："读史使人明智"。在我们的化学课堂上，我们更加应该利用好化学史来渗透我们的化学学科素养的教育。在余老师讲有机物的第一课时时，余老师花了 5 分钟左右的时间来讲述了有机物这个名词的来源。从有生命有机体到有机物，学生们听得津津有味，让学生们感受到了化学的神奇和魅力。人类社会的发展离不开化学，让学生在化学课堂上感受到教师对化学的热爱，感受到化学的学科魅力，让学生看到化学对社会发展的推动，从而爱上化学，走进化学，发展化学。在教学设计的过程中，有意识加入对化学史的渗透，特别是化学对社会发展推动的历史，让学生的学科活动结合化学史的发展过程，可以让学生的学科活动变得生动有趣。

四、用信息化的手段，打造有温度的课堂

以上提到的强化板书，锤炼语言，利用化学史，都会丰富我们的课堂。但

是同样也会带来课堂时间上的"损耗"。在目前高一、高二的课堂上一线教师面临的最大困难就是课时量不够。因此如何增大课堂容量，如何提高课堂效率，是老师们最大的诉求。追求课堂的"温度"就会损失课堂的时间，这不是我们愿意看到的。而信息化的技术，正好能够给我们带来这样的补充。

微课技术，可以将一些科学史话，习题讲解，实验演示等录制成小视频的形式，在课前或者课后，通过网络传播的方式，让学生在课下的时间学习，将课堂上的时间留给教师和同学做更多的师生群体交流。通过微课还能够体现更多的教师和学生之间的一对一交流，解决分层次教学的困难。

PPT 在课堂使用，大大提高了课堂的节奏，确实让学生目不暇接，很难有记录笔记和思考的时间。但是，相信我们的老师可以在手写板书和全课堂 PPT 之间找到一个合理的切合点。既能够提高课堂的效率和节奏，又能够用手写板书带给学生合理的课堂思考和笔记的时间。

实物投影技术，可以将我们课堂上的化学演示实验实现微型化，绿色化，直观化。在进行化学实验的过程中常常会遇到一些问题，例如，一些化学实验可能会释放有毒或有污染性质的物质；一些实验实施起来难度较大，不易操作，成功率不高，等等。当演示实验微型化的时候，我们就可以实现演示实验的绿色化。避免我们的老师和同学因为做课堂演示实验而受伤害。分组的微型实验会大大的提升教师和同学的化学课的幸福感。但是教师的微型实验难免不方便观察。因此，利用实物投影技术，将实验过程，实时投影到班级屏幕上，就能直观地让大家都看到实验的现象。现在很多学校都装了一体机，需要老师们学习一体机的使用技巧，实现实时投影的功能。并且这样的实时投影还可以将学生的课堂作业，学生的分组实验现象，实时反馈到大屏幕上，避免学生因为到黑板上板书耽误课堂时间，加快课堂的节奏。

还有很多很多的信息化技术手段可以帮助我们的一线课堂提高效率。信息化的时代，发展很快，有的时候太快了，会让人觉得不够温馨，缺少情感的交流。教育需要慢工，需要师与生之间这 40 分钟的情感交流，透过手写板书，透过字斟句酌的语言，透过娓娓道来化学故事，我们能感受到每一位化学老师在课堂上倾注的情感。教育需要跟上时代的发展，需要我们加快步伐，走到时代的前列。信息技术是工具，是帮助我们每一位教师实现教育梦想的工具，学习它，利用它，给我们的课堂插上翅膀。过去的教师基本功我们不能丢弃，信息化技术也会成为我们新一代教师的又一项基本功。

不放弃过去的美好，也不拒绝美好的未来。

设计的用意

——记参观美国儿童发展实验室有感

贵阳一中新世界国际学校　李丽娜

一、初识

美国幼儿教育协会（NAEYC）是美国幼儿教育的权威机构，是帮助幼教工作者提高幼儿教育的质量；确认考核高质量的幼教系统，使家长通过此类评价认识到什么是高质量的幼教机构、提升人们对幼儿教育的理解，从而使整个幼教机构的质量得到提高。为响应高质量幼儿教育机构认证标准的具体要求，应美国幼儿教育协会的委托，人类发展与家庭研究所在大学校园里分别创办了两所儿童发展实验室（CDL），一所位于哈斯利特，一所位于东兰辛，后者正是我们此行前往完成参观的儿童发展实验室。

从 1927 年起，儿童发展实验室就开始为学生、家庭、孩子提供幼儿教育项目。它目前主要有以下四个职能：

1. 为儿童与家长提供优质的服务；

2. 为 MSU 致力于儿童发展学习的在校大学生提供实习基地；

3. 为学区的全体教师和老师提供科研数据支持地；

4. 扩大服务范围，为外界其他早教研究学者同等开放使用。

儿童发展实验室在运营中主要存在两种教育组织形式，分别是半日制课堂和全日制课堂，主要差别在于上课时间不太相同，半日制课堂为密歇根州立大学每学年的每个星期一至星期四，而全日制课堂则为全年的每个星期一至星期五。

该儿童发展实验室致力于培养幼儿丰富而又多元化的教育经历，让他们变得更加有挑战精神、创造力、自信、有能力，将学习视为一个充满活力与乐趣的过程，整个培养计划与成长的每一步都相辅相成。该儿童发展实验室在关于幼儿的项目中，计划提出使幼儿通过广泛的成长经历学会如何学习；同时对课堂中的老师也有严格的资历要求，尤其是在此课堂中的班主任老师，必须是人类发展与家庭研究所的教职工，且攻读了儿童发展或者早教的硕士学位。除此之外进入每一个班级的实习教师须为儿童发展专业的在读生；与此同时每个教室的成年人与儿童比例严格遵从美国幼儿教育协会的标准；鉴于儿童发展实验室对于老师的严格选拔态度，也使得社区居民乐于把孩子交到这里进行早期启蒙教育。儿童发展实验室将在密歇根州立大学所有官方节假日对外开放，欢迎家长、所有人进行参观。

在宣传手册中，儿童发展实验室还特地指出了家庭的角色，使家长在幼儿入学前接受一些可能日后会造成争议的点，一定程度上避免日后的麻烦，在手册中明确了家长的责任与义务。如家庭的支持与鼓励是该项目中必不可少的部分，家长同样应该为儿童的教育经历提供多种方式的支持，让家长明确教育不只是老师的事情，是所有与孩子同处的人之间共同的事；告知并能够接受教室中的志愿者在孩子授课老师在场的基础上，进行每月一次的实验观察与接触；另外家长最好能够参与到儿童发展实验室每学期都有的工作组（执行特定任务的）中进行协助；最后儿童发展实验室提倡家长能够积极加入家长委员会，进行监督管理、提出宝贵建议。

对于进入儿童发展实验室的每一个年龄段的孩子，都制定了个性化的每日计划。以婴幼儿为例：

1. 课堂前，由老师计划今日活动与孩子们的学习指标；

2. 自由选择，从为促进平衡性发展规划而设定的活动中选取部分活动开展；

3. 活动时间，孩子们需要聚集在一起形成大团体，通过游戏、音乐、运动等项目去达到学习的目的；

4. 户外时间，户外活动是每天活动中重要的组成部分，因为生理发展是一种与自然环境相互作用的学习方式；

5. 点心时间，一个正向积极的时间安排，旨在提高孩子均衡营养的摄入、进餐过程中的语言发展与逐步建立的社会技能；

6. 打扫卫生，希望通过打扫班级教室能够培养孩子的独立性与责任感；

7. 课堂后，一天结束之后老师们回顾全天，讨论交流在所制定的学习计划与发展策略实施中孩子们的反应，有助于新计划的产生及其合理性。

二、再识

在儿童发展实验室实地参观中，每个教室拥有至少一个以上的门以及可供观察使用的单向玻璃，教室的陈设极大程度的还原了一个家庭日常的摆设，如客厅、玩耍区、厨房、厕所，甚至于模拟的洗衣机、梳妆台、灶台……所有的陈设大小高度均根据使用该教室的儿童身高合理设计，让孩子们在教室中学习又不脱离于生活，还可以学会一些生活必备技能。教室中会放置丰富多样的教具可供孩子们选择使用，所有的纸张式教具都做了塑料膜加封、增强其使用寿命；悬挂式教具为方便取用以及重复多次使用，将纸张后部及柜子表面均设计成为粘连撕拉式。除此以外，对于陈设感受比较深刻的还有有以下两件事：

第一件事是偶然发现地上有一串钥匙，当时以为是哪一位参观随行人员落下的，经校长解释后得知是有意而为之。地上其实散落很多串钥匙，目的是引导孩子能够去发现，有东西放在了它不应该在的地方，那么这是什么？引发孩子对事物的深入观察与好奇心，促使儿童使用钥匙去开锁，在多次的碰壁后能准确的知道什么是锁孔？让他们自己了解到锁孔是可以用钥匙插进去打开的，从而掌握一项生活基本技能。

第二件则是关于桌角的保护问题，这不得不提及在中国的常态，中国家庭尤其是养育了婴幼儿的家庭中，都会额外注意家中桌子、茶几、电视柜等一切有尖锐棱角处，会将其磨成圆弧状或者加上保护套，以防止孩子在走路行动的过程中磕碰受伤。因此在此次参观中，细心的同学发现该儿童发展实验室教室中所有的桌角都是尖锐、未加保护的，不由得惊诧难道就不害怕孩子们摔伤，从而使儿童发展实验室需要受理赔偿。询问了某班级的班主任后得知，同样是刻意为之，希望孩子能够知道桌角是尖锐的、走路要小心注意，而不是在一次摔伤后发现似乎受到的伤害并不大，下一次依旧不小心、无法起到警示作用。另外作为家长和老师并不是能时时刻刻看护学生的，希望他们能够从生活中细微的小事就培养其独立性。

在该儿童发展实验室中还包含关于自闭症儿童的教学计划。据了解该项目是第一年开展，正处于开发起步阶段。使用 ABA 教学理念（应用行为分析法 Applied Behavior Analysis，简称 ABA，也称"行为训练法""行为改变技术"等），通过行为训练与干预，培养注意、模仿、接受性语言、表达性语言、认知、自理等多项技能的掌握；自闭症儿童在教室中拥有一对一的专业指导教师陪伴，协助其完成教学活动。该类教师经过专业培训、由专业研究自闭症的组织 BT 输送供应；教学主要采取专用特殊教室与常规教室每日小时制交互使用的方法进行，希望通过在常规教室中与其他小朋友的接触，提高自闭症儿童对集体的融入性与语言的接受力；另外此类专用特殊教室墙壁粉刷使用的颜色明显感到与其他常规教室的不同，颜色更加的舒适、柔软、暖色调，容易使人心情平静舒缓。

师资方面无疑是大家关注的重点。通常每个年龄段的教室中老师的配置是不同的，如两名老师与 4 个小婴儿，一名老师与 9 个 3~4 岁的孩子进行日常的教学，有时还会加入一名实习老师协助管理，在自闭症孩子所在的教室会有一名班主任老师。提及班主任老师，在这里再细说一下，班主任老师往往拥有更多的教学技巧，能够对新任的教师开展培训，还能帮助想成为此类老师的大学生，为其提供更多的专业技能指导。怎样的人能够被招聘进入该儿童发展实验室作为老师呢？首先是需要有良好的学习行为与品质，其次是专业的知识学科背景，最后是作为老师的科学素养。在该儿童发展实验室中还具有专门的监控室，采用无死角 360 度全方位摄像头，对儿童的举动与教师教学过程全程拍摄记录，支持科研使用、调取录像进行相关研究以及授课教师的深入观察与学习。另外儿童发展实验室还具有室外的运动场地，针对不同年龄段进行了分区与场地利用，甚至设计了小陡坡，在冬天时可进行滑雪的教学，孩子们在运动过程中均有老师的全程陪同。

三、启示

目前我国学前教育资源不足，各高等院校有义务充分发挥这些有限教育资源的社会效益，借鉴密歇根州立大学儿童发展实验室的成功做法，建设教学研究和服务功能于一体的学前教育实验室，充分发挥教育资源的综合效益。而且每个实验室应提出适合当地情境的明确理念，并将其渗透到实验室的管理机制中。理念是实验室所有规划与评价工作的核心依据，明确的理念有助于整合实验室的工作，并有助于实验室团队形成凝聚力。

从我国实际情况出发，学前教育实验室更适合以本专业的教师组成领导团队，鼓励学生踊跃参与实验室的建设，实验室的管理工作可由实验室主任、副主任、实验项目负责老师共同负责。同时面向本专业学生招募多名实验室助理组建实验室团队，教师负责管理策划指导实验研究（大部分的具体工作可由学生助理负责完成），这样既保证了实验室的运营，也为学生提高实践能力、科研能力和管理能力提供了新的机会。我国高等院校的学前教育实验室应当根据自身的功能定位合理布置实验室环境，以满足实验活动的需求，可考虑在实验室一角建立单独研究室、配备必要的观察设施，如录像设备、录音设备，发挥实验室为研究者进行观察研究的支持功能；参考幼儿园管理办法明确实验室卫生标准，定期检查和维护实验室的环境卫生；加强实验室文化建设。

总之，建设我国高校学前教育专业的儿童发展实验室，需要有关部门依据现有情况给予适当财力、物力的支持，可先在试点院校中由专家学者主持开展，在不断探索改进中寻求更适合院校自身发展需要的实验室模式。

中美高中化学教材"原子结构及元素周期律"栏目设置的比较研究

贵阳一中新世界国际学校　张　馨

摘　要：在中美高中化学主流版本的教材中都出现了大量的辅助教学内容的栏目，栏目本身有着特殊并且重要的教学价值，不仅丰富教学内容，让学生更好地理解和把握课程内容的主旨，也为教师的教学设计提供了素材。为了更好地体现新课程教学理念，有必要对两版主流教材进行分析探索。原子结构及元素周期律是高中化学教学非常重要的内容，是高中化学教材的重要组成部分。以"原子结构和元素周期律"为载体，研究发现，在知识栏目、实验栏目、拓展栏目、习题栏目上两个版本的教材各有特点。人教版栏目设置的多样性提高了学生的学习兴趣，内容上侧重于基础知识和基本内容，情感上注重树立科学的价值观。美版教材展现出它强大的多学科交叉、与社会紧密联系、重视现代生产技术，强调探究实验的发展理念。

关键词：栏目设置；原子结构；元素周期律；教材比较

一、研究对象

本论文研究的对象为美国和中国最具有代表性的两版教材，章节内容为"原子结构"和"元素周期律"见表1：

表1　研究对象说明表

版本	出版社	简称	章节
普通高中课程标准实验教科书——化学，宋心琦主编[1]	人民教育出版社 2007 年第 3 版	人教版	必修 2 第一章物质结构元素周期律 选修3《物质结构与性质》

续表

版本	出版社	简称	章节
美国高中主流教材 *Concepts and Applications*（概念与应用）菲利普（Phillips. J. S）等著，王祖浩等译[2]	浙江教育出版社，2008 年第 1 版	美版	第 2、3、7、8、9 章

二、中美化学教材中栏目的形式和分布

在两版教材中出现了不少辅助知识内容的栏目板块，形式多样，内容丰富，主要都是从四个方面进行栏目设置：知识栏目、实验栏目、拓展栏目、习题栏目，都比较系统化。栏目和插图的使用使课本内容图文并茂、形象直观，有效地激发了学生的学习兴趣，帮助学生更好地理解知识内容，同时培养了学生的观察能力、动手能力、信息处理能力，也拓宽了学生的视野[3]。

对人教版教材中各栏目进行统计，得到如下数据，见表 2：

表 2　人教版关于"原子结构和元素周期律"栏目的分布及数量统计

栏目设置	栏目类别	数量	分总计	分比例（%）	总计	比例（%）
知识栏目	思考与交流	3	13	23.08	36	36.11
	学与问	8		61.54		
	归纳与整理	2		15.38		
实验栏目	实验活动	2	7	28.57		19.44
	科学探究	5		71.43		
拓展栏目	科学史话	4	9	44.45		25.00
	科学视野	2		22.22		
	资料卡片	3		33.33		
习题栏目	小结习题	5	7	71.43		19.44
	章节复习题	2		28.57		

注：1. 分比例＝每个栏目的数量/所在栏目板块的总的数量

2. 比例＝每个栏目板块的总数量/所有栏目的总数量[4]

对美版教材中各栏目进行统计，得到如下数据，见表 3：

表3　美版教材关于"原子结构和元素周期律"栏目的分布及数量统计

栏目设置	栏目类别	栏目数量	分总计	分比例（%）	总计	总比例（%）
知识栏目	内容提要	4	30	13.33	83	36.14
	本节预览	7		23.33		
	知识回顾	4		13.33		
	阅读提示	4		13.33		
	词源	7		23.33		
	知识概要	4		13.33		
实验栏目	起步实验	4	19	21.05		22.90
	迷你实验	8		42.11		
	化学实验	4		21.05		
	家庭实验	3		15.79		
拓展栏目	化学在线	8	23	34.78		27.91
	跨学科链接	6		26.09		
	生活中的化学	4		17.39		
	化学与技术、生活	4		17.39		
	化学工作者	—		0		
	工作原理	1		4.35		
习题栏目	本节复习题	7	11	63.64		13.25
	标准化测试	4		36.36		

现将人教版教材和美版教材的栏目设置情况做一个对比，见图1：

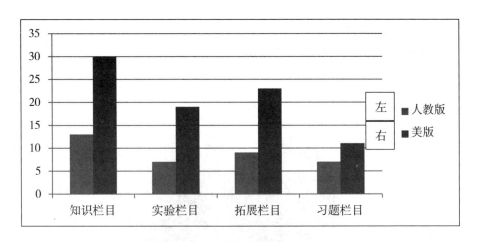

图1　人教版和美版教材栏目设置比较图

三、中美化学教材中栏目设置的分析比较

从上述图表中可以清楚地看到人教版和美版《化学：概念与应用》的高中化学教材对"原子结构和元素周期律"相关内容栏目设置情况的差异。人教版教材共有 10 个栏目类别，而美版教材有 18 个栏目类别，种类多了将近一倍。从栏目总的数量来看，人教版教材中一共出现了 36 次，美版教材中出现了 83 次之多，是人教版栏目数量的 2.3 倍。两版教材都有关于知识、实验、拓展和习题的栏目设置，人教版教材多了"思考与交流"和"学与问"的栏目，这样更有利于启发学生思考，培养学生独立思考的能力，真正达到学生为主体的课堂。美版教材的栏目设置更加注重结构化和系统化，每一章开头都会有"内容提要"，预览主要知识；每一节开头都会有"本节预览"，做到心中有数；"知识回顾"承上启下，指导学生在学习本章内容时应该做好哪些准备；"起步实验"在每章开头，激发学生的学习兴趣，培养实验能力；"知识概要"在每章结尾，对知识要点进行归纳总结，引导学生重现知识点，巩固加深。另外，还有"化学在线"，让学生学会信息收集和处理的能力，"化学与社会""化学与技术""工作原理"穿插其中，让学生将理论知识与生产生活相联系起来，"跨学科链接"更是体现了化学学科的中心地位。关于实验的栏目，美版教材分得比较细致，有四种类型："起步实验""迷你实验""家庭实验""化学实验"，人教版中只有两个："实验活动"和"科学探究"。这些说明美版高中化学教材的栏目更加丰富，更加多样化，也更重视栏目的设置，以期待能给学生更多直观的感受，为学生提供更多的辅助材料。

（一）知识栏目分布比较

人教版和美版关于知识栏目的分布图如图2、图3。

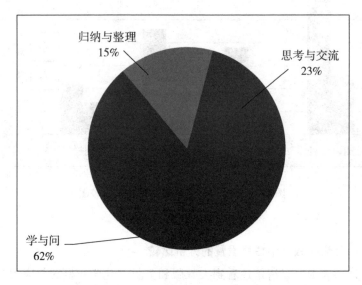

图2　人教版知识类别分布图

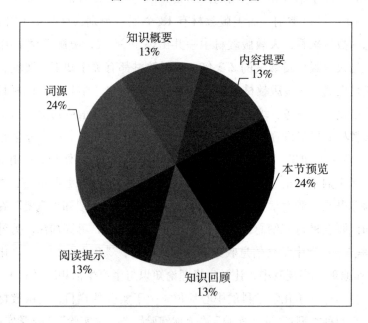

图3　美版知识类别分布图

两版教材中，所占比例最高的栏目都是知识栏目，人教版占到了36.11%，美版占36.14%，两者相差不大，但是，美版知识栏目的种类较多，通过6种栏目类别来辅助知识的学习，所占比例最高的为"本节预览"和"词源"，占比为23.33%；人教版中知识栏目有三种，所占比例最高的是"学与问"，占比达到了61.54%。人教版教材注重学生的思考，善于提问，这些问题往往与知识点紧密联系，是对所学内容的再深化、再巩固，是知识学习的有力手段。而美版教材对知识的服务栏目没有提问或是思考的地方，都是对知识点的直接罗列，相比之下，这一点人教版做得更好。而美版教材中"词源"一栏目的设计对化学名词的来源做了说明，使学生了解为何会这样定义，理解性的认识，避免在教师授课中因出现新名词而使学生产生困惑。

（三）拓展栏目分布比较

人教版和美版关于拓展栏目的分布图如图4、图5。

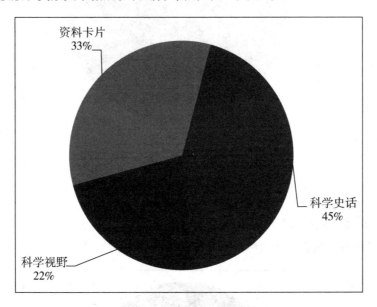

图4 人教版拓展类别分布图

排名第二位的都是"拓展栏目"，人教版占比25%，美版占比27.71%。人教版教材主要以"科学史话"和"资料卡片"形式出现，"科学视野"比例也不低，美版教材主要以"化学在线""跨学科链接""化学与生活、技术、社会"的形式进行拓展。栏目的设置种类都很有效，但是具体研究其中的内容会发现，美版教材中更加能真正体现知识的拓展与延伸，能够拓宽学生的视野，而人教版教材中资料卡片还是更加倾向于服务知识的理解与掌握。特别是与生产技术相联系的部分，是我们需要学习的，因为我国学生普遍出现的问题一是在学习化学时枯燥无味，感觉没有意义，二是培养出来的学生实践能力弱，不能将理论联系到实际，究其原因，还是我们在教学时没有将知识融入社会生产中，没有真正开拓学生的知识面。所以，有必要加强这方面的改进。

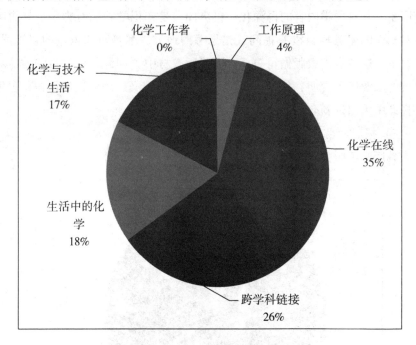

图 5　美版拓展类别分布图

（三）实验栏目分布比较

人教版和美版关于实验栏目的分布图如图 6、图 7。

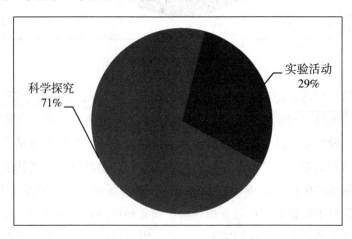

图 6　人教版实验类别分布图

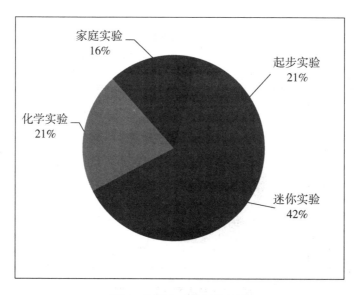

图7　美版实验类别分布图

　　排名第三的都是实验栏目，人教版占到了19.44%，美版占到了22.9%。人教版中，实验主要是以"科学探究"的方式呈现，占到71.43%，科学探究是以学生的认知规律为依据，引导学生学会设计实验目的、方法、步骤，并用所学知识对现象进行解释，对结果进行总结，并学会合作讨论。所以，不仅是要知道实验的现象和结论，还要自己设计实验，以"发现问题——解决问题"的方式展开实验。虽然"原子结构和元素周期律"是理论知识，人教版教材实验次数只有7次，但是在美版教材中的实验内容达到了19次，迷你实验就有8次，所以虽然比例差不多，但是出现的次数差别还是大的。美版教材注重学生的实验能力，从不同的角度引导学生进行实验，有家庭的，有课中的，还有环保的迷你实验。而在我国，受到实验条件、观念等方面的影响，实验虽然越来越受重视，但开展情况并不是太理想，特别是在一些偏远的地区或是私立学校，学生实验的次数非常少，学生也不会引申到家庭实验中去。另外，美版教材中这四个实验项目紧密相连，用"起步实验"提出问题，"化学实验"和"迷你实验"侧重分析和解决问题，"家庭实验"将化学理论知识回归生活并得到检验和应用[5]。使学生懂得化学来源于生活和实践，又服务于生活和实践的道理。

（四）习题栏目分布比较

人教版和美版关于习题栏目的分布图如图8、图9。

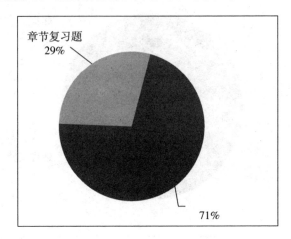

章节复习题
29%

71%

图8　人教版习题类别分布图

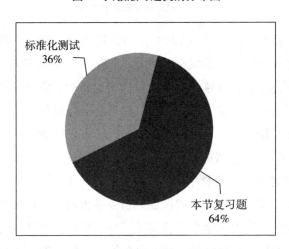

标准化测试
36%

本节复习题
64%

图9　美版习题类别分布图

习题的设置方面，美版习题数量较多，种类也较多，所涉及的领域也比较广，并且注重与其他学科的联系进行出题，以提高学生的知识迁移能力。美版教材习题的设计以生活和社会问题为素材，不是单纯地从知识层面进行考查，而是注重知识的运用，另外，注重学生解题的思路和举一反三，将习题的作用进行升华。美版教材中的习题不仅分布在最后的测试中，在实验栏目、拓展栏目中也会出现一些习题，进而考查学生对实验原理、实验药品、实验现象的了解程度，对知识背后的思维模式、社会生活问题和技能方面的分析能力，难度较高。人教版教材的习题形式比较传统，一般是单选或双选，计算和填空题，难度不大但有梯度。在"思考与交流"和"学与问"中也出现了问答的题目，考查学生对知识的理解与衔接，学生之间合作讨论能力和表达能力。

四、研究小结

综上可知，美版教材的栏目不仅种类多，而且数量也更多，有"本节预览""知识回顾""阅读提示"作为独特的开篇，使学习更具有方向性，"词源"介绍新概念的来源，更富有特别的教育意义。美版教材实验的方式多种，"起步实验""迷你实验""家庭实验"紧密联系，这些都是人教版教材没有的。而人教版中的"思考与交流""学与问"的栏目数量较多，更注重启发引导学生积极思考和交流讨论，人教版中的实验设计也更注重培养学生多方面的能力。但是深入分析发现，美版教材中栏目的设置类别都很有效，真正体现知识的延伸和拓展，而人教版的栏目设置更多的还是倾向于服务知识的理解和掌握。在习题的设置方面，不管是习题的数量还是考查类型上都有较大的差别。在习题数量上，人教版习题要少很多，侧重于对双基和知识迁移能力的考查。重复考一个知识点的情况比较多，计算题设计的层面也比较简单。美版教材中的习题则重视对学生综合能力的考查，重视理论与实际相结合。美版教材在介绍原子结构理论时，列举了多位科学家的贡献事迹，所以在突出化学史作用方面做得更好。

五、研究建议与展望

新课程理念告诉我们，需要发挥栏目的多重作用。首先，拓宽实验的形式。兴趣是最好的老师，布鲁纳提出："学习的最好刺激就是对所学材料的兴趣"。化学学科与其他学科最主要的一个区别，也是最重要的一个优势就是，化学是建立在实验的基础上，具有丰富的实验内容能够吸引学生的注意。所以，要学生学有所得，必须重视实验。实验的形式可以多种，如引入家庭实验，有效地将化学与生活相联系，也克服了因学校实验条件原因带来的不便，更能锻炼到学生的动手能力。引入迷你实验，这是一种微型化学实验，实验仪器较少，操作简单，安全系数高，与环保卫生理念相得益彰[6]。当然，教材中必须对实验的原理和注意事项有所说明。

本人在教学实践中，将两版教材取长补短，结合使用。如使用了美版教材中的"词源"栏目作为素材，原子 atom 来源于希腊语 atoms，意思是看不见是微小的，学生也能理解原子是微观粒子这层含义了。使用"阅读提示"栏目，在每章开始，提醒学生在本章学习要注意的地方和要准备的工作，以及对一些生词进行定义，如"价电子""最高价氧化物的水化物"，有了阅读提示，很多问题便迎刃而解。使用"本节预览"，在每一节的开始，以矩形框图单独列出，说明了学习目标、本节内容的知识回顾和关键术语，这对学生把握重难点非常有帮助。为了提高学生对化学学习的兴趣，我在教学中特别注意"跨学科链接"以及"化学与生活、技术"，如与文学、物理学的联系，将知识融入生产生活中，真正拓宽学生知识面。课下再介绍一些"化学在线"，如学生欲了解更多的有关元素周期表的信息，请登录：chemistryca. com。

在提高学生方法技能方面，本人借助了美版教材中的"迷你实验"和"家庭实验"，如"猜盒子实验""用厨房中的物质完成实验"。

对于人教版教材，本人重点使用了"思考与交流"栏目，教学中适当提问有利于启发学生思考，培养学生独立思考的能力，真正达到学生为主体的课堂。

另外，在情感态度价值观方面，要突出化学史的作用。在教学中，重要的理论、规律的发现过程有很大的教育教学价值，比如像门捷列夫、卢瑟福一样的科学家们，他们研究问题揭示自然规律的方法理念应该在教材中突出强调，重视对学生进行情感、态度、价值观的教育。

两版教材各有千秋，广大一线教育工作者或者教材编写者可结合实际情况，取长补短，最大限度地提高教育教学的有效性。

参考文献

[1] 人民教育出版社. 普通高中课程标准实验教科书——化学（必修 2 以及选修 3）[M]. 3 版. 北京：人民教育出版社，2007.

[2] 菲利普，等. 化学：概念与应用 [M]. 王祖浩，等译. 杭州：浙江教育出版社，2008.

[3] 韩慧宇，王祖浩，吾慎之. 美国田纳西州《科学课程标准》高中化学内容评析 [J]. 国内外化学教育动态，2005（9）：43 – 44.

[4] 李文文. 中美高中化学教材关于电解质溶液理论内容的比较研究 [D]. 长春：东北师范大学，2015.

[5] PAVIO A. Mental representation：A dual coding approach [M]. Oxford：Oxford University Press，1996.

[6] 卢师焕，周青. 国内外高中化学教材中原子结构内容设计的比较研究 [J]. 中学化学教学参考，2015（1/2）.

什么是微课？如何制作微课？

贵州省高中化学名师工作室　贵阳一中　姚秀海

摘　要：微课是时代发展呈现给教育的一种礼物，微课是短小精悍的一种教学，仅反映学科教学的重点、难点和特色内容，形式非常丰富，易于网络传播，与手机等移动终端结合起来，实现随时随地随身学习。

关键词：微时代；微课；短小精悍；教学重点；难点

一、认识微课

"微时代"犹如一夜春风悄然而来，相遇这样一个时代，传统的教与学面临着新的契机和挑战，大量的多媒体和网络技术应用于学校教学，铺天盖地的网络信息为师生提供获得知识的广泛途径，微课是这个时代发展带给教育的礼物。

相对于学校里传统 45 分钟有组织的课堂而言，是一个在短时间内，快速达成明确的学习目标，内容短小的一个认知过程；仅以一个知识点或技能为教学任务，这个知识点可以是学科知识点、例题、习题、疑难问题、实验操作等，也可以是延伸到某一个教学主题环节、活动等；微课是以微视频为核心、辅之以相应的教学资源与学习支持的教学过程。特点是短小精悍，内容覆盖学科的教学重点、难点和特色内容，形式非常丰富，易于在网络传播，与手机等移动终端结合起来，实现随时随地学习；用于学生课前、课后的自学，辅助教师的课堂教学。

二、优秀微课的特征

优秀的微课体现在"三精"上。"三精"表现在：一是时间更精准，6~7分钟，各环节、各知识点的时间分配与操作控制更精准；二是内容更精华，所呈现内容应该是知识的重点、难点，核心知识；三是教师的引导语言更精炼，言简意赅等。

三、如何设计优秀的微课

微课一般由设计和制作组成，是新时代发展对教师提出的新要求，是我们每一位教师必须掌握一项本领。微课应该是包括微视频在内的微课件、微学案、微练习（含动脑想的和动手做的）。

1. 微课设计应体现

微特征：一是资源容量小，一般不超过几十兆；二是时间短，一般 6 ~ 7 分钟为好；三是内容短小精悍，是重点、难点，某个小专题。自主发展特征：选择的课程内容和各个资源的组织都要以促进学生自主发展进行。交互性特征：内容加入与其相符的画面及词语等组合在一起呈现，增加其生动性。

2. 微课设计流程

教学任务→学习内容分析→学生者分析→目标设计→学习资源设计→教学策略设计→学习情境设计→教学活动设计→微视频设计→微练习设计。

3. 微课视频、音频制作

制作微课视频的工具很多，比如，微课宝、手机、电脑、PPT 录制等，通常用的工具是传统的摄像机、微课宝、电脑等。每一种工具采用方法稍微不同，具体的使用方法与技巧、视频制作步骤及相关知识请读者另外学习。

其他建议：标题新，能够吸引学生或者同仁的好奇与继续探究、借鉴的欲望。"情景化"的设计与营造，真正达到"随风潜入夜，润物细无声"的效果。教师少量的幽默、抑扬顿挫语调；练习要精，由浅到深的呈现。

4. 追求精益求精

坚持在用中改进，在用中完善的原则，一是学会微课教学设计的脚本化设计不断优化提升，对教学环节、内容、过程等进行精确时间时间控制；二是坚持后期的不断编辑加工、完善优化。三是坚持反复演练，不断修正，达到语言精练、详略得当、主线清晰、环节完整的境界。

参考文献

［1］张仁贤，马乐爱，等.做微时代的教师［M］.北京：世界知识出版社，2015.

［2］张仁贤，袁秀利，齐春燕.微课的设计与制作［M］.北京：世界知识出版社，2015.

［3］黄正旭.高中化学探究式教学模式探索［J］.新课程，2011（5）：107.

飞入寻常百姓家

——浅谈微课在复习课中实用化推进

贵阳一中新世界国际学校　曹晓芹

摘　要：微课在近几年的教学一线研讨中热度越来越高，很多老师都开始积极地投入到微课的开发和研究中来，但是仍然有很多老师认为微课是很高大上的，是在公开展示的课中才会用得到的东西。笔者希望通过一些具体的化学教学过程中的应用让大家感受到，微课其实是可以很好地为我们的平时教学服务的。也会在很大程度上减轻教师教学的负担。尤其是在复习课中，对于综合性很高的复习课，微课的查缺补漏，便捷及时的优点会更加的明显。

关键词：微课；复习课；化学教学

一、所谓"微课"

2010 年，一位名为李玉平的老师，通过自己长期对教学中的课堂小现象、小问题、小策略等的研究，以 PPT 数字化的方法将它呈现在屏幕上，称其为微课程。李玉平老师的这一举措，在教学活动中得到了广大教师群体的关注，并得到了高度称赞。直至 2011 年，佛山市一名教育硕士胡铁生老师，将过去的教育资源库影像整理成碎片，将其命名为微课。随后，在深圳举行的全国会议上，胡铁生老师向教育部刘利民副部长做了相关汇报。微课受到教育部、各省市区各级教育行政部门的高度重视。

那么什么是"微课"呢？微课是指在教师的翻转课堂中，根据教学论的系统观，时间在 10 分钟以内，有明确的教学目标，内容短小，集中说明一个小问题的小课程。

首先，微课是翻转课堂的大背景下的。因此，它应该是以学生的自我主动学习为主。从特点上来说，它的时间短，内容少，但是教学目标更加清晰明确。

由于对微课的兴趣，加上一些学习的机会，最近一年笔者接触到了一些微课。从高中到初中的化学，还有一些其他学科的。甚至由于我在业余时间喜欢钩毛线，在某宝上买毛线的时候，发现淘宝上卖毛线的都有自己的视频网站账户，里面有很多毛线花样的钩织教学小视频，简单易学，比看图纸可是方便多了。你买不买毛线都可以免费看。当时我就在想，连卖毛线的人都普及微课网络教学了，没道理我们老师普及起来还不如他们快吧？

可是为什么我们知识水平、接受新事物、新技术的能力都要强于他们的老师们却对微课的兴趣并没有那么浓厚呢？想来还是因为我们有学校，教室这块主阵地，因此老师们并没有那么强的危机意识，没有那么强烈的需求吧。再加上微课的传播需要借助大数据和网络平台，而我们的在校学生都是严格控制手机使用的，没有学生手里这个终端，我们的教学就没有出口。不过我相信既然时代在不断地更新，终端的问题一定会有妥善的解决方式。在很多北京、上海等地的学校，学生是不控制手机使用的，而且校园内处处可以上网。

其次，让我们的老师畏难的地方，可能就是对于微课的制作手段的学习和掌握。一节好的微课所需要投入的人力物力，加上学习制作微课所需要的精力就足够让本来就疲于奔命的老师望而却步了。然而就在过去两三年间，微课拍摄与制作技术在硬件和软件上都取得了重要突破。同时，微课制作方法也得到了普及与发展，录屏软件录制、摄像工具录制、录播教室录制、专业演播室制作、智能笔录制、专用软件录制、iPad 录制等一系列微课制作工具深受广大教师喜爱。

最后，在这个困局中的突破点应该就是我们的意识问题。想要做，尝试做，就会有所突破。

在我自己的尝试过程中我觉得微课大致可以分为这样两类。我暂且把它叫做：精品类和便捷类。精品类微课有完整具体的教学目标，融合一定的现代教学手段，比如动画、PPT、字幕、背景音乐等方式实现。但是制作周期会比较长，对老师个人在技术方面的要求也比较高，或者是需要团队协作才能完成。还需要一定的后期处理。一般拿出来评奖的也属于此类微课。便捷类可以是一张纸，一支笔，一个手机就可以完成的。可以是讲一个知识点，也可以是讲一个题目的解题过程。还可以是我们平时上课的时候教室里面的平板电脑自动录制的课堂实录片段。甚至可以是学生自己录制的。这种便捷类的微课缺点是没有字幕，没有渲染，看起来不够精美，拿去评奖会显得寒酸了点。一般也不能长期留用。但是制作便捷，文件也很小，方便传播，实用性强。

最近几年，随着微课实践的迅速发展，与微课设计、开发与应用相关的刊物刊发的论文开始不断涌现，越来越多的各级各类研讨会和学术会议也纷纷将微课列入会议的主题、专题或子专题。不少省、市、区学校都在积极推进微课与混合学习和创新教学模式的实践探索。可见微课的设计制作也将会是 21 世纪教师必须掌握的一项技能。

二、微课能解决什么问题

在平时老师们交流沟通的过程中，有很多老师在说，微课就是录了一段小视频，是为了让自己的公开课显得高大上一点，录上一小段穿插其中，认为平时上课的时候起到的作用很小。

但是真的是这样吗？我想老师们期待的应该是更加有实用价值，实用意义又不会更多的增加我们的负担的微课。

那么在实际教学中，你会遇到什么样的难题需要解决呢？

时间不够用？（每周 4 节课）

课堂上学生不能整体保证时时刻刻保持注意力集中？（开小差，打盹，各种情绪原因不想听课）

课下作业难落实？（公立初中学校不上晚自习，也正是因为如此，很多优质生源流向有晚自习的私立学校）

所带班级、学生过多，学生和老师之间的沟通和交流太少。（学生流向补课机构）每年，每个月，每一节课都是重复劳动。甚至是同样的问题，学生问了一遍又一遍，让我不胜起烦的重复。开始了职业倦怠。（我想辞职，世界那么大，我想去看看。课本这么小，我已不想在重复。）

微课会是解决这些问题一个很好的突破工具。微课的特点是，短小、易于传播、可重复播放。我们可以使用微课的教学环节也很灵活，课前、课中、课后都可以使用。课前，我们可以利用微课的碎片化，将一些记忆型的知识，讲述型的知识，用微课的形式呈现给学生，第一，可以让学生提前进入学习氛围，激发学习兴趣，为正式的课堂做好铺垫。第二，培养学生自我学习的能力，接受新知的能力。第三，也可以在课前微课中预留适当的问题，交给学生探究谈论，让学生体会探究的各个环节，实战胜于讲授。课中，我们可以利用微课的直观性，将一些实验，结构上不太方便展示的东西，通过微课进行直观化的教学。当然，个人认为，微课的优势就在于老师和学生之间的无线交流互动，在课堂上这样的交流和互动有很多呈现的方式，不一定需要采用微课的形式。课后，对于学生的作业情况，考试情况的反馈。可以集中利用一个微课或者几个微课，将学生出现的比较集中的问题，一起解决。如果老师任教的班级较多，还可以重复使用你制作的微课。这应该是对老师的一种"解放"吧。

每一节微课是对一个小知识点的突破。我们可以将学习的过程和内容碎片化。尤其对于注意力不够集中的初中孩子来说，吸引他 10 分钟的兴趣，抓住他 10 分钟的眼球，难度要比让他坚持 40 分钟听你的课堂安排更加容易一些。而且这个 10 分钟是可重复性的，如果没有听懂，没有听清楚还可以反复来听。而且学生还可以依据他自身的实际情况可以相对自由选择学习的时间。当然是在一定的时间限定内，自主选择；不是绝对的自由，让学习任务无限拖后。

三、微课在复习课中的应用

（一）课前

对于复习课，老师们有共同的认识，都认为不好上。因为复习课是没有具体统一的教材的。当然，对于有过几年教龄，又勤奋专研的各位老师们来说，都会有自己的一套复习策略和方法。将教材和考试大纲系统化和网络化，有机的整合成完整的知识能力体系。而学生的学习就不然了，他们不像在新授课上，基本上起点是一致的，没有太大的差别。复习课上的学生，由于自身的学习能力的差异，导致每个学生的复习起点是不一致的。这对老师的授课来说，会是最大的难点。

因此，一些成型的微课就可以在你系统化的知识点复习之前代替你，让学生自主地做好一定的查缺补漏工作。现在有一些辅导书都开始做这个工作了，比如，在某些复习辅导资料书上，在一些具体的知识点旁边，就会出现二维码，通过扫描这些二维码，就可以出现微课性质的化学实验小视频或者是知识点讲解小微课。课本上出现的知识点和实验是有限的，如果能通过一段时间的整理并积累，形成完整的化学知识点微课集，并非不可能完成的任务。这样就可以让学生在老师复习之前，先进行"自助式复习"，将学生复习课的上课起点相对拉平，让我们的复习课可以更加顺利的推进。这样的微课需要我们用心去整理制作，收集积累，最好能够做成精品的微课，并且加以收集形成微课集，循环使用。

对于自身学习程度比较好的同学，还可以将微课的"制作"交给学生，让学生课前自主进行知识整理，并将知识整理的"成果"带到课堂上，进行同学之间的交流讨论。在讨论中发现不足，找到缺陷。课后再继续通过制作这样的"微课"来巩固思维的成果。可以把这样的教学方式理解为思维导图的"升级版"，让"思维导图"活起来。同时避免了个别学生偷懒去复制其他人的思维导图。通过"知识整理——讨论不足——知识再整理"这样的过程去强化知识网络的形成，培养学生归纳总结的能力。对于同学们通过自己的努力完成的比较完善的知识整理过程微课，也可以挑选，收集，整理。在以后学生们的学习过程中，拿出来借鉴。

（二）课后

学生课后的作业、练习，是否能落实到位，是学生成绩的关键和保障。而老师往往会为此深陷作业本和试卷的汪洋大海中不能自拔。对于学生习题错误的订正和落实是很难个性化的订正到位的。尤其是很多的公立学校没有晚自习，更加难以有针对性对学生的作业进行个性化订正。借助网络信息化如此发达的大数据，很多信息的便捷传播已经超过了十年前乃至五年前的想象。譬如，在微信群和QQ群发个小视频，发段小语音，很方便。对于一些重点题型的解题过程老师们就可以利用微课，边在白纸上书写，边讲解。再借助于信息工具的传播，即便有4个班要教，这样的题讲一遍就够了。再加上每位老师的身后都有强大的教研组做后盾。每一次的练习作业或者试卷，重点需要讲解的题型就那么几个，同教研组的老师们分一下工，很快就可以解决问题。而学生则根据自身的具体情况去选择他需要订正和了解的题目，也没有必要每一个题目的讲解都要听。这个方式不仅仅是能够解决孩子们的个性化问题，也可以减轻老师们的负担，达到双赢的目的。

从知道到了解，笔者走过了不算太短的一段路，对微课的理解以实用、便捷为主。在实际的课堂中凡是可以融合进正常大课的教学过程、又可以随时修改、具有实操性的微课，都是有生命力的微课。也必定能够为学生所用，为教学减负。

每一次教学手段的科技改革都是为了教学的便捷和更加人性化来的。20世纪90年代的老师们正好赶上PPT进入教学第一线，那时候热火朝天的学习PPT制作的过程，到现在还记忆犹新。现如今的老师们基本没有不会制作PPT的了。PPT的制作也越来越精美，动画也越来越逼真。当我们步入了大数据时代，微课、慕课的时代，移动互联网催生出了新型的学生学习需求规律。学生需要深度精准的引导，需要个性化的学习过程。其实我们的祖师爷孔子几千年前说过"因材施教"，尊重差异，尊重个性，是我们教育一直在不断追求的目标。微课也应该是适应了当今的教育发展的产物，接受并开始使用它，让它为我们的教学服务，为老师和同学们的发展服务，不被它拖累和左右，不为领导和公开课而开发微课。我想这才是让我们愉快去做微课的理由。

微课技术分享

贵阳一中新世界国际学校　杨　健

什么是微课？微课是"新瓶"装"旧酒"，还是"新瓶"装"新酒"？到目前为止，国内外还没有一个对微课的权威界定。很多人凭借所见有限的微课作品误以为微课不过是传统教学视频切片的代名词，是装着"旧酒"（教学视频切片）的"新瓶"。难道从"教学视频切片"到"微课"，只是进行了名称更换，而没有本质内涵、理念和方法的提升？

教学视频切片是能反映课堂上某一个教学环节的视频片段。但无论是哪一类受众在观看教学切片时，无关的信息都将成为干扰他们聚焦有用信息的障碍。因此，教学视频切片的缺点是信息含量较大，"有用信息"和"无用信息"互为干扰。而微课则是"为支持翻转学习、混合学习、移动学习、碎片化学习等多种新型个性化学习方式和网络教研方式，以短小精悍的微型流媒体教学视频为主要载体，针对某个知识点或教学环节而精心设计开发的一种情景化、趣味性、可视化的数字化学习资源包。微课的未来发展方向——其本质（核心）是支持网络时代的翻转学习、混合学习、移动学习、碎片化学习等多种新型个性化学习方式和网络教研方式。

2013年堪称"中国微课元年"。发现无论是研究者，还是实践者，对微课的认识依然存在较大的差异，甚至存在各种质疑、误区和混乱。"微课热"是短时炒作，还是有其时代背景、现实需求、教育价值和应用前景？有人认为微课噱头虽大，实用性却很小，对教学改革的作用不会很大。我们需要重新正视微课。首先，"微课热"并非"炒作"，而是有其深刻的时代背景、巨大的现实需求和广阔的应用前景。从以前冗长乏味的课堂实录教学视频和常规多媒体课件为主体的资源建设模式转向灵活高效、可重用、"小、微、精"的资源建设新模式。MOOC（慕课）的异军突起更是增加了对微课的海量需求。

微课，该怎么做呢？

　　首先，我们得知道我们要做一个什么，也就是我们必须要有一个非常好的想法。根据这个想法我们需要去选择一个合适的主题，比如，一个内容中的难点、重点或易错点。如何去选择，需要老师们有智慧地进行思考；选择好一个合适的主题后，需要就这个主题开始准备资源，只要是一切我们这个主题需要的资源都要准备一份；根据所确立的主题和准备的资源对本节微课进行设计，设计微课的时候需要注意，应该要像设计一堂课一样进行设计，但是又要有一定的趣味性，因为你要确保学生在看完你的微课后，以后还会去看你的微课。在此过程中，将你的想法付诸实践，写出一个教案，最好是详案，这样就能在发现问题的时候及时地进行解决。

　　其次，我们还需要对微课的类型进行了解，微课根据我们的需要不同可以分为以下几种不同的类型：答疑型、讲题型、讲授型、实验型或其他的形式。

　　最后，我们来聊一下关于微课如何制作。常见的微课的制作方法有以下几种：

　　1. 手机摄像（纸上书写，白板书写，实体操作讲解）

　　2. 录屏软件（PPT 讲解、批注、录音、电子白板）

　　3. 使用 ipad、摄像机、微课宝等设备和软件制作

　　4. Virtual Reality（VR）虚拟现实

　　对于第一种制作微课的方式是所有方式中最简单的方式，只需要一个可以录像的手机，我们就可以将我们的想法体现出来，我们只需要找到一张白纸，或一个白板，或黑板，或实验室等地方，将我们当时的想法用视频的方式记录下来，就像现在很火的视频直播一样，可以找一个专门的人帮忙进行录制，也可以找一个手机支架将手机固定好，也可以达到相同的效果。

　　对于第二种制作方式，只需要我们有一台电脑，然后在电脑上下载一个录屏软件，现在在我们的电脑使用中，有很多的录屏软件，只需要去下载一款自己适用的软件，然后安装好，了解其使用方式，就能在电脑上录制出自己想要的微课了。在这里，我们以 EV 录屏为例，首先，我们要去了解这款软件的基本功能和一些常用的快捷键，例如什么时候录制多大的视频，需要录制电脑上的什么位置，音频和视频的要求等。

　　第三种制作方式相较于前两种方式来说，相差不大，只是在前面的基础上加上了外设，使得使用起来更加方便了，需要的资源和制作方式是没有改变的，可以只是录制视频，可以有白板、PPT、视频导入等。只要你能想得到，都可以进行处理。

　　第四种方式要求就比较高了，只是现在出现没多久的 VR，虚拟现实技术，可以让人体会到三维的感官技术，一般情况，对于我们这样的一般教师来说只是可以想象的技术。大家可以不做考虑，但是一定要去了解一下。

　　微课的制作方法是多种多样的，大家在网络上借鉴适合自己的方法，但是，我们的主题还是应该确立在课程上。

　　因为，微课不是纯技术的。它还应该具有逻辑性、合理性、趣味性、科学性。

03

教学实践 · 求真探索

浅谈化学计算解题能力的培养

贵阳一中　陈章义

摘　要：在化学教学中，对学生进行化学计算能力的培养是一个不容忽视的问题。本文以实例将解题的观念形象化、能力的培养具体化，阐述了化学计算解题能力的培养。

关键词：能力；思路；方法

在教学中我们发现有的学生在做化学练习时只做选择题而怕做计算题，有的则是听得懂但一做就错，很多同学面对综合性较强的计算题总感到束手无策。其主要原因之一是没有理解和掌握化学计算的解题规律和方法，即解题能力的问题。

一、培养学生化学计算解题能力的重要性

中学化学计算是化学基础知识的重要组成部分，是化学定量研究的基础，也是化学知识与数学计算的有机结合，它从量的方面反映了物质的性质及变化规律。它可以考查学生的化学基础知识与方法以及学生观察对比，演绎推理的能力，也能体现学生思维的深刻性，全面性。学生通过练习化学计算题，可以巩固已学的知识，加深对问题的理解，循序渐进将能形成较强的逻辑思维能力，能将片面的知识内化成知识技能，从而建立较完善的知识结构，提高化学素养。

"教学的艺术不在于教会了学生多少本领，而是在于唤醒、鼓舞与激励"，在教学上教师是学生的引导者、帮助者、协作者，肩负有学生思维培养及提升的任务。如果在教学过程中，教师不注重培养学生化学计算的解题能力，长时间后，学生遇见计算题就不会做、不敢做，逐步失去学习化学的兴趣，错过了培养学生科学思维的黄金时期，同时也挫伤了他们的自信心。教师通过引导学生在解题过程中大胆假设，细心推理，发散和收敛思维，能激发学生的学习兴

趣，培养学生的思维品质和创新能力。

二、培养学生化学计算题能力的基本思路

（一）基本策略

化学计算解题能力培养，必须是有计划、有意识地进行整体考虑与安排，如此将会事半功倍。笔者通过实践总结了对学生化学计算解题能力培养基本策略：一是长期意识与分散安排相结合。学生能力的形成不可能一蹴而就，教师必须要有在整个教学时限内培养学生化学计算解题能力的意识，并能及时有效地抓住相关载体进行培养与训练。因为学生的认识是阶梯式发展的，所以也要根据学生的思维水平发展，分阶段的安排和实施。二是重点意识与专题讲座相结合。结合化学学科的特点，教师要梳理出在本阶段学生化学计算解题能力中的重点意识，并以专题讲座形式给予精讲。例如，求物质的分子式，其重点意识就是组成该分子的原子个数，可以以"多彩分子式求算"为专题，配以有机物燃烧后产物、电解产物、晶体图示等内容给学生辅导强化。三是综合意识与个别指导相结合。每个学生有其智力背景，他们有着多彩而丰富的思维方式和能力，同时解题能力也不尽相同。有的学生各种基本知识都清楚，可是一综合考查就不会。所以要求教师在学生化学计算解题能力培养时，要能注意普遍性缺陷与个体性问题。尤其是在给学生答疑时，要能结合实例分析该学生暴露出的综合能力的问题，并及时指出，督促完善。通过以上策略实施，教师可以在有限的教学时间内，努力实现化学教育成效的最大化。

（二）核心思想

在学生化学计算解题能力培养中要"以教材为支撑点和落脚点"为核心思想。扎实的基础知识是各种解题方法的后盾，教师在指导学生解题时应紧扣教材，力争在解题的每个环节都能在教材上寻求到依托。这样会给学生以及教学带来如下益处：一是消除他们怕计算题的心理，树立了学习的自信心；二是学生能深刻感受到掌握好基础知识的重要性，从而更注重基本功的训练，紧紧围绕教材来进行学习。

（三）化学计算题解题基本方法

1. 正向思维，层层深入法

解题思路原则：已知条件──→理顺物质间的关系──→选定计算标准──→求解

例 1：在 $2KNO_3 + 3C + S = K_2S + 3CO_2 + N_2$ 反应中 1molKNO₃ 可氧化碳物质的

量——摩尔。

2N：+5 ——→0 被还原

S：0 ——→ −2 被还原 ——→N 只氧化部分 C ——→用电子百分数计算

3C：0 ——→ +4 被氧化 ——→关系式 2KNO$_3$ ——→3 $\frac{10}{12}$C

例 2：现有一个密闭容器中混有 50 毫升 H$_2$S 和 60 毫升 O$_2$，在一定条件下发生反应，至反应物全部耗尽为止，求在同温同压下生成 SO$_2$ 的体积。

解：反应有① 2H$_2$S + O$_2$ = 2S + 2H$_2$O；② 2H$_2$S + 3O$_2$ = 2SO$_2$ + 2H$_2$O 题给比例关系介于两反应之间，如选①计算 O$_2$ 过量则有 S + O$_2$ = SO$_2$ 隐含反应；如选②计算 H$_2$S 过量则有 2H$_2$S + SO$_2$ = 3S + 2H$_2$O 隐含反应。两种选择均可求解。类似的连续反应类型有 P + Cl$_2$，H$_2$S + O$_2$，C + O$_2$，CO$_2$ + NaOH。

2. 正逆结合，寻找焦点法

解题原则：题目所求 ——→所需条件 ——→问题焦点 ——→可得结果 ——→题给条件

例 3：如果 a 克某气体中含有 b 个分子，则 c 克该气体在标准状况下的体积是多少升？

V ——→22.4 × n ——→22.4 × $\frac{c}{M}$ ——→问题的焦点 M ←—— $\frac{a}{b/Na}$ ←—— $\frac{b}{Na}$

答案：$\frac{bc}{aNa}$

例 4：一定条件，14% 的 NaOH 溶液加热蒸发掉 100 克水后变成 80 毫升 28% 的溶液，求加热后溶液的物质的量浓度。

C ——→ $\frac{n}{v}$ ——→ $\frac{W}{M}$/v ——→问题的焦点 W ←——溶液的质量·14% ←——溶液的量稀释前后不变列式

以上方法是将逻辑思维过程具体的展示，让学生有章可循，经过训练形成解化学计算题的基本思路。

三、培养学生化学计算题能力要注意的问题

化学计算题浩如烟海，任何一份试题无论选择题还是填空题都有很多计算因素，而选择题填空都是小题，小题应小解，但同学们遇到有计算的小题时，往往花很长时间，有时还计算不正确，究其原因是学生缺少对解题规律的认识，不明解题方法，不清楚巧解方法内涵的问题。

如何解决以上问题呢？笔者认为，在培养学生化学计算解题能力的时候除以上介绍的将学生的思维带入题目中，让学生看清各知识点的联系，从而建立解题的桥梁。还更应引导学生将思维从各种变化中拉出来，站在高处从整体上分析，从全局上理解问题的实质。具体可以从以下方面进行实践。

首先，教师应系统地给学生介绍化学计算的各种方法，如差量法、守恒法、十字交叉法、估算法、关系式法、平均值法、极限法，图解法、数轴法等。因此需要将计算按内容、题型分类，通过对各类典型例题的分析和训练总结出一般的解题方法和规律，从而达到举一反三、触类旁通的目的。

其次，教师还要结合运用的方法，引导学生理解该方法的内涵与外延，能通过形象思维或具体实例体验化学学科的特点。比如，差量法的实质是利用反应体系中某化学量从始态到终态的差量，作为解题的突破口。这些差量主要有体积差、质量差、物质的量差、压强差、溶液质量差、溶解度差等。从任何一个化学反应中，均可找到一个或多个有关量的差值，因此使用此法解题时，必须仔细分析题意，理清思路，选定好相关物理量的差值。

最后，教师通过一题多解的分析，多题一解的讨论，学生就可以从多角度、多形式巧解化学计算解，提高了解题速度，感受到学习的快乐，品味到思维的深刻性。

例4：120℃，101Pa下，amL由CO、CH_4组成的混合气体在bmLO_2中完全燃烧后，恢复到原温度和压强。若混合气体与O_2恰好完全反应，产生bmLCO_2，则混合气体中CH_4的体积分数是多少？（答案：33.3%）此题有列方程组法、差量法等多种解法，值得一提的是以下一种突出化学学科特点，培养学生逻辑思维的方法。既是由CO、CH_4化学式特点结合题给bmLO_2和bmLCO_2的对比观察，说明CO、CH_4中的H与O一定按照H_2O的组成配比。

同样例1也可从电子守恒求解，例2也可从原子守恒求解。从量上挖掘物质间变化的内涵，针对题目的特点，选取最有效的解题方法，甚至是多种方法综合运用，以达到减少运算量，增强运算准确率的效果。在这样的过程中学生会获得众多的体验与反馈，在不断地矫正中潜移默化地培养了学生化学计算的解题能力，提高了教学质量。

综上所述，"时间就是分数，效率就是成绩，感受就是成长"，扎实的基础知识是各种解题方法的后盾，是成功之本，是学生信心的增长点，良好的解题方法是学生学习快乐的源泉，化学计算解题能力的培养是提高学生化学素养的重要过程。

《气体摩尔体积》教学案例

贵阳一中　陈章义

课堂实录：

一、明确目标，设问导入

（师）[讲述] 我们在学习中不仅要掌握知识，还应注意学习人类在探究未知世界时用的方法。我们为获知微观世界的信息，采用聚微成宏，积少成多的方法，引入了物质的量。

（师）[提问] 有谁知道家里每月用多少方煤气？如何计算煤气中有多少个分子呢？

（生）无人回答。

（师）[提示] 30 立方米的煤气，可利用 $N = nN_A$ 进行计算。

（师）[追问] 如何计算煤气物质的量？是称质量还是量体积呢？量出气体体积后是否就知道了煤气中有多少个分子呢？我们又怎么办？

（生）[回答] 量气体体积；不知道；学生思考。

（师）[提示] 一定质量的物质能通过摩尔质量为桥梁计算出含有多少粒子。在宏观物质体积与微观粒子数目之间呢？

（生）[回答] 搭建摩尔体积的桥梁。

（评析）上课开始就点明本节课的目的，通过复习讲解让学生认识旧知识的产生过程，感受在解决问题时方法的重要性。通过一系列的问题设置，培养学生学习意志力，思维持久性的品质，并给以恰当提示，为学生搭建解决问题的支点，逐步引导学生深入课题。通过摩尔质量是解决宏观质量和微观粒子桥梁作用的回顾，学生模仿别人解决问题的思路，亲历解决问题的过程，增长能力，获得成就感，激发学习的兴趣。

二、知识归纳，突出重点

（师）［投影］摩尔体积：单位物质的量的物质占有的体积。1 mol 固体、液体、气体的质量、密度。

（师）［讲述］请同学们分组分析投影数据，并总结规律。

（生）分析投影数据，发现规律。

（生）［归纳］1 mol 不同的固态或液态物质，体积是不相同的。1 mol 不同的气态物质，体积是相同的。

（师）［提问］影响物质体积的外因、内因是什么？分组讨论并总结影响物质体积的内、外因素。

（生）看书，积极思考，相互讨论。

（生）［回答］决定物质所占体积大小的三个因素：①物质所含结构粒子数多少；②粒子间的距离远近；③粒子本身的大小。气体的体积近似相等。

（师）［动画展示］不同种固、液、气分子间距离比较图。

（生）观看、思考，形成影像。

（师）［讲述］对固体、液体我们可以想象为大粒子较紧密堆积的模型，气体可以看为质点很远距离排列的模型。

（师）［讲述］对于固体、液体我们可以从称质量来计算其中的粒子数目，并且它们的摩尔体积没有共性，所以我们就只对气体进行讨论。

（师）［投影］气体摩尔体积：单位物质的量的气体占有的体积（$V = nVm$）。用关键词法教授学生记忆：气体、摩尔、体积。

（生）倾听、理解、记忆。

（师）［投影讲述］在特殊的情况即在标准状况下，1 mol 任何气体的体积都约为 22.4L。$Vm = 22.4L/mol$。

（生）［回答］①一般条件是标准状况下，即 0℃，$1.01 \times 10^5 Pa$；②描述对象是 1 mol 任何气体（如煤气等混合气体）；③结论是体积约是 22.4L。

（师）［讲述］根据所建立的气体模型，如果我们替换几个分子，在外界条件不变的情况下，气体所占的体积仍相等，这就是阿伏伽德罗定律。

（评析）学生经过数据分析，看书理解，同伴讨论，教师引导，动画观看的学习过程，从感性、理性两方面认识了事物的客观规律，在脑海里建立了形象化的"气体模型"。此部分注意培养了学生从数据归纳客观规律的思维能力，进行空间想象能力和逻辑推理能力的训练，同时学生体验从一般到特殊的认识方式。

三、复习巩固，能力提升。

（师）［提问］0.5mol 氢气，2mol 气体标况下的体积；标况下 1.12L，224L 气体的物质的量。

（生）［回答］11.2L，44.8L；0.05 mol，10 mol。

（师）［投影］计算 30 立方米的煤气含有多少个分子？

（生）思考，难得出结论。

（师）［投影］温度与体积的关系

（生）计算。

（师）［小结］"三知识四方法"即气体摩尔体积的定义、22.4L/mol、阿伏伽德罗定律；模型法、桥梁法、关键词法、从特殊到一般的归纳法。

（评析）问题的设置由浅入深，学生练习，巩固基础知识，反馈效果。最后提出课题前设置的问题，与生活联系，前后呼应，并检验气体摩尔体积运用的条件。通过教师的小结，学生体验化学学科中一个概念的产生过程，实现对理论探究的升华，介绍了方法，培养了能力。

课后反思：

高中化学第一册第三章《物质的量》在高中化学中占有很重要的地位，它对学生进一步深入理解微观粒子与宏观物质之间的联系，培养学生的化学计算技能有着重要意义，但由于其概念多、理论性强，学生接受困难，教师教学难度大。正因如此《气体摩尔体积》常成为各类教学研讨的课题，教师在教学中从教授知识的角度多采用比喻性的描述和直观的教具，使概念形象化，以帮助学生知识的理解和记忆。

新课程的目标是立足于学生适应现代生活和未来发展的需要，着眼于提高21 世纪公民的科学素养，构建"知识与技能""过程与方法""情感态度与价值观"相融合的高中化学课程目标体系。随着这一目标与教学实践的不断冲撞、认识，在重视知识技能传授的同时更不能忽视方法的传授，"授之以鱼，不如授之以渔"。化学教学中应抓住有效的载体实现对学生"过程与方法"的培养，训练学生的科学素养。本案例是侧重于这方面的实践，倡导以科学探究为主的学习方式，重视化学学习方法的启迪，促进学生认识意识的转变，使学生体验科学研究的过程，激发学习化学的兴趣，提高学生终身学习的能力。

本案例是贵州省第二届高中化学优质课评比的实录。与会听课教师评价如下：从具体实施过程来看，教师过于追求解决问题的方法及过程的探究，加之师生不熟悉，学生在这方面的意识较弱，教师准备不充分，导致课堂气氛死板，没有到达预期的效果。执教人能充分挖掘了教材内涵，以教材为载体进行了化学理论课教学的一种新的尝试。以前的课堂教学只注重知识的传递，而忽视对解决问题方法的分析、归纳，长此以往我们所教育出来的学生只会接受，而不会发展、创新，所以大家应将此意识、方式运用到自己的教学中。

通过此课题的研讨，本人也注意到了在以后的教学中应培养以生为本的意识，增强课堂的调控能力，不能顾此失彼。本案例还有许多不足之处，敬请同仁批评指正。

新课程理念下高中化学有效教学策略之研究

——"离子键"教学案例

贵阳一中　姚秀海　胡　辉　孟德斌　杨长远

一、教材分析

（一）教材地位及作用

本节课教学内容是继学生学习了原子结构、元素周期律和元素周期表之后，探究微观世界中原子之间的相互作用——离子键。

我们选择典型的、具有代表性的个案即活泼金属钠原子与活泼非金属氯原子相互作用形成氯化钠进行研究。以钠在氯气中燃烧的实验及其现象，引起课堂讨论，从化学反应本质入手，分析钠原子与氯原子是如何结合，寻找氯化钠形成的原因。在此基础上，获得离子键的概念及相关知识，引导学生发现此过程是一个原子由不稳定变为稳定结构的过程，此变化只是原子最外层电子数发生变化，抓住这一本质，让学生轻松地学习电子式和用电子式表示离子化合物形成的过程。

（二）教学目标分析

1. 知识与技能：使学生感悟原子之间相互作用的存在，巩固化学反应本质的知识，形成离子键、离子化合物等概念，学会运用原子的最外层电子数变化表示离子化合物形成的过程。通过对物质及其变化的宏观现象与微观本质之间相互联系的分析、推理，培养学生的想象能力和抽象思维能力。

2. 过程与方法：通过学生对实验现象的观察、假设、推理、得出结论等探究步骤的完成，再经小组讨论、教师指导、合作学习，体验化学知识的获得过程，使学生掌握个案研究法及分析、推理等方法。

3. 情感态度与价值观：通过探究氯化钠形成的实验，激发学生学习化学的兴趣，增强学生的好奇心和求知欲，培养学生善于分析和推理的探究精神以及严谨的科学态度，帮助学生树立辩证唯物主义世界观，培养学生辩证统一的观点和思维方法。

（三）重点、难点分析

1. 本节课的重点：离子键概念的形成及应用，用电子式表示离子化合物形成的过程。

2. 本节课的难点：用电子式表示离子化合物形成的过程。

二、教学方法分析

在完成对原子结构、元素周期律和元素周期表的知识学习后，自然会显露出原子之间相互作用以及对相互作用的研究层次和顺序问题，即第四节"化学键"知识。

由于原子种类繁多，原子既看不见也摸不着，所以，选择正确的方法和恰当的案例是较为困难的，让每一个学生真正感悟到相邻原子之间的作用也是较为困难的，针对教学内容的特点和学生的实际，主要有以下面几种方法进行教学。

1. 个案研究法

选择典型的、具有代表性的案例进行研究，然后形成一般的规律，得到离子键概念及相关理论知识。

2. 辅助教学法

选择化学实验、电脑模拟、图片展示相结合的方法，帮助学生真正感悟活泼金属原子和活泼非金属原子得失电子，形成阴、阳离子，产生静电作用。

3. 联想推理法

尽可能地将不可见的原子转化为学生可视的结构，让学生进入微观世界，充分发挥想象能力，培养推理、归纳能力。

三、教学程序设计

鉴于本节是一堂概念性的理论课，学生的抽象能力不强，在设计时要着重以下两个体现，两个突出和一个有效性。

两个体现：1. 体现课程改革理念；2. 体现学生自主探究的学习方式。

两个突出：1. 突出教学过程与学生已有的经验之间的紧密联系，展开联想，形成新知识，即形成对活泼金属原子与非金属原子之间相互作用过程的认识，感悟阴、阳离子之间的静电作用，形成离子键概念和相关知识，改造用结构示意图表示氯化钠形成过程的表示式，发现该变化的本质，掌握用原子的最外层电子数发生变化表示离子化合物形成过程的式子——电子式。2. 突出化学实验、多媒体辅助教学的直观效果，发挥已有经验的作用，使抽象知识具体化、明了化，降低学习难度，让学生轻松愉快地学习。

一个有效性：谋求在有效的时间内取得最佳的学习效果。

整堂课要以学生活动为中心，以学生构建知识、培养能力为主线展开。

（一）展示问题、导入新课

为创设一个最佳的心理和认知环境，激发学生求知欲，首先展示以下几个问题：（1）100多种元素是怎样形成几千万种物质的？（2）氯化钠是怎样形成的？氢分子为什么是双原子分子？两个氦原子为什么不能形成双原子分子？（3）原子之间结合时，为什么原子之间存在一定数目的比例？前面我们所学的知识能不能回答这些问题？经过思考后，学生回答不能。教师继续问，如果要回答这些问题，首先要弄清楚一个基本的问题（教师引导、学生思考、共同发现）从而引出第四节化学键。继续分析，由于原子种类很多，从哪里入手研究原子之间的相互作用？引导从原子结构是否达到稳定结构，可以把原子分为两大类，一类是达到稳定结构的稀有元素的原子，另一类是没有达到稳定结构的金属原子和非金属原子，稀有元素的原子由于达到稳定结构，一般不与其他原子发生作用，不稳定结构的原子彼此之间要发生作用，本节课离子键就是研究活泼金属原子和活泼非金属原子之间的相互作用。

（二）确定方法、探究新知

金属原子和非金属原子还是这么多？又从哪里入手？采用什么方法研究？联想卤素、碱金属的学习方法，师生选择，共同确定采用个案研究法，即选择一个典型的、具有代表性的案例进行研究，寻找共性，形成规律，上升成理论得到离子键概念及相关知识。谁最典型？谁最具有代表性？引导学生分析，前面学习的周期表，哪个周期最具有代表性？从这个周期中寻找具有代表性的金属原子和非金属原子，学生很快把目标锁定在第三周期中的钠和氯，个案确定后，任务是研究活泼的金属钠原子和活泼的非金属氯原子之间的相互作用。采用什么方法或程序进行研究？根据化学科的特点，发挥化学实验的优势，先通过化学实验来证实，然后采用假设、分析、推理、得出结论的方法展开研究。

1. 离子化合物的形成过程及离子键

（1）个案研究

学生探究活动1：学生观看钠在氯气中燃烧的实验，复习单质钠的相关知识，记录钠在氯气中燃烧的现象。

学生探究活动2：从初中学习的化学反应本质入手，思考钠原子和氯原子是怎样作用形成氯化钠晶体的？学生完成112页表5-14，阅读第9页氯化钠形成过程结构示意图获取信息。学生很快发现，钠原子失去最外层电子，达到稳定结构，带正电荷；氯原子得到电子，达到稳定结构，带负电荷。钠离子和氯离子相互作用形成了氯化钠。探究大量的钠原子和大量的氯原子相互作用，得失电子，形成大量的钠离子和氯离子，通过静电作用就形成了氯化钠晶体，学生观看第114页氯化钠晶体示意图。

学生探究活动3：学生分小组讨论，归纳氯化钠晶体中，钠离子和氯离子之间存在哪些相互作用？钠离子和氯离子产生的条件是什么？

引导学生讨论，由表及里地分析离子的结构，很快归纳出：离子之间存在着静电吸引，同时还存在着静电排斥，发现离子产生的条件是得失电子。还发现钠离子与氯离子的结合是两种作用综合的结果。

（2）由特殊到一般

学生探究活动4：通过典型案例的研究后，推理一般阴、阳离子相互作用的情况，归纳出离子键的概念，形成离子键的条件、粒子、性质。

使阴、阳离子形成化合物的静电作用叫离子键。成键的条件是原子得失电子；成键的粒子是阴、阳离子；成键的性质是静电作用（静电吸引和静电排斥）。

学生探究活动5：通过典型案例的研究，归纳出离子化合物的概念及其存在范围。

学生很轻松得出，阴、阳离子通过离子键结合形成的化合物叫离子化合物。ⅠA、ⅡA活泼金属原子和ⅥA、ⅦA活泼非金属原子相互作用，容易得失电子，形成阴、阳离子，产生静电作用，即形成离子键，也就形成了离子化合物。

教师引导学生判别：常见的强碱、绝大多数盐、活泼金属形成的氧化物属于离子化合物。

2. 离子化合物形成过程的表示

（1）个案探究

学生探究活动6：学生再探究第9页氯化钠形成过程结构示意图，思考此形成过程包括哪些内容？此过程是一个什么变化过程？实质是原子结构中的哪一部分发生变化？此种表示是否简便？

经过再探究第9页氯化钠形成过程结构示意图，学生发现此形成过程包括不稳定的钠原子和不稳定的氯原子相互作用，发生电子转移，形成具有稳定结的钠离子和氯离子结构等，是一个原子由不稳定结构变化为稳定结构的过程，实质上是原子结构最外层电子数发生变化，用结构示意图表示其形成过程复杂，不简便。

在前面学习电子云时，知道了用小黑点表示电子运动情况，这里，我们期望能够找到一种不需要画结构示意图，只需要注明原子最外层电子数发生变化的表示式子。

学生探究活动7：学生分小组自学第112页电子式定义，把用结构示意图表示氯化钠形成过程衍变成用电子式表示其形成过程。

学生运用电子式的相关知识，把钠原子和氯原子的结构示意图分别衍变为钠原子和氯原子的电子式，把钠离子和氯离子的结构示意图衍变为钠离子和氯离子的电子式，原子间相互作用以"＋"表示，电子转移用箭头表示，表示原子由不稳定结构到稳定结构变化过程的箭头照搬过来，由于难度降低，学生很轻松地得到表示氯化钠形成的电子式表示式。

（2）由特殊到一般

学生探究活动8：鼓励学生探究ⅠA—ⅦA、0族原子的电子式，简单阴离子和阳离子的电子式，以及表示离子化合物的形成过程。

学生的积极性很高，根据各族元素原子最外层电子数，很快掌握ⅠA—ⅦA、0族原子的电子式，并发现活泼金属原子和活泼非金属原子相互作用容易形成阴、阳离子，由于只是最外层电子数发生变化，也很快掌握了一般阴离子、阳离子的电子式及区别，用电子式表示一般离子化合物形成过程也就功到自然成。

（三）练习反馈，归纳小结

根据本节课的重点内容，利用化学实验和多媒体辅助教学的优势，设计课堂练习，及时投影反馈，提高学生对所学知识的理解能力和迁移能力。

归纳小结，可以安排同桌学生进行交流，说出这一节所采用的研究方法，这一节课学习了哪些知识？本节课的重点是什么？难点是什么？然后教师再投影归纳内容，这样可以让学生相互取长补短，并利于学生间相互交流以及语言表达能力的培养。

（四）分层次作业，巩固新知

安排必作题、选作题、思考题供不同能力层次的学生完成，以达到巩固新知识、充分发挥个人能力的目的。

四、课后反思

本节课有效教学策略反映在课题引入、个案探究法的选择、学习方法的指导、知识的切入点等细节上。

（一）学生活动完成情况

绝大部分学生能完成主要的探究活动，掌握探究方法，学会分析、推理得到结论，但是也有部分学生对完成探究活动感到困难，极少数学生无法完成。

（二）同行教师评价

本节课是学校组内公开课，参加听课的教师总体评价是课题引入好，个案法指导、知识点切入讲究策略，很有特色。学生探究意识强，探究活动有序，教师指导有方，对旧知识改造有针对性，反映了新课程理念，实现了课堂的有效性。

（三）学生自我评价情况

所有学生对化学实验兴趣浓厚，对探究活动积极性高，建议今后多提供一些机会。大部分学生对自己的评价偏低，对别人的评价偏高，说明学生还没有建立正确的评价观。

（四）需要继续探讨的问题

从这次探究性活动的设计、学生参与活动及教学信息反馈得知，还需要进一步将学生的知识基础、认知能力和探究水平相结合，这三者是影响探究质量、落实教学的有效性的关键因素。同时对探究问题的开放程度，解决学生探究活动中的两极分化现象，如何组织学生积极开展讨论交流，合作学习，独立思考等都值得研究。

从教学实际中还体会到，教学要精心设计，多方面准备，灵活实施，才会真正落实教学的有效性。

参考文献

[1] 中华人民共和国教育部. 普通高中化学课程标准（实验）[S]. 北京：人民教育出版社，2003.

[2] 教育部基础教育司. 走进新课程 [M]. 北京：北京师范大学出版社，2002.

[3] 盛群力，李志强. 现代教学论设计 [M]. 杭州：浙江教育出版社，1998.

［4］蒯超英. 学习策略［M］. 武汉：湖北教育出版社，1999.

［5］孙夕礼. 论高中化学探究学习的课堂案例设计［J］. 化学教学，2003，（3）：19－21.

（此文章发表于核心期刊《中学化学教学参考》2007 年第 11 期，25－27 页。）

立足教材夯实基础，提升能力应变高考

贵阳一中新世界国际学校　姚秀海　李丽娜　曹晓芹

摘　要：历届高考化学试题不断创新，都呈现一个共同规律，即考题既源于教材，又高于教材。只有立足教材，夯实基础提升能力，才有可能应对高考试题的千变万化。

关键词：教材；夯实基础；提升能力；高考试题变化

仔细品味历届高考试题，尽管不断创新，但都有一个共同规律，即考题问题既源于教材，又高于教材，是教材中基础知识的拓展和延伸。实现对考生运用教材基础知识解决问题能力的考查，主要表现在考生对信息的吸收与处理、分析解决（解答）问题、实验探究能力的考核，区分出考生对高考试题内容的了解、理解（掌握）、综合运用三个层次的要求，从而实现每年试题的价值和考试功能。高考试题是每年一新，教材中基础知识则是稳定的。只有立足教材，夯实基础提升能力，才有可能应对高考试题的千变万化。

案例分享：2018 年全国高考理综（Ⅲ）卷，化学部分 26 题。

硫代硫酸钠晶体（$Na_2S_2O_3 \cdot 5H_2O$，$M = 248 \ g \cdot mol^{-1}$）可用作定影剂、还原剂。回答下列问题：

（1）已知：$Ksp（BaSO_4）= 1.1 \times 10^{-10}$，$Ksp（BaS_2O_3）= 4.1 \times 10^{-5}$。市售硫代硫酸钠中常含有硫酸根杂质，选用下列试剂设计实验方案进行检验：

试剂：稀盐酸、稀 H_2SO_4、$BaCl_2$溶液、Na_2CO_3溶液、H_2O_2溶液

实验步骤	现象
①取少量样品，加入除氧蒸馏水	②固体完全溶解得无色澄清溶液
③＿＿＿＿＿＿＿	④＿＿＿＿＿，有刺激性气体产生
⑤静置，＿＿＿＿＿＿＿	⑥＿＿＿＿＿＿＿

（2）利用 $K_2Cr_2O_7$ 标准溶液定量测定硫代硫酸钠的纯度。测定步骤如下：

①溶液配制：称取 1.2000 g 某硫代硫酸钠晶体样品，用新煮沸并冷却的蒸馏水在＿＿＿＿＿＿中溶解，完全溶解后，全部转移至 100 mL 的＿＿＿＿＿＿中，加蒸馏水至＿＿＿＿＿＿。

②滴定：取 0.00950 mol·L^{-1} 的 $K_2Cr_2O_7$ 标准溶液 20.00 mL，硫酸酸化后加入过量 KI，发生反应：$Cr_2O_7^{2-} + 6I^- + 14H^+ === 3I_2 + 2Cr^{3+} + 7H_2O$。然后用硫代硫酸钠样品溶液滴定至淡黄绿色，发生反应：$I_2 + 2S_2O_3^{2-} === S_4O_6^{2-} + 2I^-$。加入淀粉溶液作为指示剂，继续滴定，当溶液＿＿＿＿＿＿，即为终点。平行滴定 3 次，样品溶液的平均用量为 24.80 mL，则样品纯度为＿＿＿＿＿＿%（保留 1 位小数）。

回溯教材中的基础知识

1. 人教版必修化学 1 实验 1－1，粗盐的提纯：用海水、盐井水、盐湖水直接制盐，只能得到粗盐（其中含有不溶性杂质泥沙，可溶性杂质 $CaCl_2$、$MgCl_2$ 以及一些硫酸盐等），粗盐经过溶解、过滤、蒸发，得到除去不溶性杂质的粗盐。实验 1－2，取【实验 1－1】得到的盐约 0.5g 放入试管中，向试管中加入约 2mL 水配成溶液，先滴入几滴稀盐酸使溶液酸化，然后向试管中滴入几滴 $BaCl_2$（氯化钡）溶液，观察现象[1]。在溶液中能解离产生 SO_4^{2-} 的化合物与 $BaCl_2$ 溶液反应，生成不溶于稀盐酸的白色 $BaSO_4$（硫酸钡）沉淀。利用这一反应可以检验硫酸和可溶性硫酸盐。

SO_4^{2-} 的检验。因为 $BaSO_4$ 是白色既不溶解于水又不溶解于酸的沉淀（固体），我们可设想把 SO_4^{2-} 转化 $BaSO_4$ 白色固体来证明其存在。但是有很多白色不溶解于水的物质，会干扰 $BaSO_4$ 的证明，因此检验 SO_4^{2-} 时要防止其他离子的干扰。

a. Ag^+ 的干扰

因为 SO_4^{2-} 与 $2\ Ag^+$ 反应生成的 Ag_2SO_4 是微溶于水的，加入盐酸，没有白色沉淀，排除 Ag^+ 干扰。

b. CO_3^{2-}、SO_3^{2-} 的干扰

因为 $BaCO_3$、$BaSO_3$ 也是白色沉淀，与 $BaSO_4$ 不同的是这些沉淀能够溶解于强酸中，因此，检验 SO_4^{2-}，必须用盐酸酸化，不能够用硝酸酸化，因为硝酸具有强氧化性。钡盐溶液也不能够用 $Ba(NO_3)_2$ 溶液，因为在酸性条件下，NO_3^- 会把溶液中可能存在的 SO_3^{2-}、HSO_3^-、SO_2 氧化为 SO_4^{2-}，得出错误结论。

c. 正确的操作

取少量待检溶液于试管中，加入足量的稀盐酸，充分振荡，观察现象。用胶头滴管吸取上层清液于另外的试管中，加入 $BaCl_2$ 溶液。如果出现白色沉淀，证明待检液含有 SO_4^{2-}，反之没有。

2. 人教版必修化学选修 4《化学反应原理》[2] 实验 2 - 3，取两支试管各加入 5ml 0.1mol/L $Na_2S_2O_3$ 溶液；另取两支试管各加入 5ml 0.1mol/L H_2SO_4 溶液；将四支试管分成两组（各有一支盛有 $Na_2S_2O_3$ 溶液和 H_2SO_4 溶液的试管），一组放入冷水中，另一组放入热水中，经过同一时间后，分别混合并搅拌，记录出现浑浊的时间。实验中反应的化学方程式为：$Na_2S_2O_3 + H_2SO_4 = Na_2SO_4 + SO_2\uparrow + S\downarrow + H_2O$。

26 题第（1）问就是以上所提及教材中基础知识的组合，变化的是硫代硫酸根离子对硫酸根离子检验的干扰，但考查仍然是硫酸根离子的检验。

3. 人教版必修化学 1 实验 1 - 5 配制 1.00mol/L NaCl 溶液。

（1）计算需要 NaCl 固体的质量。

（2）根据计算结果，称量 NaCl 固体。

（3）将称量好的 NaCl 固体放入烧杯中，用适量的蒸馏水溶解。

（4）将烧杯中的溶液注入 100mL 的容量瓶，并用少量蒸馏水洗涤烧杯 2 - 3 次，洗涤液也注入容量瓶中。轻轻地摇动容量瓶，使溶液混合均匀。

（5）将蒸馏水注入容量瓶，液面离容量瓶颈刻度线下 1 - 2cm 时，改用胶头滴管滴加蒸馏水至凹液面最低处与刻度线相切。盖好瓶塞，反复上下颠倒，摇匀。

4. 人教版必修化学选修 4《化学反应原理》[2] 第三章水溶液中的离子平衡第二节内容：水的电离、溶液的酸碱性、PH 的应用，认识中和滴定的原理、实验操作、终点确定及相关计算。

教材例题：用 0.1032mol/LHCl 溶液滴定未知浓度的 NaOH 溶液，重复三次的实验数据如下表。计算待测溶液 NaOH 溶液的物质的量浓度。

实验序号	0.1032mol·L^{-1} HCl 溶液体积/ml	待测溶液 NaOH 溶液体积/ml
1	27.84	25.00
2	27.83	25.00
3	27.85	25.00

26 题的第（2）问中①、②出自于教材中该基础知识，变化的是把中和滴定变化成为氧化还原反应滴定，考查仍然是滴定终点的判断、浓度及纯度计算。

由此可见，回答第（1）问仍然是回归教材基础知识。答案是加入足量的稀盐酸，排除硫代硫酸根的干扰，再取反应后上部澄清溶液，滴加氯化钡溶液，观察现象；回答第（2）中①，应用教材人教版必修化学 1 实验 1－5，配制 1.00mol/LNaCl 溶液的基础知识得到答案：小烧杯、容量瓶、刻度线。回答第（2）中②，回归教材中和滴定基础知识，得到当滴入最后一滴反应液，蓝色消失，观察在 30 秒内没有恢复原来的颜色的答案；再根据关系式或者根据化合价升降相等（得失电子守恒）先计算硫代硫酸钠溶液的浓度 C（Na$_2$S$_2$O$_3$） = 0.046mol/L，再计算样品的纯度：（4.6×10^{-2}×0.1×248）/1.2 = 0.95 。

国家考试中心给出 26 题的参考答案是：（1）③加入过量稀盐酸；④出现乳黄色浑浊；⑤（吸）取上层清液，滴入 BaCl$_2$ 溶液；⑥产生白色沉淀　（2）①烧杯；容量；瓶刻度；②蓝色褪去；95.0

练习题：根据 2017 年全国高考理综（Ⅲ）卷，化学部分 26 题第（3）问改编题。

某兴趣小组为探究硫酸亚铁的分解产物，将无水硫酸亚铁放入装置 A 接入下图所示的装置中，打开 K$_1$ 和 K$_2$，缓缓通入 N$_2$，充分加热。实验后反应管中残留固体为红色粉末。

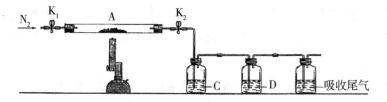

（1）C、D 中的溶液依次为（填标号）。C、D 中有气泡冒出，并可观察到

的现象分别为什么？a. 品红　b. NaOH　c. BaCl$_2$　d. Ba（NO$_3$）$_2$　e. 浓 H$_2$SO$_4$

写出硫酸亚铁高温分解反应的化学方程式。

该小组提出用上述 A 装置（仅硬质玻璃管部分）探究过氧化钠与二氧化硫充分反应后固体成分，写出过氧化钠与二氧化硫充分反应可能的化学方程式_____、_____。

为具体探究固体成分中所含阴离子，请提出自己的猜想并设计相关实验验证，将表格中实验猜想、操作、现象与结论填写完整。

实验猜想	实验操作	实验现象	实验结论
猜想①_____			
猜想②_____			
……			
_____			

参考答案：

（1）c、a；c 中出现白色沉淀；a 中品红褪色；2FeSO$_4$ ===== Fe$_2$O$_3$ + SO$_2$↑ + SO$_3$↑（点拨：将 SO$_3$ 检验转换为 SO$_3$ 与水反应后对 SO$_4^{2-}$ 的检验）

（2）2SO$_2$ + 2Na$_2$O$_2$ ===== 2 Na$_2$SO$_3$ + O$_2$，2SO$_2$ + 2Na$_2$O$_2$ ===== 2Na$_2$SO$_4$

猜想①只有 SO$_3^{2-}$；取少量固体于试管中，加入足量的稀盐酸，有气泡产生，滴加少量氯化钡溶液，没有沉淀产生，只含有 SO$_3^{2-}$；

猜想②只有 SO$_4^{2-}$；取少量固体于试管中，加入足量的稀盐酸，没有气泡产生，滴加少量入氯化钡溶液，有沉淀产生，只含有 SO$_3^{2-}$；

猜想③既含有 SO$_3^{2-}$ 又含有 SO$_4^{2-}$；取少量固体于试管中，加入足量的稀盐酸，有气泡产生，滴加少量氯化钡溶液，有沉淀产生，既含有 SO$_3^{2-}$ 又含有 SO$_4^{2-}$；

因此立足教材夯实基础，掌握检验硫酸根前，必须排除其他离子可能造成的干扰。考生可在日常学习中实现举一反三，不断提升能力，从容应对高考试题的新变化。

参考文献

［1］宋心琦. 普通高中课程标准实验教科书. 化学 1［M］. 北京：人民教育出版社，2007：6，16.

［2］宋心琦. 普通高中课程标准实验教科书. 化学选修 4［M］. 北京：人民教育出版社，2007：21.

（此文章发表于教育部优秀科技期刊、教育类中文核心期刊《高中数理化》2018 年总第 291 期 53 - 55 页。）

研究教材习题　关注高考热点

贵阳一中　姚秀海

　　在高考复习冲刺阶段，学生们还要注意查缺补漏，研究教材中习题，关注高考热点；全日制普通高级中学化学教科学（必修加选修）第二册41页第三题：在425℃时，在1L密闭容器中进行的反应，$H_2 + I_2 \rightleftharpoons 2HI$ 达到平衡，分别说明下列示意图所表示的涵义，由图中的事实可以说明平衡具有哪些特征？

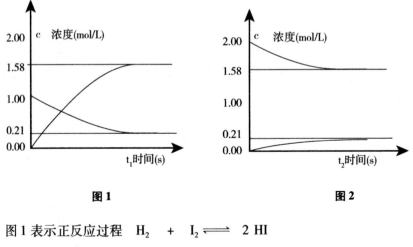

图1　　　　　　　　　　　　　　图2

图1表示正反应过程　H_2　+　I_2　$\rightleftharpoons$　2 HI

	H_2	I_2	2HI
C 始 mol/L	1.00	1.00	0.00
C 变 mol/L	0.79	0.79	1.58
C 平 mol/L	0.21	0.21	1.58

正反应进行到 t_1 达到平衡

图2表示逆反应过程　2 HI $\rightleftharpoons$ H_2　+　I_2

	2HI	H_2	I_2
C 始 mol/L	2.00	0.00	0.00
C 变 mol/L	0.42	0.21	0.21
C 平 mol/L	1.58	0.21	0.21

逆反应进行到 t_2 达到平衡

说明化学平衡具有以下特征：

1. 化学平衡是建立在可逆反应的基础上；

2. 达到平衡时，反应仍然在进行；

3. 达到平衡时，反应物混合物中各组分浓度保持不变；

4. 平衡维持在一定条件下的，条件改变，平衡移动；

5. 相同一可逆反应，当起始浓度或化学计量数之比想当时，都能达到相同的平衡状态，与反应起始途径无关。

这一信息充分告诉我们，研究教材的重要性，高考试题中的等效平衡源于课本，又高于课本，反映了化学平衡仍是高考的重点和热点，尽管新教材总体上降低了难度，但是等效平衡是值得重视的考试热点，考生们要引起重视，把握这类题的解法，触类旁通。

例1：在一定温度下，把 2molSO₂ 和 1molO₂ 通入一个一定容积的密闭容器中，发生反应 $2SO_2 + O_2 \rightleftharpoons 2SO_3$，当此反应进行到一定程度时，就处于化学平衡。若该容器中维持温度不变，令 a、b、c 分别代表初始时 SO_2、O_2 和 SO_3 的物质的量，如果 a、b、c 取不同的数值时，它们必须满足一定的相互关系，才能保证达到平衡时，反应混合物体三种气体的体积分数仍然跟上述平衡时完全相同，请填写下列空。

（1）若 a = 0，b = 0，则 c = _____；

（2）若 a = 0.5mol，则 b = _____，c = _____；

（3）a、b、c 取值必须满足的一般条件是_____。（请用两个方程表示，其中一个含 a 和 c，另一个含 b 和 c）

考查问题：关于等效平衡问题的综合题，重在考查对等效平衡问题的深刻理解，以及解决较复杂问题的综合思维能力，此题是课本例题的变形。

解决问题的方法是：运用原子守恒法，反应从正反应开始，在密闭容器放入 2molSO₂ 和 1molO₂，即放入 2molS 原子和 6molO 原子达到平衡；只要维持放入的 S 原子有 2mol 和 O 原子有 6mol，都能建立相同的平衡。故本题很快就得到答案。

（1）若 a = 0，b = 0，则 c = 2mol；

（2）若 a = 0.5mol，b = 0.25mol，则 c = 1.5mol；

（3）a、b、c 取值必须满足的一般条件是：a + c = 2；2b + c = 2 或（2a + 2b + 3c = 6）。

练习：

1. 在一定温度下，把 1mol N_2 和 3molH_2 通入一个一定容积的密闭容器中，发生反应 $N_2 + 3H_2 \rightleftharpoons 2NH_3$，当此反应进行到一定程度时，就处于化学平衡，$N_2$、$H_2$ 和 NH_3 的物质的量。如果 a、b、c 取不同的数值时，它们必须满足一定的相互关系，才能保证达到的平衡时，反应混合物中三种气体的物质的量仍然保持 m mol、n mol、g mol. 请填写下列空白：

（1）若 a =0，b =0，则 c = _____

（2）若 a =0. 5mol，b = _____，c = _____；

（3）a、b、c 取值必须满足的一般条件是 _____（请用两个方程表示，其中一个含 a 和 c，另一个含 b 和 c）

（在恒温恒容条件下，根据原子守恒，很快就找到答案；（1）a =0，b =0，c =2；（2）a =0.5，b =1.5，c =1；（3）2a +c =2 或（3c +2b =6））。

在一个固定体积的密闭容器中保持一定温度进行以下反应；H_2（g）+ Br_2（g）$\rightleftharpoons$ 2HBr（g）请根据下表所列内容，填写空白。要求在相同条件保持平衡时各组的百分含量不变。

编号	起始状态（mol）			平衡状态 HBr 物质的量（mol）
	H_2	Br_2	HBr	
已知	1	2	0	a
（1）	2	4	0	?
（2）	?	1		0.5a
（3）	m	N（n≥2m）	x	?

参考答案

此题要求平衡时各组分的百分含量不变，也是等效平衡问题，因此，只要抓住放入物质中所含的各种原子的百分含量不变，就可以找到答案了；由于（1）放入的原子是已知条件的 2 倍，平衡时 HBr 的物质的量应为 2amol；（2）从平衡时 HBr 物质的量为 0.5amol，知道起始时放入的 H 和 Br 为已知条件的一半，便可得到放入的 H_2 的物质的量为 0mol，Br_2 物质的量为 0.5mol，（3）参照已知条件，把 HBr 的物质的量处理为零，消耗 xmolHBr 可以求得生成 H_2 物质的量为 x/2mol，生成 Br_2 物质的量为 x/2mol，根据放入 H_2 和 Br_2 起始物质的量之比为 1:2，可建立（m+x/2）:（n+x/2）=1:2，计算得到 x=2（n-2m），平衡时 HBr 的物质的量为（n-m）amol。

（此文章发布于全国优秀期刊《数理化学习（高中版）》2004 年 5—6 月 120-121 页。）

《葡萄糖》探究式教学设计与实施

贵阳一中　姚秀海

　　《普通高中化学课程标准（实验）》强调改革学生的学习方式，提倡开展以探究式为核心的多样化学习。教学实践证明，学生学习方式的改变不仅使学生在知识技能方面保持原有的优势，还使学生在分析问题、解决问题的能力方面及动手、动脑的实践能力方面都有不同程度的提高。化学是一门以实验为基础的科学，这为探究式学习的实施提供了良好的操作平台，而化学教师则成为学生探究活动的参与者、材料的呈现者、学习动机的激励者和学习效果的赏析者。因此，在平时的化学教学中，要不断地去摸索，构建一系列探究式教与学的设计为学生提供一个充分展现自我的舞台。本文是自己以《葡萄糖》教学为内容，以一些化学探究实验为例，展现探究式教学设计与实施的过程。

一、设计思路

　　葡萄糖是一种重要的单糖，它在人体的新陈代谢过程中有极其重要的作用，不仅是人类重要的营养物质，也是一种重要的烃的衍生物，在日常生活中、制镜工业、医学上有广泛的用途，利用这些丰富的内容创设情景，激发学生学习兴趣。因此，在本节教学过程中，在上一章学习烃的衍生物官能团决定性质的基础上，以研究葡萄糖分子的结构为线索，让学生认识葡萄糖的分子结构、葡萄糖的物理性质、化学性质和用途；以过去学习过的有机化合物组成、通式、官能团性质分析葡萄糖分子结构，用醇、醛、羧酸的一些性质实验为载体，充分利用实验探究这一认识和研究物质的方法，引导学生探究葡萄糖的结构和化学性质，让学生了解葡萄糖是一种多羟基的醛，既具有醇的性质又具有醛的性质，达到认识葡萄糖的分子结构、物理性质、化学性质、用途的目的。通过这种教学方式使学生既能学习知识，又能掌握探究式学习方法。

二、知识目标

1. 知识与技能

通过实验方法探究葡萄糖的分子结构，达到让学生认识葡萄糖的物理性质、化学性质、用途；进一步了解结构与性质的关系，加深对烃的衍生物知识的学习方法及规律的掌握。

2. 方法与过程

通过经历实验探究和问题讨论的过程，了解利用实验研究化学物质的一般方法，初步形成分析推理、综合归纳的能力。

3. 情感态度与价值观

激发学生学习化学的兴趣，使其乐于探究物质及变化的奥秘，体验科学探究的艰辛与喜悦，感悟科学探究的魅力，享受化学世界的奇妙与和谐。

三、探究内容与方法

探究内容：本节教材的重点是葡萄糖分子结构与性质的关系，因此，课堂探究活动的主要内容自然就是葡萄糖分子的结构和葡萄糖的性质。

探究方法：提出学习的课题之后，学生明确了探究的内容，并借助于提问题、做实验和教师提供的有关信息、数据，激发学生生疑、议论、研究、解疑，从探索中得出科学结论。

四、教学实况

实施场所：化学实验室，两名学生为一（桌）组。

[新课引入] 要求学生观察课本 P178 图，辨别各种物质，并找出它们的共同用途——食物（营养物质），引出第七章课题；按照知识由易到难，由简单到复杂认识程序引出糖类和第一节葡萄糖、蔗糖课题。

[教师活动] 学生阅读 P179 页倒数一、二、三段，了解糖类的定义及分类；讨论糖类的名称为什么当初叫碳水化合物，糖分类的依据并提问。

[学生活动] 学生在阅读课文中找到答案，从组成及通式探讨，从劳动人民在劳动过程中对糖类的认识，寻找原因，讨论其可能的依据。

[教师引导] 教师肯定学生发表的观点，并指出还可能是劳动人民在熬糖的过程中，温度过高，出现黑色物质炭和液态水而得名的，及定义的不科学性。按照由简单到复杂的认识程序，下面先学习单糖。根据烃的衍生物学习方法，

按照结构→性质→用途的顺序学习葡萄糖。

第一节 葡萄糖 蔗糖

一、葡萄糖

(一) 分子结构

[教师引导] 结合前面所学知识，怎样确定葡萄糖的分子式？怎样推测和用实验证明葡萄糖分子含有官能团？怎样确定葡萄糖分子的结构简式？

[学生探究]

1. 根据有机物分子式确定方法，得出确定葡萄糖分子式：确定需要测量葡萄糖的相对分子质量，各组成元素的百分数或已知葡萄糖分子的相对分子质量和准确称取一定量葡萄糖充分燃烧后测量生成的水的质量、二氧化碳的质量，计算得到葡萄糖的分子式为 $C_6H_{12}O_6$。

2. 根据分子式分析葡萄糖分子不含苯环和卤素，可能含羟基（–OH）、醛基（–CHO）、羧基（–COOH）；通过葡萄糖溶液与石蕊试液、PH 试纸、$NaHCO_3$ 溶液作用，证明不含羧基（–COOH）；通过葡萄糖与银氨溶液或新制 $Cu(OH)_2$ 反应实验证明葡萄糖分子含醛基（–CHO）；分析发现葡萄糖分子除去一个醛基（–CHO）后，余下的 C、H、O 满足饱和多元醇的通式，根据醇的结构知识，推知余下的 5 个 C 原子上，每个 C 原子上连有一个羟基（–OH），并推测在一定条件下葡萄糖能和单质钠反应生成 H_2，与乙酸反应生成酯和水。一个葡萄糖分子的结构简式在学生头脑中初步形成。

[教师点拨] 通过定量实验测量出 1mol 葡萄糖生成 2molAg，推知一个葡萄糖分子含一个醛基（–CHO）；2mol 葡萄糖与足量钠反应生成 $5molH_2$，推知一个葡萄糖分子含 5 个羟基（–OH）。

结构简式：$CH_2OH – CHOH – CHOH – CHOH – CHOH – CHO$ 或 $CH_2OH – (CHOH)_4 – CHO$

[师生总结] 1. 从烃的衍生物分析，葡萄糖属于多羟基（–OH）的醛；2. 由于葡萄糖分子含有羟基（–OH）、醛基（–CHO），所以，葡萄糖分子是极性分子；3. 葡萄糖是大量葡萄糖分子通过分子间作用力形成的。

（二）葡萄糖的性质

1. 物理性质

［学生探究］根据葡萄糖结构推测其物理性质。观察葡萄糖的颜色、状态，品尝葡萄糖的味道，试验其在水中的溶解度，分析熔、沸点高低。

2. 化学性质

［教师提问］醇有哪些性质？醛有哪些性质？写出下列反应方程式。

［学生探究］思考、回忆、回答醇、醛的化学通性，讨论并书写下列方程式，部分学生在黑板上完成，交流评价。

（1）醇羟基（$-OH$）的性质

① $CH_2OH-(CHOH)_4-CHO+Na\rightarrow$

② $CH_2OH-(CHOH)_4-CHO+CH_3COOH \xrightarrow{\text{浓} H_2SO_4}$

（2）醛基的性质

① 加成反应

$CH_2OH-(CHOH)_4-CHO+H_2 \xrightarrow{\text{催}}$

② 氧化反应

$CH_2OH-(CHOH)_4-CHO+Ag(NH_3)_2OH \xrightarrow{\Delta}$

$CH_2OH-(CHOH)_4-CHO+Cu(OH)_2 \xrightarrow{\Delta}$

$C_6H_{12}O_6(s)+O_2(g) \xrightarrow{\text{氧化}}$

［师生总结］学生讨论、部分学生在黑板上完成，师生共同归纳总结。

（三）葡萄糖的用途

［学生探究］学生阅读课本 P180 倒数第二段，了解日常生活中使用的镜、保温瓶内胆都是葡萄糖发生银镜反应制取的；葡萄糖在人体内氧化生成二氧化碳和水，释放能量，认识人为什么要吃饭，医生为什么要给病人输葡萄糖液，以及人得糖尿病的危害性，掌握将来创业、生存的本领。

（四）课堂练习

某一有机物的蒸汽对氢气的相对密度为 90，其中含碳 40%，含氢 6.7%，其余是氧，与氢气能发生加成反应，但不能发生银镜反应，一个分子的该有机物与足量钠反应生成 2.5 个 H_2 分子，（1）计算其分子式；（2）推断该有机物可能类别。（答案：$C_6H_{12}O_6$；果糖，多羟基（$-OH$）的酮）

（五）课堂小结学生分组总结，教师检查、引导归纳。

（六）布置作业：（1）把黑板上的方程式再书写作业本上，（2）P183 第四大题第一小题。

2. 预习本节第二部分。

3. 周末收集自己和家人的尿液，检查甚否得糖尿病？

五、课后反思

本节课具备了实施探究式教学的条件和平台，具备了探究活动的基本要素和特征，一是有值得探究的核心问题，二是有围绕问题的假设和预测，三是有解决问题、寻求支持或否定假设的证据的活动过程，四是有交流和评价。

教学实践证明，学生学习方式的改变不仅使学生在知识技能方面保持原有的优势，还使学生在分析问题、解决问题的能力方面及动手、动脑的实践能力方面都有不同程度的提高，大大激发了学生学习化学兴趣。

尽管本节课的探究式教学不尽完善，但我们相信，随着探究式教学的全面推开，随着教师开展探究式教学次数和经验的增加，探究式教学的效率和效益将不断提高。

附：板书设计

一、糖类

1. 定义：碳水化合物，$C_a(H_2O)_m$

2. 分类

（1）单糖　不能水解生成更简单的物质的糖。代表物：葡萄糖、果糖

（2）二糖　能水解生成两个单糖分子的糖。代表物：蔗糖、麦芽糖

（3）多糖　能水解生成多个单糖分子的糖。代表物：淀粉、纤维素

第一节　葡萄糖　蔗糖

（一）葡萄糖

（一）分子结构

1. 分子式：$C_6H_{12}O_6$

2. 官能团：一个分子含一个醛基（－CHO），5 个羟基（－OH）。

3. 结构简式：$CH_2OH－CHOH－CHOH－CHOH－CHOH－CHO$ 或 $CH_2OH－(CHOH)_4－CHO$

（二）葡萄糖的性质

1. 物理性质

葡萄糖是白色晶体，有甜味，能溶于水，熔、沸点较乙醇、乙酸等物质高，较食盐、金刚石等物质低。

2. 化学性质

（1）醇羟基（－OH）的性质

① $CH_2OH - (CHOH)_4 - CHO + Na \longrightarrow$

② $CH_2OH - (CHOH)_4 - CHO + CH_3COOH \xrightarrow{\text{浓 } H_2SO_4 \text{ 热}}$

（2）醛基的性质

① 加成反应

$CH_2OH - (CHOH)_4 - CHO + H_2 \xrightarrow{\text{催}}$

② 氧化反应

$CH_2OH - (CHOH)_4 - CHO + Ag(NH_3)_2OH \xrightarrow{\Delta}$

$CH_2OH - (CHOH)_4 - CHO + Cu(OH)_2 \xrightarrow{\Delta}$

$C_6H_{12}O_6 (s) + O_2 (g) \xrightarrow{\text{氧化}}$

（三）葡萄糖的用途

制镜业 $\longrightarrow$ 葡萄糖 $\longrightarrow$ 医药工业

$\downarrow$

糖果制造业、营养物质

（此文章于2007年发表在《贵阳一中杏坛》2006年6月第10期25~27页，参加《中学化学教学参考》组织的全国论文评比获得一等奖。）

乙醇和氧气催化氧化反应本质
的探究教学设计与实践

贵阳一中　　姚秀海

　　新一轮的课程改革是以培养学生科学的探究意识、探究习惯、探究能力为特征，贯彻和落实新课程理念的一次改革。化学是一门以实验为基础的学科，在培养学生的科学探究意识、探究习惯、探究能力方面有着其他学科不可比优势，化学学科的教学成为落实新课程理念的主力军、最有效的平台。高中化学教材第二册（必修加选修，人教版）中表述："乙醇除了燃烧时能生成二氧化碳和水之外，在加热和有催化剂（Cu 或 Ag）存在的条件下，也能与氧气发生氧化反应，生成乙醛"。目的是让学生认识乙醇不但能燃烧（完全氧化），还能部分氧化，从课本上学生只知道生成物是乙醛和水，但对在加热和有催化剂（Cu 或 Ag）存在的条件下，乙醇氧化生成乙醛的过程全然不知，如何组织学生设计探究方案及实施探究方案，来认识乙醇氧化生成乙醛的过程和本质，模仿科学家搞科学研究的过程，培养学生的探究能力，下面是一教学案例——教学活动过程的展现，供大家参考。

一、探究的目标设计

　　知识与技能：探究乙醇氧化生成乙醛的过程和本质，训练学生独立设计并完成实验的技能，认识催化剂的催化本能。

　　过程与方法：通过学生自己合作动手完成实验，观察记录实验现象，体验知识的获得过程，通过学生自己完成猜想假设、设计实验方案、观察现象、得出结论等探究步骤，通过小组讨论、教师指导修正方案、实践，学会分析产生现象、寻找本质的方法。

　　情感态度与价值观：通过探究性实验活动，培养学生善于质疑的精神和严谨的科学态度。激发学生的好奇心和探究欲望、学习化学的兴趣。通过小组合作的方式，让学生体验探究学习、合作学习的重要性。

二、创设教学情景、激发探究欲望

情景是学生展开思维的起点，良好的教学情景有利于学生开阔思路，提出解决问题的方案、形成新的认识，形成科学的探究意识、探究习惯、探究能力。对学生创设疑问情景：氧气是怎样把乙醇氧化乙醛的？铜或银是怎样起催化作用的？反应过程是怎样断键和成键的？大体分几步进行？反应本质是什么？氧气中的氧反应后在什么物质中？为了回答这些问题，我们模仿科学家搞一次科学研究。怎样搞研究呢？问题已经有了，还缺少研究方案、研究过程、分析、推理、结论。下面请大家设计实验方案，我们给药品和仪器。四人一组在实验室完成探究。创设这样情景，激发了学生的问题意识、探究兴趣；本实验操作简单、时间短、安全，学生可以完成探究任务，易获得成就感，可以提高全员参与、全程参与度，增强教学的有效性；探究的问题是微观过程，具有争论性、假设性，有助于学生理解现象和本质的辩证关系，有利提高学生的思维能力、想象能力和实事求是的科学精神。

三、探究方案的设计

本节课是以探究乙醇氧化生成乙醛的过程和本质为主要内容，以学生为活动主体的实验探究课，学生根据提出的假设，制定的实验方案，分组合作完成实验，实验过程中讨论交流，分析、推理、结论，形成自己的成果。最后反思评价自己的劳动的成果。教师在适当的时间给以指导，辅助学生解决疑难问题，督促学生的探究活动，验收他们的活动成果。

（一）学生预习报告的作用

由于课堂时间有限，学生学习能力存在差异，保证探究的有效性，学生能在课堂中顺利完成猜想假设、设计实验方案、观察现象、分析推理、得出结论等探究过程，要求学生按下表（表1）要求进行课前预习。

附：学生预习报告

$CH_3—CH_2—OH$ 和 O_2 催化氧化反应本质的探究

班级：　　　　姓名：

请同学们设计出探究 $CH_3—CH_2—OH$ 和 O_2 催化氧化反应本质的实验，分析、推理它的反应过程和本质。根据下列要求写出自己的猜想与假设、具体实验步骤、预测的实验现象以及结论与解释。

A. 实验目的　　　　　B. 实验准备

C. 实验用品　　　　　D. 实验设计

E. 其他相关问题

表1

实验步骤	预测实验现象	分析、推理	结论与解释

教师根据预习报告所反映的情况，了解学生的基础知识，掌握学生的认知结构，针对预习报告反映的问题，组织形式讨论实验方案的可行性。

（二）学生的认知水平

有的学生在预习报告中写道："实验方案很难设计"，在知识准备中写道："除了预习书本外，不知道还要做什么准备"；在其他问题中写道："如何验证乙醛的生成，什么是催化剂和催化作用"？

这反映了学生强烈的求知欲望和好奇心，说明化学实验确实能激发学生学习的热情和兴趣，探究性实验教学符合学生的思维发展水平，教师必须及时帮助学生解决探究过程中存在的障碍。

表2　预习报告情况反馈

人数	实验方案	预测实验现象	过程分析、推理	结论与解释
35	Cu 丝在酒精外焰加热变黑后，趁热伸入乙醇中	Cu 丝变黑后，又变成光亮红色，有刺激性气味产生	Cu 被氧化 CuO 后又被还原成 Cu；乙醇变成乙醛	乙醇受热裂解出活泼 H 还原 CuO，生成乙醛、Cu、H_2O
10	Cu 丝在酒精外焰加热变黑，然后靠近灯芯	Cu 丝变黑后，又变成光亮红色	Cu 被氧化 CuO 后又被还原成 Cu；乙醇变成乙醛	乙醇受热裂解出活泼 H 还原 CuO，生成 Cu、H_2O
6	先制备 CuO，在装有 CuO 的大试管通入乙醇蒸气，加热	黑色 CuO 变成光亮红色的 Cu，有刺激性气味产生	Cu 被氧化 CuO 后又被还原成 Cu；乙醇变成乙醛	乙醇受热裂解出活泼 H 还原 CuO，生成 Cu、H_2O
5	Cu 片和 H_2O_2 反应，再加乙醇	Cu 片变黑后，又变成光亮红色，有刺激性气味产生	H_2O_2 分解出 O_2 氧化 Cu，乙醇还原 CuO，生成乙醛	乙醇受热裂解出活泼 H 还原 CuO，生成 Cu、H_2O

四、探究活动的组织和学习活动的反思、评价的设计

（一）学习活动的反思、评价的设计

教师和学生都要参与、共同评价，尝试自我评价和小组评价，评价由学生课后在实验报告（表3）完成。

（三）探究活动的组织

由于学生长期处于独立学习的状态，学生的个体存在差异性，实验方案要得以整体推进实施，采用自由组合和兼顾好带差，既减轻学生的思想顾虑，又促使全体学生的发展，四人一组，成员分工要具体，任务明确，在活动中要有事做。

表3　学生实验报告的设计

实验报告 $CH_3—CH_2—OH$ 和 O_2 催化氧化反应的过程和本质的探究						
姓名：		组号：		同组成员：		
1. 实验目的						
2. 实验用品						
3. 实验过程和方法						
实验步骤		实验现象记录	结论与解释		过程的分析、推理	
4. 实验结果证实了你们的猜想了吗？如果没有，是什么原因？						
5. 自我评价（从方案设计、实验操作、基础知识、探究兴趣等几个方面进行自我评价）						
6. 同组成员评价（用很好、较好、一般、较差、很差五个等级如实进行自我评价、同组成员评价）						
姓名	实验态度、兴趣	动手实验能力	分析问题能力	问题反思能力	得出结论能力	知识应用能力	合作交流能力
7. 教师评价：根据学生预习报告反馈情况、实验报告反馈的情况，结合课堂活动的表现综合评价						

五、实验探究

（一）知识支撑

为解决预习中出现影响实验探究的问题，介绍以下列知识作为支撑，用于帮助解决探究中存在的问题。

知识1：回忆初中 H_2 还原 CuO 的条件和现象，书写化学反应方程式。

知识2：催化剂是参与化学反应，而本身的质量和化学性质在反应前后都没有发生改变的物质。

知识3：乙醛是一种没有颜色有刺激性气味的液体，溶于水，能与一种叫银氨溶液的试剂，在水浴加热的条件下，发生银镜的反应。

（二）实验探究

实验步骤	实验现象
方案1：把一端为螺旋状的铜丝在酒精灯外焰加热变黑后，趁热伸入盛有 5—10mL 无水乙醇的烧杯中，反复操作 5 次，闻气味，生成物与银氨溶液反应	铜丝加热变黑，伸入无水乙醇中后变成光亮红色的铜，重复出现；由特殊香味变化有刺激性的气味，可以发生银镜的反应（部分记录有酸味）
方案2：把一端为螺旋状的铜丝在酒精灯外焰加热变黑后，接触酒精灯的灯芯，反复 5 次	铜丝加热变黑，伸入无水乙醇中后变成光亮红色的铜，重复出现
方案3：在装有 CuO 的大试管通入乙醇蒸汽，加热	黑色 CuO 变成光亮红色的铜，管口有刺激性的气味
方案4：在盛有 Cu 片的小烧杯加入浓 H_2O_2，加热、加入乙醇	现象不明显

（三）反应过程及本质的分析推理

过程：$2Cu + O_2 = 2CuO$；$CH_3 - CH_2 - OH = CH_3 - CHO + 2H$；$CuO + 2H = Cu + 2H_2O$。

总反应方程式：$2CH_3 - \overset{-3}{C}H_2 - \overset{-1}{O}H + O_2 = 2CH_3 - \overset{-3}{C}\overset{+1}{H}O + 2H_2O$。

本质：在加热的条件，乙醇分子受热裂解出活泼 H 还原 CuO。

解释：乙醇分子受热，－OH 断氧氢键，与 －OH 相连的碳原子断碳氢键，形成碳氧双键，形成醛基。裂解出活泼 H 还原 CuO，生成乙醛、Cu、H_2O，氧气中的氧元素反应后存在与水中。

结论：工业上利用这个反应制备乙醛。Cu（或 Ag）参与该化学反应，而本身的质量和化学性质在反应前后都没有发生改变，故在反应中起催化作用，作催化剂。乙醇具有还原性，既能发生完全氧化，又能发生部分氧化。

理想：乙醇在氧气中燃烧，可以完全被氧化 CO_2 和 H_2O；也可以与不同的氧化剂、被氧化时间的不同，被氧化成乙醛、或乙酸。如被氧化的时间久了可以生成乙醛；可以被酸性 $KMnO_4$ 溶液氧化成乙酸。

六、课堂反思

（一）学生实验报告完成情况

部分学生能完成实验操作，能描述出主要的实验过程、实验现象，基本能通过实验现象得出结论，有一定的创新之处，科学的探究意识、探究习惯、探究能力得到培养，这是这次活动的最大收获，但小组成员之间的配合、讨论、交流有待于进一步加强。

（二）自我评价、同组成员评价分析

所有学生参与的积极性较高，对化学实验兴趣浓厚，得以模仿科学家研究微观变化的过程，心情愉快，有幸福感，表示今后要更好、更多地参加这种活动。大部分学生认为自己的知识基础较好，对自己的实验操作以及方法评价偏低，同组成员彼此之间评价偏高。表明评价方法和评价态度有待改进。

（三）需要解决的几个问题

教师要努力学习新课程理念、新课程标准，学习成功的教学案例，为更好贯彻、实施新课程理念练好基本功，只有教师具备探究意识、探究习惯、探究能力，才能更有效地培养学生的探究意识、探究习惯、探究能力，才能更好促进教学的有效性，才能全面、更有效地实施素质教育。

如何定位学生的知识基础、认知能力和探究水平。知识基础、认知能力和探究水平三者是影响探究活动质量高低的关键因素。多进行调查研究，准确把握这三个方面，有利于探究性实验教学的设计。

如何把握探究的开放度。不同难度和深度的探究课题，其开放度是有区别的。能根据学生的能力，设计适合学生探究的问题是探究性教学设计的关键。

如何解决学生在活动中的"分化"现象。多用鼓励形式，用赏识的眼光对待每个学生，对待学生的不足要善意的帮助，提高他们参与的积极性，提高全员参与和全程参与度，提高教学的有效性。

如何加强合作。让学生积极开展讨论、交流，增强合作意识，改变过去的只习惯于独立思考场面。

参考文献

［1］夏正盛. 高中化学课程标准教师读本［M］. 武汉：华中师范大学出版社，2003.

［2］孙夕礼. 论高中化学探究学习的课堂案例设计［J］. 化学教学，2003（3）：19－21.

［3］左玉香等. 钠与硫酸铜溶液反应的教学探究设计与实践. 中学化学教学与参考，2006（4）：21－23.

（此文章发表于《贵阳一中杏坛》2008 年 5 月第 16 期 44－47 页。）

两个 W、两个 H 使学生的主体性在复习中充分发挥

贵阳一中　姚秀海

摘　要：高考复习是对知识进行重组的过程，重组要突出重点、突破难点，重在对知识的理解与运用上，关键是学生主体性的发挥，用一个思想来贯穿这个过程，这就是"是什么（what）？为什么（why）？怎么做（how）？怎么考（how）？简称两个 W、两个 H"。

关键词：同分异构体；主体性

高考复习并不是把知识重新学一遍，而是有待教师和学生对知识的有效重组，特别是学生的重新认识和有效组织。有效重组过程要突出重点、难点，重在对知识的理解与运用；运用一个指导思想来贯穿教学任务，实现教学目标。具体的做法是通过学生对学习过去的知识的回忆，明确复习内容，自我对知识的重组，小组的讨论，全体同学共同确定学习目标，教师的肯定与丰富，明确目前学习任务和目标是什么？重点、难点是什么？这是第一个 W（What）。明确是什么后，学生要搞清楚为什么？即了解同分异构形成的原因，这是第二个 W（What）。重点是学生如何运用知识分析问题、解决问题，即学会怎么做，这是第一个 H（How）。在学生达到这一程度后，让学生接触历年高考真题，教师、学生共同分析怎样应对高考？这样可以使复习有的放矢，更加富有实效性，这是第二个 H（How）。学生在知其然后知其所以然，实现运用方法灵活解决问题的目的。

课题：对烷烃同分异构体的探讨。

一、学生回答（第一个 W）学习任务是什么

通过学生唤起对过去所学知识的回忆，对该部分知识内容预习和看书学习，

对学习内容的进一步明确，并对知识进行重组，同桌探讨，部分同学的交流分享，全体同学共同确认，教师的肯定或修正和丰富、归纳整理成条理，投影或板书出来，再确认重点、难点。归纳整理的学习任务和教学目标是：

1. 同分异构体的定义和判断；
2. 同分异构体的形成原因（重点）；
3. 同分异构体的数目的确定及书写（重点、难点）。

学生自己明确了学习任务及目标，回答了第一个 W。

二、学生回答（第二个 W）为什么

学生通过前面的回忆、预习和看书学习，已经按捺不住回答任务 1 的激情，很轻松掌握了同分异构的定义及判断方法，通过不到两分钟激烈的讨论，归纳整理出同分异构形成的原因，完成了任务 2 的学习，掌握了同分异构体的形成原因，投影或板书学习成果。

1. 定义：分子式相同而结构不同的物质互称同分异构体；
2. 判断方法：分子式必须相同，结构不同；
3. 形成原因（或种类）有：① 碳链异构，碳链长短不同引起的异构；② 位置异构，就是官能团在碳链上的位置不同引起的异构，③ 官能团异构，又叫类别异构，就是官能团不同引起的异构；④ 其他异构，如顺反异构等。

学生知其所以然，回答了第二个 W，教师明确要求学生重点是掌握前面三种异构。

三、学生掌握（第一个 H）怎么做

同分异构体的数目怎么确定？稍加片刻的思考后，就得出一种物质的同分异构体数目就等于各类同分异构体数目的总和。自然知道学习的重点应放在各类同分异构体数目的确定上，首先探讨烷烃同分异构体的数目如何确定。

这个过程是比较困难的，需要老师的帮助，在方法上给予指导，教师一般都有自己确定同分异构体数目时使用的特殊工具和富有特色的方法。

我给学生的工具是一面镜子既对称面（即下图中虚线），和他们一起探讨镜面安放位置，既找烷烃碳链结构的对称面，发现对称面总是在主链的对称位置上，找出对称碳原子，确定等效 C 和等效 H，然后给学生等效 C 和等效 H 的定义，目的是让学生在确定同分构体数目时，用来防止重复和遗漏情况的发生。和学生一道学会使用镜子，判断乙烷、丙烷、丁烷分中的等效 C 和等效 H。投

影或板书等效 C 和等效 H 的定义及判断练习。

等效 C：处于对称位置上的碳原子称为等效 C，既可以看成同一种 C。

等效 H：等效碳（C）原子上所有的 H 都称等效 H，既可以看成同一种 H。

确定乙烷、丙烷、丁烷分子中的等效 C、等效 H。

$$CH_3 \vdots CH_3 \qquad CH_3—CH_2—CH_3$$

$$CH_3—CH_2 \vdots CH_2—CH3 \qquad \begin{matrix} & CH3 \\ & | \\ CH_2—CH & —CH_3 \end{matrix}$$

让学生书写戊烷同分异构体的结构简式，确定数目。巡视学生完成情况，半分钟后，学生交流作品，学生上黑板书写或投影。回忆书写步骤，感悟书写方法，寻找书写过程要注意的事项及书写顺序。

通过尝试，学生的积极性得到调动，能轻松愉快地回答出教学目的 3；方法是"减链"和"减链增支"的方法；要注意的是找最长的碳链为主链，确定等效 C；顺序是先书写最长碳链的烷烃结构简式，再逐步减少 C，增加支链，直到通过支链确定的碳链不超过主链为止。学生已经感觉到学习的乐趣，分享到成功的喜悦。虽然有的学生回答不是很全面，可以通过学生和教师再次共同归纳整理，投影或板书学习成果，加深学生对方法的掌握和顺序的理解。

$$CH_3—CH_2 \vdots CH_2—CH_2—CH3 \qquad \begin{matrix} & CH3 \\ & | \\ CH_3—CH & \vdots CH_2—CH_3 \end{matrix} \qquad \begin{matrix} & CH_3 \\ & | \\ CH_3—C—CH_3 \\ & | \\ & CH_3 \end{matrix}$$

总体方法：是"减链"或"减链增支"。

两项注意：找最长的碳链为主链；找对称面，确定等效 C 和等效 H。

四个顺序：主链由长到短；支链由整到散；位置由中心靠边；排布是同邻间对。

教师对上述方法、注意、顺序进行适当解释，学生运用该方法再做课堂练习，书写己烷（C_6H_{14}）同分异构体的结构简式，确定同分异构数目，要求学生按上述顺序书写；巡视学生完成情况，一分钟后学生都能完成，学生再次交流作品，学生上黑板书写或投影学生作品，分享成果，分析过程中出现遗漏和重复，全体学生思想碰撞，取长补短，加深对方法和四个顺序的理解和掌握，投影按顺序书写得到的己烷（C_6H_{14}）同分异构体的结构简式并确定数目。

$$CH_3—CH_2—CH_2—CH_2—CH_2—CH_3$$

$$\begin{array}{c} CH_3 \\ | \\ CH_3—CH_2—CH—CH_2—CH_3 \end{array}$$

$$\begin{array}{c} CH_3 \\ | \\ CH_3—CH_2—CH_2—CH—CH_3 \end{array}$$

$$\begin{array}{c} CH_3 \\ | \\ CH_3—CH_2—C—CH_3 \\ | \\ CH_3 \end{array}$$

$$\begin{array}{c} CH_3 \;\; CH_3 \\ | \;\;\;\; | \\ CH_3—CH—CH—CH_3 \end{array}$$

通过练习和成果分享，寻找自己在理解和运用与要求存在的差距，反思总结，提升自己的思维水平，巩固烷烃同分异构体结构简式的书写及确定数目的方法。再运用该方法，完成家庭作业；书写C_7H_{16}的同分异构体的结构简式、确定其同分异构体的数目（此要求已经是教学最高要求），将完成得好的同学的成果在班进行展示，实现共享。经过感悟、总结、归纳、练习、反思、再总结提升、再练习巩固，学生就牢固掌握了烷烃同分异构体的结构简式书写及确定数目的方法，学会怎么做，不仅实现了对第一个 H 的掌握。同时还对有机物命名及其他类别同分异构体数目的确定及结构简式书写等知识的掌握有很大促进作用。

四、高考怎么考？感悟第二个 H

我的做法是让学生在课前预习对比 2007 年、2008 年全国高考理科综合 I 卷、理科综合 II 卷化学部分的有机题，找出都考了哪些题？哪些知识点是相同的？

学生找出了 2007 年全国高考理综 I 卷 29 题第（4）问，2008 年全国高考理综 I 卷 29 题第（4）问，II 卷 29 题第（5）问，都考查了同分异构体的辨析或结构简式书写或数目的确定，明确同分异构体是每年高考必考点，是一个重要的抢分点，引起学生高度重视。让学生去发现这几年的同分异构体考题中的考查点：①碳链异构、②位置异构、③官能团异构、④其他异构中的哪一种，碳链异构怎么考？

真题实练，例1：烯烃、CO、H_2在催化剂作用下，发生烯烃的醛化反应，又叫羧基的合成。如由乙烯制丙醛：$CH_2 = CH_2 + CO + H_2 \rightarrow CH_3CH_2CHO$；由丁烯进行醛化反应，也可以得到醛，其同分异构体中仍属于醛的多少种？经过思考，会发现醛基只能在碳链的端点上，其异构就是碳链丁基的异构，共4种。学生经过高考真题的磨炼，感悟高考怎么考。

五、实现教学目的

学生在怎么做的过程中，达到运用方法灵活，融会贯通、举一反三的目的，实现方法、知识熟练运用的目的，学生是最大的实践者、收获者、受益者，也新课程所追求的。

在教学活动，学生主体性充分的发挥，和谐、自然的生成知识，巧妙地完成教学任务，展现了学生自主、合作、探究的学习方式，体现问题提出与解决的意识，符合新课程理念；思路清晰，重点突出，难点突破；教学很有实效性，学生通过努力，在最近发展区附近得到很好发展，学生很有成就感，能分享学习成功的喜悦，学习过程是愉快的，是有幸福感的，体现了学生是学习的真正主人。

经过长期教学的引导，学生不但可以成为懂方法会解题的战术家，还会成为站在一定高度、寻找知识联系，发现知识内在规律，统领知识全局，把握知识重点和高考热点的战略家。在这种教学思想引导下学生养成的思维方式，无论是对学生将来的生活、学习、工作，还是对未来的发展都是很有帮助的。

参考文献

［1］郑金洲. 上课的变革［M］. 北京：教育出版社，2007.

［2］黎奇. 新课程背景下的有效课堂教学策略［M］. 北京：首都师范大学出版社，2006.

［3］严有洪. 新课程教学问题讨论与案例分析［M］. 北京：首都师范大学出版社，2006.

（此文章发表于《贵阳一中杏坛》2009年4月第20期1-3页，时任贵阳市高中化学教研员丁芳等老师专程来贵阳一中听的展示课，得到专家的一致好评。）

最简单的有机化合物

——甲烷教学设计

贵阳一中新世界国际学校 曹晓芹

一、教材分析

本章教材是有机化学的开篇，而本节是有机化学的第一节课。所以本节教学效果会直接影响学生今后学习有机化学的信心。但也正是因为是第一节课，更应该拓展学生的视野，把书本和生活紧密地结合在一起，并借此使学生养成良好的学习习惯和适合有机化学特点的思维方法。教材内容上按照由简到易的顺序编排的，从初中学生就接触过的最简单的有机化合物——甲烷——入手，研究它的结构性质，再扩展到烷烃、同系物、烷烃的简单命名、同分异构体这样的顺序编排，使学生比较容易接受。

在教材内容处理上，结合初中知识，本册教材第一章中的化学键部分，第二章的反应热部分，对学生已有的知识做提升和完善，并在此过程中培养学生学习的方法和归纳总结的能力。

甲烷的取代反应是本节的重点内容。教材在处理这部分内容时，是在实验的基础上，使学生有一个甲烷分子中的氢原子能被其他原子取代的印象，然后让学生自己写出反应的几步方程式，说明甲烷中的氢原子不仅一个能够被取代，而且全部都可被取代，这充分体现了新课程改革，不直接把结论给学生，而是让学生自己去分析，去建构。

二、学情分析

学生在学习这节课之前，在初中就初步了解过有机物，了解过甲烷。所以对甲烷的学习要建立在学生已经知道知识的基础上，能够让学生通过回忆整理的知识就不在课堂中赘述。在新知识的构建中也要注意，充分利用本册教材的第一章有关化学键的知识和第二章有关反应热的知识，让学生在"最近发展区"

顺利完成知识的"生长"。取代反应是本节课的重点，也是难点，通过实验视频和模拟动画，让学生主动探究和完成对概念的理解。本次的学生是高一（4）班同学，共29人，基础较好，学习气氛比较活跃。由于这次的课堂是借班上课，所以和同学之间默契程度不够，需要在课堂环节和沟通中多关注学生更多的情绪变化。

三、教学目标

（一）知识与技能

1. 了解有机物的基本概念，形成对有机化学的初步认识；了解烃和烃的衍生物的基本概念。

2. 了解甲烷的结构特点，掌握甲烷的化学性质（氧化反应和取代反应）。

3. 理解取代反应的概念。

（二）过程与方法

通过对甲烷空间结构的讨论、甲烷化学的性质的探究学习过程培养学生发现、总结、归纳或推断知识的方法，使学生的思维能力和创造能力都得到充分的锻炼。通过本节课学生的学习活动，逐渐熟悉和适应有机化学一些思维方法，培养学生综合素质，独立分析问题等能力。

（三）情感态度价值观

1. 通过对有机物的概念推进，让学生体会到生命的活力和有机化学世界的丰富多彩。

2. 通过对甲烷的结构、性质、用途的教学，让学生体会到甲烷结构之美，性质之美，用途之美，从而体会到化学之美。

四、教学重点与难点

教学重点：甲烷的结构特点和甲烷的取代反应。（第一课时）

教学难点：如何在学生心中建立立体结构模型，将甲烷和从实物模型转换为学生的思维模型，帮助学生从化学键的层面认识甲烷的结构和性质。（第一课时）

五、教学过程

教学环节	教师活动	学生活动	设计意图	预计时间（分钟）
课间展示	校园春色图片播放	学生入座，融入上课氛围	用学生熟悉的身边校园图片，舒缓的音乐，慢慢让学生进入课堂氛围	0 预备铃时间
过渡	在美丽的春天校园里，到处生机勃勃。"生机"意味着生命和活力。我们今天就从"有机""有机物"开始		从有生命的有机体到有机物，到有机化学。让学生体会到有机化学本身就是一门有"生命力"的学科	
结合章图阅读章节序言	本章的章图看上去就很舒心，请大家结合章图阅读课本P58页的章节序言。了解以下的问题： 1.用你的语言谈谈什么是有机物。 2.有机化合物由哪些元素组成？哪种元素是必须的？可以通过元素组成对有机物分类吗？ 追问：对于这种分类，你还有问题吗？	回答问题。第一个问题学生未必会有准确的答案。新的问题可以用"百度词条"解决。第二个问题如果学生意识到课本上只是提到了烃，但是对于还含有其他元素的有机物类别并没有叙述，可以加入"烃的衍生物"的概念	充分利用教材提供的教学素材，让学生学会看书，学会阅读，并从中找出信息，并提出问题，让阅读的过程产生"互动"。 有机材料的使用深入到了我们生活的各个方面：日常生活的，体育的，艺术的，"有机物"这个名字来源于对生命的崇敬，但是现在已经远远超过了这个范畴	正式上课3可以利用随机选择
过渡	你如何理解章序言中对甲烷的评价"最简单的有机物"	最简单的有机物分类是烃，最简单的烃是甲烷	问题很简单，但是将学生下一步研究的范围限定了	

教学环节	教师活动	学生活动	设计意图	预计时间（分钟）
交流回忆	在有机物的学习中我们就从最简单的有机物甲烷开始。它是大家在初中就接触过的有机物。那么请大家快速搜索一下记忆和小组同学交流一下。用一些关键词来描述一下你们脑海中的甲烷	学生提出的关键词，应该在初中的教学范畴内：涉及的应该有物理性质，燃烧反应，用途、来源、分子式等	"温故而知新"让学生先回忆初中就已经了解的知识，作为下一步探究过程的基础	4 可以利用抢答器或者随机选择
整理知识	教师给出整理的提纲，学生自己将提出的关键词加以整理，得出甲烷知识的大致框架。 一、来源 二、用途 三、分子式 四、物理性质 五、化学性质	学习知识的整理过程	搭建好研究的框架是为下一步的研究过程建立基础。让学生能更好地跟上课堂节奏，培养学生良好的学习习惯	2
阅读	阅读教材 P60 第一自然段，并补充完善框架一、二	一、补充：油田气、煤矿坑道气 二、补充：重要的化工原料	培养阅读能力	
过渡	刚才大家都提了很多关键词，我也想提一个。我对甲烷的关键词是"美"。下面我们就一起来体会"甲烷之美"		理科的教学也可以感性	

教学环节	教师活动	学生活动	设计意图	预计时间（分钟）
问题设置	在上一章，我们学习了化学键，那么请大家来分析一下：1. 甲烷分子中，碳原子和氢原子之间形成的是哪种化学键？2. 这种化学键有什么特点？3. 请尝试画出它的电子式和结构式	同学之间可以互相交流讨论。1. 共价键 2. 极性共价键 单键 3. H：C：H（电子式）H—C—H（结构式）	化学键类型的判断、共价键极性的判断、电子式的书写都应该是学生已经具备的能力，虽然结构式出现在教材的这一部分，但是绝大部分老师都会在电子式书写的教学中渗透结构式的教学。所以这三个问题的解决，应该难度中等。也让学生体会到，化学理论的学习可以帮助我们深入的理解元素化合物	3 可以利用抢答器或者随机选择展示学生的练习
过渡	看上去，甲烷分子很对称。这样的甲烷美吗？平面的美太单调了，真正的甲烷分子是立体的美			
展示	1. 甲烷分子模型，鼓励学生拆开。2. 在学生拼装过程中，介绍两种模型都是甲烷分子。分别是比例模型和球棍模型。3. 教师制作的纸壳正四面体模型	发到每个学习小组的模型中都既有球棍模型，又有比例模型。由学生自己拆开，再组装	在自己动手的过程中体会甲烷正四面体的对称结构。让学生形象地感知正四面体的形状	2 学生动手的时间，利用计时器（设计90秒倒计时）

续表

教学环节	教师活动	学生活动	设计意图	预计时间（分钟）
学生展示动手结果	请同学来谈谈甲烷的正四面体有什么特点？	1. 每一个面都是正三角形。2. 氢原子位于正四面体的顶点，碳原子位于正四面体的体心。3. 共价键位于正四面体体心到顶点的位置。4. 四个共价键之间的夹角相等	可以把键角计算作为课外探究问题，请同学用数学证明	3 可以利用抢答器或者随机选择
过渡	即便是最简单的有机物甲烷，结构都如此精巧，充满了数学之美。那么我们的第一个标题可以修改为一、甲烷的结构		让学生体会到认知推进的过程	
展示	拿出一瓶甲烷，让学生体会。二、甲烷的物理性质	验证之前对甲烷物理性质的了解	对于甲烷的物理性质部分，初中阶段已经有了详细的介绍，但是毕竟学生之前都没有亲自接触过甲烷。通过实际接触，让学生加深对物理性质的了解掌握	1
展示	甲烷＋高锰酸钾 甲烷没有使得高锰酸钾、溴水反应。这么美好的甲烷，连大自然都不忍心轻易破坏，甲烷是很稳定的，不和强酸、强碱、强氧化剂反应，因此才会在自然界中稳定存在	观察实验 甲烷化学性质稳定		2

续表

教学环节	教师活动	学生活动	设计意图	预计时间（分钟）
过渡	对于"中国是世界上最早利用天然气做燃料的国家"做强调。并补充西周时的《周易》有记载"象曰'泽中有火'"。你知道泽中之火可以用哪个化学方程式表示吗？	学生书写甲烷燃烧的化学方程式（如果在之前的过程中学生已经给出这个方程式，则可以带过）	利用过渡渗透爱国主义教育	1
提问	甲烷燃烧，火焰的颜色是怎样的？展示视频，跳动的甲烷淡蓝色的火焰。甲烷的化学之美	淡蓝色		1
提问	课本上说甲烷是优良的气体燃料，你能在课本上找到数据来佐证这个评价吗？	1mol甲烷在空气中完全燃烧，放出热量890kJ。（引导学生，只有这个数据够吗？教师给出1molCO完全燃烧放热283 kJ）	对于甲烷燃烧的化学性质是初中的已有知识，利用第二章第二节的反应热知识，对其进行完善和补充。并利用这个过程强化数据在对比过程中才能体现出价值。不只是做实验需要对照，数据也一样要通过对比才能有准确的结论	2 可以利用抢答器
演示视频	甲烷和氯气的反应	学生观察回答课本 P61科学探究中的问题。1. 你从实验中获得哪些信息？2. 从所得信息中你能获得哪些启示？		2（视频）+2（谈论并回答问题）可以利用抢答器或者随机选择

教学环节	教师活动	学生活动	设计意图	预计时间（分钟）
小结	从学生的问题回答中汇总小结反应条件和实验现象和反应方程式	总结： 反应条件：光照 实验现象： 1. 气体颜色变浅：氯气消耗，发生了反应。 2. 试管壁出现油状小液滴：生成了不溶于水的液体。 3. 液面上升：生成的产物可以溶于水，或者不是气态。 4. 出现白色沉淀：氯化钠过饱和析出（因为产物中有氯化氢）（此原因分析是难点，要注意从元素组成上，氯化钠溶液的浓度上做问题的铺垫）		4 可以利用抢答器
阅读视频动画	阅读教材 P62 页。重点是化学键断裂的过程。配合甲烷取代反应的动画	尝试分析两种反应物化学键的断裂。并描述产物中新化学键的形成		3
过渡	像这样的反应过程，我们称之为取代反应。请利用课本上对于取代反应的定义，对甲烷的取代反应做语言表述	甲烷分子中的氢原子被氯气分子中的氯原子取代，最终得到一氯甲烷分子和氯化氢分子	"造句"的过程其实就是将课本抽象出来的取代反应定义再次具体化。反复的抽象，具体的过程加深学生对取代反应类型的理解	1 可以利用抢答器

教学环节	教师活动	学生活动	设计意图	预计时间（分钟）
布置任务	如果你理解了甲烷取代后得到一氯甲烷的过程，请尝试写出甲烷进一步反应的方程式	学生利用已知的过程仿写方程式。但是要注意，不是简单的模仿，重点是教材上的"逐一取代"	模仿的过程也是对取代反应的进一步理解应用	2 摘取 2～3 份同学练习展示
小结	三、甲烷的化学性质 1. 甲烷很稳定，一般不和强酸、强碱、强氧化剂反应 2. 甲烷的可燃性（氧化反应） 3. 甲烷的取代反应			1
布置课下学习任务	在春暖花开的季节，我们开始了富有生命力的有机化学的学习，重新认识了"甲烷之美"。对此还有两点没能在课上和大家一起讨论、完善。请在课后仔细阅读教材和老师发的阅读材料，补充完善这两点内容。下节课和同学们分享		本课时内容量较大，将比较容易通过阅读、自学的内容交由学生课下完成，既能培养学生的阅读归纳总结能力，也能为本就不多的课时节约时间	
布置课后作业	课本习题 P64 1—7 建议作业：在阅读了老师提供的阅读资料之后，可以上网查阅相关资料，在本学期学校的科技艺术节中，以小论文的形式，自选角度，谈谈你对甲烷的认识		作业布置不仅限于学科内部，更是对学生课外能力提供发展方向的指导。通过课中提出的甲烷键角的数学证明，甲烷小论文的撰写，激发学生学科联系的能力	

六、课后反思

1. 理科课堂中的德育思想渗透。是否应该做？该怎么做？德育的涵盖面很广，美育也是其中之一。在本节课的美育渗透中取得了良好的效果。

2. 对新授课中学生知识生长点的把握要纵观整个知识"生长"的过程。

3. 利用新技术，大数据平台对教学活动的师生互动做补充是个非常好的尝试，也能获得很大的收益，但是需要依赖技术平台的支持。所以只能作为课堂的补充，不能成为平时课堂的依赖。

4. 在时代发展的今天，老师的自身成长需要新技术方面的学习，也不能忽视对教材，教法的专研，不能放低根本的教育思想的提升。

"素养为本"的教学设计案例

——"粗盐提纯"（必修）教学设计

贵阳一中新世界国际学校　李丽娜

　　"粗盐提纯"是高中化学与初中化学紧密衔接的内容，也是进一步提升对常见无机物及其应用的认识，了解常见离子的检验方法。作为学生必做实验之一，学习用化学沉淀法去除粗盐中的杂质离子。该内容可安排一课时的教学，通过学习形成利用实验探究解决问题的认识过程，了解检验溶液中离子可确定物质成分的视角，建构实际进行方案设计的认知模型，提高理论联系实践的观念。

一、教学与评价目标

（一）教学目标

1. 通过初中学习过的方法提纯粗盐，进行初高中化学知识的衔接，熟练掌握分离和提纯混合物重要方法之一：过滤和蒸发。

2. 通过对杂质的检验转换为对离子的检验，了解检验溶液中离子可确定物质成分的宏微视角。

3. 通过对粗盐中可溶性杂质的确定与除去，初步形成利用实验探究解决问题的认识过程。

4. 通过考虑所加试剂种类、先后顺序及用量问题，建构实际进行方案设计的认知模型，实现从定性到定量的转换。

（二）评价目标

1. 通过对粗盐中可溶性杂质除去实验设计方案的交流与点评，诊断并提升学生实验设计水平（孤立水平、系统水平）和实验探究水平（定性水平、定量水平）。

2. 通过检验溶液中离子来确定某些物质成分，诊断并提升认识思路的结构化水平（视角水平、内涵水平）。

3. 通过设计与讨论完成工厂废液的绿色化处理方案，诊断并培养学生的迁移运用能力（基于检验水平、基于知识迁移水平、基于概念原理水平）和学生对化学价值的认识水平（学科价值视角、社会价值视角、学科和社会价值视角）。

二、教学与评价思路

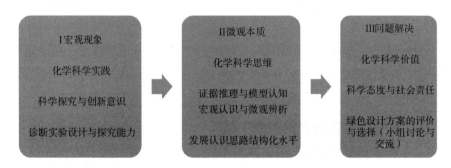

三、教学流程

（一）宏观现象

学习任务1：实验探究制盐厂流程部分工艺。

评价任务1：诊断并提升学生实验设计水平（孤立水平、系统水平）和实验探究水平（定性水平、定量水平）。

学习任务1教学流程图

（二）微观本质

学习任务2：检验溶液中离子确定物质成分。

评价任务2：诊断并提升认识思路的结构化水平（视角水平、内涵水平）。

学习任务 2 教学流程图

（三）问题解决

学习任务 3：运用混合物分离和提纯的思想，设计并讨论工厂废液的绿色化处理。

评价任务 3：诊断并培养学生的迁移运用能力（基于检验水平、基于知识迁移水平、基于概念原理水平）和学生对化学价值的认识水平（学科价值视角、社会价值视角、学科和社会价值视角）。

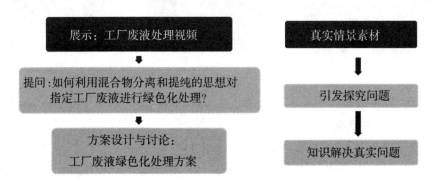

学习任务 3 教学流程图

（四）当堂检测

利用精选题目作为课堂练习，将素养考查与试题内容有机结合，多角度评价本堂课具体能力的落实程度，有效实现过程性评价与结果性评价的交互。具体当堂检测题目如下。

［2016. 北京 . 7］下列中草药煎制步骤中，属于过滤操作的是（   ）

A. 冷水浸泡	B. 加热煎制	C. 箅渣取液	D. 灌装保存

（1）从海水中提取的粗盐，除了 NaCl 外，还可能含有少量的 Ca^{2+}、Mg^{2+}、CO_3^{2-} 和 SO_4^{2-}，为进一步检验成分，将其配制为溶液。一份中加入氢氧化钠溶液，无明显白色沉淀生成；另一份加入氯化钡溶液，有白色沉淀生成，再向其中加入盐酸，有气泡冒出。下列说法正确的是（　　）

A. 一定含有 Mg^{2+}

B. 一定含有 CO_3^{2-}

C. 一定含有 SO_4^{2-}

D. 一定含有 Ca^{2+}

（3）［双选］某 KNO_3 溶液中含杂质 KCl、K_2SO_4 和 $Ca(NO_3)_2$，现欲除去杂质，得到纯净的 KNO_3 溶液，则加入试剂的正确顺序是（　　）

A. $Ba(NO_3)_2$、K_2CO_3、$AgNO_3$、HNO_3

B. K_2CO_3、$Ba(NO_3)_2$、$AgNO_3$、HNO_3

C. $Ba(NO_3)_2$、$AgNO_3$、K_2CO_3、HNO_3

D. $AgNO_3$、$Ba(NO_3)_2$、K_2CO_3、HNO_3

【案例说明】

1. 注重学生为本体，开展"素养为本"的教学

由粗盐提纯巩固混合物分离与提纯的方法：过滤与蒸发，学习离子检验的综合利用分析，学会用四大基本反应中复分解反应实际解决真实问题，加深学生对其理解。通过教师设计的 3 个学习任务，以学生为中心发挥学习任务的素养导向功能。

2. 注重对实验设计与探究水平的培养

化学是一门以实验为基础的学科。建构设计实验的思路尤为重要，从定性思考提升至定量思考，将分离提纯思想提炼整合，运用于综合的多杂质情景，实现认识思路的结构化与显性化。

3. 注重思维的课堂生成与发展

由已知熟悉情景粗盐提纯，发展至学生小组合作讨论处理工厂废液，情景来源于生活又回到生活中，将已学的知识自主迁移、转化活用，强化知识的社会价值，体现绿色化学的理念，增强学生的社会责任感。

4. 注重过程性评价

不单纯关注结果性评价，注重对学生任务中过程性参与评价。对于小组讨论的学生个体分工，进行有效记录明确贡献值，突显每个学生的思维价值与团

队合作的优势。

附练习题

1. 下列属于纯净物的是（　　）

A. 粗盐　　　B. 生铁　　　C. 烧碱　　　D. 空气

2. 实验室制取氧气以 $KClO_3$ 加热分解为例，反应后从剩余物中回收纯净的二氧化锰的操作顺序正确的是（已知 MnO_2 为黑色难溶于水的固体）（　　）

A. 溶解、过滤、蒸发、洗涤

B. 溶解、过滤、洗涤、干燥

C. 溶解、蒸发、洗涤、过滤

D. 溶解、洗涤、过滤、加热

3. 蒸发时，下列说法正确的是（　　）

A. 等到蒸发皿中出现较多固体时，停止加热

B. 当蒸发皿盛满溶液时，用微火加热

C. 将蒸发皿放在石棉网上，用酒精灯加热

D. 在蒸发溶液时，为防止污染药品，一般不用玻璃棒搅拌

4. 实验室蒸发 $NaCl$ 溶液时，一般有以下操作过程：

①固定铁圈位置；②加热蒸发，并不断搅拌；③放置酒精灯；④将蒸发皿放置在铁圈上；⑤停止加热，利用余热蒸干其正确的操作顺序为（　　）

A. ①②③④⑤　　　　　　B. ②③④⑤①

C. ③①④②⑤　　　　　　D. ①③④②⑤

5. 为了除去粗盐中 Ca^{2+}，Mg^{2+}，SO_4^{2-} 及泥沙，将粗盐溶于水，然后进行下列五项操作：

①过滤；②加过量的 $NaOH$ 溶液；③加适量盐酸；④加过量 Na_2CO_3；⑤加过量 $BaCl_2$ 溶液。正确的操作顺序是（　　）

A. ①④②⑤③　　　　　　B. ④①②⑤③

C. ②⑤④①③　　　　　　D. ⑤②④③①

6. 下列实验操作中：①过滤；②蒸发；③溶解；④取液体试剂；⑤取固体试剂。一定要用到玻璃棒的是（　　）

A. ①②③　　　　　　　　B. ④⑤

C. ①④　　　　　　　　　D. ①③⑤

7. 某固体 $NaOH$ 因吸收了空气中的 CO_2 而含有杂质，现在要将该固体 $NaOH$

174

配制成较纯的溶液，则其主要的实验操作过程应是（　　）

A. 溶解、加适量 $BaCl_2$ 溶液、过滤

B. 溶解、加适量 $CaCl_2$ 溶液、过滤

C. 溶解、加适量 $Ca(OH)_2$ 溶液、过滤

D. 溶解、加适量盐酸、加热

8. 欲除去下列物质中的杂质（括号内物质为杂质），所用试剂不正确的是（　　）

A. KNO_3 溶液（K_2SO_4）：适量 $Ba(NO_3)_2$ 溶液

B. $CaCO_3$ 粉末（$CaCl_2$）：过量盐酸

C. Cu 粉（Zn 粉）：过量盐酸

D. CO_2（O_2）：灼热的铜网

9. 从海水中提取的粗盐，除了 NaCl 外，还可能含有少量的 Ca^{2+}、Mg^{2+}、CO_3^{2-} 和 SO_4^{2-}，为进一步检验成分，将其配制为溶液。一份中加入氢氧化钠溶液，无明显白色沉淀生成；另一份加入氯化钡溶液，有白色沉淀生成，再向其中加入盐酸，有气泡冒出。下列说法正确的是（　　）

A. 一定含有 Mg^{2+}　　　　B. 一定含有 CO_3^{2-}

C. 一定含有 SO_4^{2-}　　　　D. 一定含有 Ca^{2+}

10. ［双选］某 KNO_3 溶液中含杂质 KCl、K_2SO_4 和 $Ca(NO_3)_2$，现欲除去杂质，得到纯净的 KNO_3 溶液，则加入试剂的正确顺序是（　　）

A. $Ba(NO_3)_2$、K_2CO_3、$AgNO_3$、HNO_3

B. K_2CO_3、$Ba(NO_3)_2$、$AgNO_3$、HNO_3

C. $Ba(NO_3)_2$、$AgNO_3$、K_2CO_3、HNO_3

D. $AgNO_3$、$Ba(NO_3)_2$、K_2CO_3、HNO_3

11. 按要求填入适当的仪器名称：

(1) 配制溶液时，用来溶解的容器是_____。

(2) 不溶性固体与液体物质分离所需要用到的仪器是_____。

(3) 加热试管内溶液时，用来夹持试管的仪器是_____。

(4) 将固体反应物放入集气瓶中燃烧所用的仪器是_____。

(5) 粗盐提纯实验中用于蒸发液体的仪器是_____。

12. 通过海水晾晒可得粗盐，粗盐除 NaCl 外，还含有 $MgCl_2$、$CaCl_2$、Na_2SO_4 以及泥沙等杂质。以下是制备精盐的实验方案，各步操作流程如下：

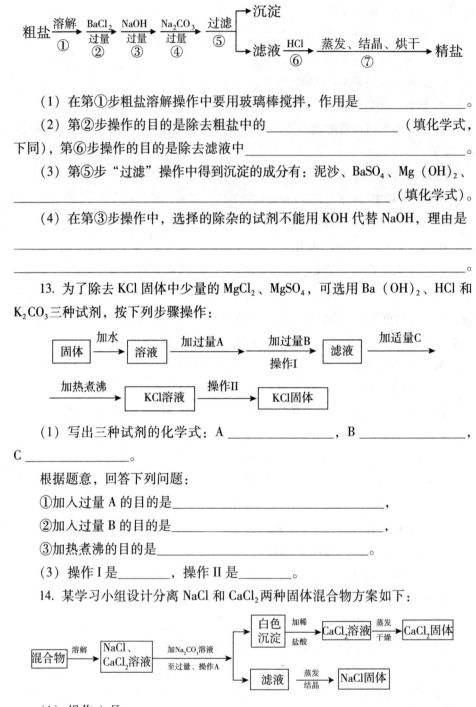

（1）在第①步粗盐溶解操作中要用玻璃棒搅拌，作用是＿＿＿＿＿＿＿＿＿＿。

（2）第②步操作的目的是除去粗盐中的＿＿＿＿＿＿＿＿＿＿（填化学式，下同），第⑥步操作的目的是除去滤液中＿＿＿＿＿＿＿＿＿＿＿＿＿＿。

（3）第⑤步"过滤"操作中得到沉淀的成分有：泥沙、$BaSO_4$、$Mg(OH)_2$、＿＿＿＿＿＿＿＿＿＿＿＿＿＿＿＿＿＿＿＿＿（填化学式）。

（4）在第③步操作中，选择的除杂的试剂不能用 KOH 代替 NaOH，理由是

＿＿＿＿＿＿＿＿＿＿＿＿＿＿＿＿＿＿＿＿＿＿＿＿＿＿＿＿＿＿＿＿＿＿＿＿

＿＿＿＿＿＿＿＿＿＿＿＿＿＿＿＿＿＿＿＿＿＿＿＿＿＿＿＿＿＿＿＿＿＿＿。

13. 为了除去 KCl 固体中少量的 $MgCl_2$、$MgSO_4$，可选用 $Ba(OH)_2$、HCl 和 K_2CO_3 三种试剂，按下列步骤操作：

（1）写出三种试剂的化学式：A ＿＿＿＿＿＿＿＿＿，B ＿＿＿＿＿＿＿＿＿，

C ＿＿＿＿＿＿＿＿＿。

根据题意，回答下列问题：

①加入过量 A 的目的是＿＿＿＿＿＿＿＿＿＿＿＿＿＿＿＿＿，

②加入过量 B 的目的是＿＿＿＿＿＿＿＿＿＿＿＿＿＿＿＿＿，

③加热煮沸的目的是＿＿＿＿＿＿＿＿＿＿＿＿＿＿＿＿＿＿＿。

（3）操作 I 是＿＿＿＿＿＿＿，操作 II 是＿＿＿＿＿＿＿。

14. 某学习小组设计分离 NaCl 和 $CaCl_2$ 两种固体混合物方案如下：

（1）操作 A 是＿＿＿＿＿＿＿＿＿＿。

（2）蒸发氯化钙溶液过程中需要用到的仪器除蒸发皿、烧杯、铁架台（带

铁圈）、酒精灯、火柴外，还必须要有的一种仪器是_____。

（3）有同学提出滤液中含有少量的碳酸钠，应加入_____至过量，再蒸发结晶才能得到纯净的氯化钠。

（4）如果实验过程中得到白色沉淀 80 克，试计算原混合物中有多少克 $CaCl_2$ 固体？（假设实验过程中无损耗）

15. 从海水中可得到金属镁。下图是从海水中提取镁的简单流程。

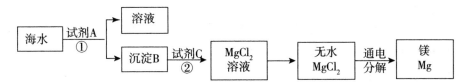

上述过程中，沉淀 B 与试剂 C 发生的是中和反应，则沉淀 B 的化学式为
_____，由无水 $MgCl_2$ 制取 Mg 的化学方程式为
_____。海水本身就是含有 $MgCl_2$ 的溶液，它与通过步骤①、②得到的 $MgCl_2$ 溶液有何不同：_____
_____。

16. 海水"制碱"。下图是海水"制碱"的部分简单流程。

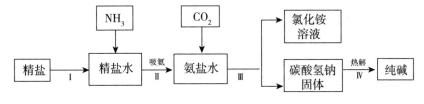

（1）步骤Ⅲ、步骤Ⅳ反应的化学方程式为：_____、
_____。

（2）制氨盐水的过程中要先通入氨气，再通入二氧化碳。如果反过来，二氧化碳的吸收率会降低。这是因为_____。

17. 有一包从海水中获得的粗盐，已经经过初步的提纯。课外活动小组对它的成分进行探究，并将粗盐进一步提纯。

探究一：这包粗盐中含有什么杂质？

（1）根据海水的成分和初步提纯的实验操作，推断该粗盐中可能含有的杂质是 $CaCl_2$ 和 $MgCl_2$。

现在实验来验证这种推断：取样品并溶解，加入足量 NaOH 溶液，目的是检验有没有＿＿＿＿＿＿；接着再加入数滴 Na_2CO_3 溶液，目的是检验有没有＿＿＿＿＿＿。

实验证明：这包粗盐中含有的杂质是 $CaCl_2$。

探究二：这包粗盐中 NaCl 的质量分数是多少？按下面步骤继续进行实验：

①称取一定质量的样品；②将样品加水溶解，制成粗盐溶液；③向粗盐溶液中加入过量的某种试剂，过滤；④将沉淀洗涤后小心烘干，得到纯净的固体 A；⑤滤液在进行某一操作后，移入蒸发皿进行蒸发，得到纯净的固体 B；⑥称量实验中得到的某种固体。

（2）步骤②③⑤中都使用到的仪器是＿＿＿＿＿＿；它在步骤②和⑤的操作方法相同，但目的不同，在步骤②的目的是＿＿＿＿＿＿＿＿＿＿＿＿＿＿＿＿，在步骤⑤的目的是＿＿＿＿＿＿＿＿＿＿＿＿＿＿＿＿。

（3）步骤③中加入的试剂是＿＿＿＿＿＿；步骤⑤中进行的"某一操作"是＿＿＿＿＿＿＿＿，目的是＿＿＿＿＿＿＿＿＿＿＿＿＿＿＿＿。

（4）步骤⑥中你认为需要称量的固体是固体＿＿＿＿＿＿（填：A 或 B）你不选择另一种固体的理由是＿＿＿＿＿＿＿＿＿＿＿＿＿＿＿＿。

金属钠的性质教学设计

贵阳一中新世界国际学校　李丽娜

课题名称	金属钠的性质
教材版本	（人教版）必修1 第三章第一节 金属的化学性质
课时安排	一课时
教学内容的分析	从知识结构框架分析： 　　钠属于无机化学领域碱金属的代表以及作为中学接触的唯一一个活泼金属，对其形成较全面的认识具有必要性 从地位与作用角度分析： 　　此内容位于必修1 认识金属及其化合物第一节，是系统学习元素化合物的开端；第二章学习的"物质的分类及化学反应分类"为本节的学习提供了理论基础；本节知识将为《必修2》中元素周期律、化学反应与能量等的学习提供探究性素材 从功能与价值角度分析： 　　对于金属钠化学性质的学习与研究，推动了化学学科在无机化学史上的发展，完善对碱金属、活泼金属、不常见金属不同分类下的代表物分析；也有利于指导社会生活中对此类金属的保存、使用及着火后采取的科学方法；促进学生除知识本体外，获得研究物质性质的基本方法，进一步掌握观察描述实验的能力，明确实验条件在实验过程中的重要性。
学情分析	已知点： 1. 金属的通性：存在，状态，色泽，导电性、导热性、延展性，可与氧气、酸、盐溶液发生反应； 2. 能够通过实验观察去认识物质； 3. 掌握基本研究方法：观察法、实验法、分类法、比较法 待发展点： 1. 认识活泼金属钠的特殊性质； 2. 对实验的探究、分析能力，明确条件不同可带来的实验影响； 3. 形成系统的研究框架，可延伸于后续的学习过程中

续表

教学目标	知识与技能： 学会运用研究物质性质的基本方法；了解金属钠的物理性质及主要的化学性质（钠与水、氧气的反应及化学原理）；认识钠是一种很活泼的金属
	过程与方法： 学会观察、分析实验现象；尝试怎样科学、合理地运用观察方法；完成对钠与氧气、水的反应实验探究；初步掌握实验在物质研究中的作用；认识实验过程中控制实验条件的重要性
	情感态度与价值观： 培养科学探索中严谨求实、勤于思考、善于合作、乐于提问存疑的科学精神；初步领悟实验归纳推理的认知方法，养成良好规范的实验习惯
采用的教学方法与手段	实验探究；基于演示实验的启发讲解；小组合作研讨

教学过程的设计

驱动性问题	教师活动	学生活动	情景素材	设计意图
	举例性质决定用途的生活中常见实例； 归纳总结研究物质性质的基本方法	小组讨论用实例分析回答	灯泡的保护气、84消毒液、火箭的燃料	从用途回归到物质的性质本身； 复习初中阶段学习的研究物质性质的基本方法
如何认识钠的性质？	引导首先对于钠物理性质的研究； 通过提问帮助学生了解钠的状态、颜色、密度、硬度、保存方法	将所学基本方法进行真实情境运用； 观察思考得出钠的物理性质	试剂：金属钠 	加深观察、实验、比较、分类等基本方法的认识

续表

驱动性问题	教师活动	学生活动	情景素材	设计意图
为什么钠在空气中会变暗?发生了怎样的变化?	分析钠在不同条件下与氧气的反应;结合之前所学氧化还原反应知识分析两反应方程式	思考原因;探究相同反应物不同反应条件的实验	视频:钠的燃烧 钠在空气中燃烧	体会研究物质性质基本程序中预测物质的性质,以及实验和观察;通过分析两反应方程式,加深对钠的两种化合物的认识与理解
如果钠着火了,应该如何处理?	总结分析过氧化钠与水、二氧化碳反应;简单比较氧化钠与过氧化钠	探究现象的反应实质,理解并掌握	创设情境:钠着火	体会研究物质性质基本程序中发现特殊现象进一步研究、解释与结论及基本方法分类法、比较法;简单了解钠的化合物相关反应
为什么能够"滴水生火"?	表演化学小魔术;引导学生揭秘魔术的实验原理,讲解钠与水反应,并进行相关安全教育	认真观察与思考	化学小魔术 魔术:"滴水生火";视频:钠与水反应 钠与水的反应 事件:神秘"水雷"剧烈爆炸	课程中后时段借此重新聚焦学生注意力,激发学习兴趣;了解钠与水反应;对社会现象有解释能力,树立学生安全意识,对化学两面性的进一步认识与体会
钠的化学性质为何如此活泼?	引导学生思考并解释;设疑并讲解钠的用途与自然界的存在形式	思考并回答问题	回归结构决定性质的深层次认识;将用途、性质、结构系统化串联明确	

续表

驱动性问题	教师活动	学生活动	情景素材	设计意图
	以钠为载体,梳理总结研究物质性质基本方法与程序	理解掌握从实例推及一般方法的过程	PPT 展示	将课堂内容再次系统具体化,形成知识框架;进一步梳理钠的性质;总结普适性方法,利于今后的学习与应用

学生学习效果评价的设计

课堂提问及课后练习题

如:
1. 金属钠着火后,可用于灭火的物质和器材有 (　　)
A. 水　　　　B. 泡沫灭火器　　　　C. 干冰灭火器　　　　D. 干砂
2. 钠与水反应的现象与钠的下列性质无关的是 (　)
A. 钠的熔点较低　　　　B. 钠的密度比水小
C. 钠的硬度小　　　　　D. 钠具有还原性
3. 把一小块钠投入到盛有煤油和水的烧杯中,可以观察的是 (　　)
A. 钠浮在烧杯液面上
B. 钠沉在烧杯底部
C. 煤油会燃烧起来,产生浓烈黑烟
D. 钠在水和煤油的交界处来回跳动

板书的设计

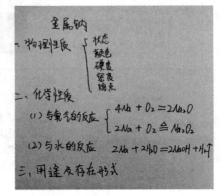

续表

教学反思：本教学设计突出的优点和不足
优点：课程结合研究物质性质具有相当的教学价值；教学过程环环相扣，不断深入探究；教学过程中设计化学魔术，可将学生注意力再次有效的集中。 不足：课程任务过多，一课时可能难以完成，易使得知识体系不完整。对任课教师能力要求过高，需不断的问题引导辅助实验探究，加上从特例推广普适方法的引导，难度略大

一、同步作业细目表

知识	知识发展水平		测评目标	考查维度	题目类型	数量	题号
金属钠的性质	对知识本体的认识水平	记忆	知道钠与水反应的现象和其性质——对应；知道钠与氧气的反应条件不同，产物不同	对钠及其重要化合物性质的识记	选择题	3	1、2、4
		理解	理解钠投入水中会发生反应；能将钠的相关性质以实验视角进行验证	认识和分析钠相关反应的过程与方法	选择题、填空题	3	3、5、9
	对知识进行应用的水平	直接应用	应用钠的特殊性质分析相关情境	将钠的性质应用于熟悉的问题	选择题、填空题	2	7、10
		间接应用	利用所学的钠相关知识类推碱金属性质、解决未知情境中的问题。	将钠的性质应用陌生情景，并做出分析、评价、设计等	选择题	2	6、8

二、同步作业

1. 金属钠着火后，可用于灭火的物质和器材有（   ）

A. 水   B. 泡沫灭火器   C. 干冰灭火器   D. 干砂

2. 钠与水反应的现象与钠的下列性质无关的是（   ）

A. 钠的熔点较低   B. 钠的密度比水小

C. 钠的硬度小   D. 钠具有还原性

3. 把一小块钠投入到盛有煤油和水的烧杯中，可以观察的是（　　）

A. 钠浮在烧杯液面上

B. 钠沉在烧杯底部

C. 煤油会燃烧起来，产生浓烈黑烟

D. 钠在水和煤油的交界处来回跳动

4. 等质量的两块钠，第一块在足量氧气中加热，第二块在足量氧气（常温）中充分反应，则下列说法正确的是（　　）

A. 第一块钠失去电子多

B. 两块钠失去电子一样多

C. 第二块钠的反应产物质量最大

D. 两块钠的反应产物质量一样大

5. 欲使每10个水分子中溶有1个Na^+，则90mL水中应投入金属钠的质量为（　　）

A. 10.5g　　　　　　B. 11.5g　　　　　　C. 21g　　　　　　D. 23g

6. 钾（K）与Na在化学性质上具有很大的相似性，但K比Na的活泼性强，下面是根据Na的性质对K的性质的预测，其中正确的是（　　）

A. 因为K的活泼性强，所以钾不能保存在水中

B. K可以被空气中的氧气所氧化，且产物是K2O

C. K与水能够反应，但不如Na与水的反应剧烈，但产物都有氢气

D. K可以与水剧烈反应，生成氢气

7. 将一小块钠投入到下列溶液中，既能产生气体又会出现白色沉淀的是（　　）

A. 稀硫酸　　　　　　B. 硫酸铜溶液

C. 氢氧化钠稀溶液　　D. 氯化镁溶液

8. 如图所示，在密闭容器中，一边装有一定量的金属钠，一边装有一定量的氧化汞（$2HgO \stackrel{}{=\!=\!=} 2Hg + O_2\uparrow$），同时加热容器的两部分，待钠和氧化汞都完全反应后，恢复到原温度，容器内空气的成分仍不变。则钠和氧化汞的物质的量之比是（　　）

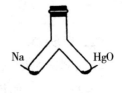

A. 1 : 1　　　　B. 3 : 1　　　　C. 4 : 1　　　　D. 1 : 4

9. （1）可以证明钠的硬度小的实验事实是

（2）可以说明自然界中不存在游离态的钠的实验事实是

_____

_____。

（3）可以证明氧化铝熔点高的实验事实是

_____

_____。

10.（1）如图甲所示装置，在平底烧瓶的底部有一块钠，平底烧瓶内是干燥的空气。过一段时间后可观察到_____，发生反应的化学方程式为_____。

（2）如图乙先用弹簧夹夹住橡胶管。点燃钠（足量），迅速伸入瓶中并塞上瓶塞，发生反应的化学方程式为_____，产物的颜色是_____，待反应完全并冷却至原温度后，打开弹簧夹，则广口瓶内水面上升的体积占瓶内空气体积的_____（假设装置的气密性良好且操作正确）。

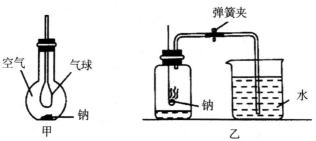

电解原理（微课）教学设计

贵阳一中新世界国际学校　李丽娜

课题名称	电解原理
教材版本	（人教版）选修4化学反应原理 第四章第三节第一课时电解原理
课时安排	1课时（此为10分钟片段）
学情分析	1. 已有知识储备：在必修1第二章第三节氧化还原反应中了解到氧化还原反应的本质、实例，理清了5对概念的关系及它们与化合价升降、电子得失的对应关系；在必修2第二章第二节化学能与电能中学习了能源与化学能之间的关系、原电池的原理，可将其运用在生产、生活实际中，能设计简单的原电池；在选修4第四章第一节原电池中进一步了解原电池原理、形成条件、电极反应式书写等相关知识，明确化学能与电能之间可以相互转换 2. 教学障碍点：主要在于电极产物的判断，其中涉及离子放电顺序的理解，此仅为一定条件下的经验规律，应明确不同实验条件会存在不同放电顺序，规律限制性的理解，进一步表征为电极反应式书写的正确度。对电极反应的理解和把握将有助于学生从本质上理解电解和原电池的工作原理。其次的障碍点在于对微粒运动意识的缺乏，难以分析电极过程中微粒的移动、电极附近溶液的组成变化
教学内容的分析	有关电解池知识之前没有学习过，属于新概念的引入。但与电解池相关理论知识包括氧化还原反应、原电池在必修1、必修2、选修4都有较全面的学习，本节可能涉及的电学相关知识在物理学习中得到提升，尤其是对电能与化学能相互转换的意识在学习过程中比较深入，总体来说学习本节内容难度不大，可由原电池的复习引导、激发性问题如何实现电能向化学能转换完成课程的引入与推动 本节课选自选修4第四章电化学基础，电解池是继原电池之后不可缺少的部分，更是氧化还原反应实质是电子转移理解的进一步提升与应用，在中学化学基本理论占据重要地位，是指导生产实践的重要理论基础，也是落实比较学习的重要试点，强调学生体验化学能与电能转化的探究过程，了解电解池的工作原理，能写出电极反应式和电解池总反应式，重在体验知识形成过程

续表

教学目标	知识与技能： 1. 掌握电解、电解池概念，能够判断是否可以构成电解池；清晰建立电极反应的概念并能够正确的判断阴极和阳极； 2. 理解电极对电解反应的影响，初步掌握一般电极反应产物的判断方法，养成用微粒观分析电解过程的意识，能够判断电极周围溶液的 pH 值及整个溶液的 pH 值； 3. 正确书写电极反应式及总反应式，培养分析归纳知识的能力 过程与方法： 1. 通过构成原电池的实验设计与探究，实现对原电池知识点的回顾，引出电解新词汇； 2. 通过预测电解 $CuCl_2$ 溶液的现象，再由观看实验视频检验推断，将实验现象总结，培养描述实验的能力，交流讨论粒子的移动及将发生的变化，分析总结得出阴阳极现象、产物、反应方程式； 3. 通过进一步举例，电解熔融 NaCl，判断两极反应类型，得出相关通用结论：阴极——还原反应，阳极——氧化反应； 4. 通过提出问题，讲授离子放电相关规律，并利用电解 NaCl 溶液加深学生对其认识，初步掌握一般电极反应产物的判断，对方法归纳总结； 5. 通过表格填写，完成对电解池、原电池的概念对比与记忆； 6. 通过当堂习题解答，将知识落实巩固并检测本节课的教学效果
	情感态度与价值观： 1. 让学生培养由实验或设想推断结论的能力、科学探究能力，认识知识的多样生成方式； 2. 培养学生归纳对比性思维，便于相关内容整合记忆，形成知识一体化，减少记忆负担
采用的教学方法与手段	多媒体教学、实验假设法、表格分析法、归纳总结法、小组探究与成果交流、视频展示

教学过程的设计				
驱动性问题	教师活动	学生活动	情景素材	设计意图
	点评并引导回顾原电池相关知识点	小组活动，设计出尽量多的原电池	两根石墨棒、一根铜棒、一根铁棒、$CuCl_2$ 溶液，烧杯和导线任取	温故知新，复习所学知识

续表

驱动性问题	教师活动	学生活动	情景素材	设计意图
怎样才能将非自发进行的氧化还原反应引发呢?	引导学生从电能与化学能相互转换考虑	推出向装置中加入电源	上述设计原电池装置图	引出电解
	组织观看实验视频	预测实验现象并通过实验视频检验自身判断	$CuCl_2$溶液电解实验视频	由现象推知变化本质,有意识性接触电解池中电极反应
1. 接通电源后,$CuCl_2$溶液为什么分解生成了Cu和Cl_2? 2. Cu^{2+}和Cl^-各向哪个方向移动? 3. 移到两极表面发生了什么变化?	根据学生情况引导,完成问题探究	自由发言	电解$CuCl_2$溶液实验装置图	分析总结得出阴阳极现象、产物、反应方程式
	总结归纳电解池相关概念	分析两极反应产物及反应类型	电解熔融NaCl实验装置图	进一步举例,明确推导阴、阳极对应反应类型
学生学习效果评价的设计				

1. 课堂小结,电解池、原电池知识点表格的填写
2. 当堂检测,通过题目的正误达成效果检验
3. 布置课后练习题

续表

板书的设计
1. 电解 2. 电解池 3. 电极 $\begin{cases} 阳极：与电源的正极相连，发生氧化反应 \\ 阴极：与电源的负极相连，发生还原反应 \end{cases}$ 4. 电解池的构成条件：$\begin{cases} ①直流电源 \\ ②阴、阳电极 \\ ③电解质溶液或熔解电解质 \\ ④形成闭合回路 \end{cases}$

教学设计特色
1. 符合学生认知过程，讲解难度循序渐进、逐步深入； 2. 采用小组讨论方式开展教学，有利于学生合作探究能力的培养； 3. 利用表格归纳总结相关性知识，培养学生归纳总结的好习惯并认识对比性记忆的便捷性； 4. 多次运用实验推动教学进展，凸显化学实验在化学学习中的核心地位，也培养学生科学探究、实验现象观察、本质分析的逻辑性推理过程，将化学核心素养运用到教学实践中； 5. 进行当堂练习，有效检验学生知识学习成果

提高速率·促进平衡

——高三一轮中落实《化学反应速率和平衡》模块复习

贵阳一中新世界国际学校　曹晓芹

　　摘　要：高三一轮复习中对于理论性很强的《化学反应速率和平衡》模块如何做好知识落实，能力提升，素养渗透。在一轮复习中又如何把握层次化复习，让学生从高二的基础逐步在一轮、二轮、三轮复习中提升。高三的复习也是有一定的教学规律的，并不是知识点的简单覆盖和高考题的轮番轰炸。把高三复习课作为教材的简单复述课，或者习题强化课，并不能真正地实现目前课标改革后学科素养的渗透。因此这样的课即便一定程度上达到了提升学生成绩的目的，却一定不能达到提升学生学科素养的目的。本文力图从知识、方法、素养、综合、复习层次几个方面探索这一板块复习的一些模式，并希望通过这样的模式复制到其他版块的复习过程中。

　　关键词：高三一轮复习；化学反应速率；化学平衡；知识；方法；素养；综合；复习层次

　　在高三的近一年复习时间里，很多学校和老师都会从复习的时间和复习的内容层次上，将高三的复习过程大致分为三个复习阶段。也就是习惯上的"一轮、二轮、三轮"。其中一轮复习历时最长，内容最全面，复习最系统。一轮复习的效果将直接影响到学生的最终高考成绩。对于学生基础较为薄弱的学校更是会牺牲三轮的冲刺复习，尽量延长一轮复习的时间，做好基础知识的落实，打好高三复习的基础。一般情况下，一轮复习都是从高二的 7 月份之后开始进入的，按照学校教研组给同学们订的教辅资料上的顺序逐章进行复习，预计到高三第一个学期期末完成一轮复习。一般情况下大约会在 11 月底到 12 月份左右进入选修 4 化学反应理论模块的一轮复习。

　　《选修 4 化学反应原理》是在高中的四本教材中，最注重理论分析的一册。其中的化学反应速率和化学平衡部分是每年高考的必考内容，出现的题目类型有选择题和综合性大题。在选择题部分中，以考查化学平衡的基本概念和影响平衡移动的条件为主，化学平衡计算的考查也时有出现。而在Ⅱ卷中，常出现思维强度和综合性较高的题目，以考查考生的思维判断和知识应用能力。

对于该模块在一轮复习过程中的处理，可以从以下五个方面具体落实。

一、知识主线

一轮复习需要对知识进行地毯式的复习整理，这一过程对于基础薄弱的学生来说是拯救性的。对于基础较好的同学来说更是夯实过往知识，为冲刺打下基础。在整理主干知识的过程中，要注意不是以往新授课快速的第二遍拉通。在回顾旧知的同时更要注意知识点的整合，理清知识内在的联系线。简单来说就是"一种反应，两个理论，三点计算，四类衍生"。

（一）一种反应：可逆反应

化学的研究对象是化学变化。在对化学变化的讨论里，研究对象是可逆反应，不管是一般的化学变化，还是弱电解质的电离，水的电离，盐的水解，难溶电解质的溶解，都属于可逆的过程。在我们的这套教材中有很多知识是重复出现的，当然不是简单的重复，而是依照学生的理解能力，螺旋式的上升。相关知识点的教材不同位置的呈现，承载了不同的教学功能。在四个平衡体系里的可逆反应和对它们的相应分析，体现了不同层面对化学反应的理解，互相相似关联又互不完全相同。

譬如"水解"，初中生就知道碳酸钠的俗名是纯碱，虽然不属于碱这类物质，却会显碱性（这样的知识是纯记忆性的，没有能力上的迁移和应用）。必修1第三章第二节几种重要的金属化合物，在讲碳酸钠和碳酸氢钠性质时，书上有一组图比较同浓度的碳酸钠和碳酸氢钠的水溶液中滴入酚酞溶液，两种溶液颜色的对比。让学生不仅理解了碳酸钠的碱性，更是引出了碳酸氢钠同样呈现碱性，并明确了它们之间碱性的强弱不同（这里对于碱性除了定性，也有了初步的定量比较的影子）。还是在这节教材中，资料卡片部分提到的明矾净水，实践活动中提到的铝盐和铁盐的净水作用都是给介绍学生水解的实例，实际应用（但是并没有提到过碳酸钠、碳酸氢钠的碱性和铝盐、铁盐净水有何关联）。以上的知识都是在没有具体讲解盐类水解的原理，就让学生体会到了盐类水解的实际存在和应用。这是因为教材的必修1、必修2重点就是将化学在实际生活中的具体呈现摆在学生眼前，让学生体会到化学对人们生产生活的改变。而选修教材是针对高中化学不同板块进行知识的系统完善和应用能力的提升。在选修4

的第三章第三节进行集中讲解水解原理的知识点，让学生理解了盐类的水解原理，对水的电离平衡的影响。因此我们在高三的一轮复习中，要注意对教材相关知识点的重新整合和挖掘，让学生对水解从理论到具体的实际，从定性到定量有一个完整认识。例如，对于之前的碳酸钠和碳酸氢钠的碱性问题，就不仅仅是比较出碳酸根的水解程度大于碳酸氢根的水解程度，更是要从两个水解平衡常数与碳酸的两级电离平衡常数的对应关系上给予更高层次的分析和理解。让学生从数学上认识"酸越弱，碱越强"这个道理。

对于教材中多次提到的一些物质，也必定会是高考题中高频出现的一些性质，要集中复习。让理论和实际相连，让四本教材融合成一个整体。

（二）两个理论：（宏观—微观—符号表征）碰撞理论、勒夏特列原理

碰撞理论是从微观角度分析化学反应的本质，从微观上的分析各种条件对于化学反应速率和化学平衡的影响。学生在必修 2 物质的结构部分已经建立了一定的微粒观。在这一部分对以前的微观认识进行进一步的深化重构，并具体在化学反应中应用。这个理论是"宏观—微观—数学建模"之间的联系的理论基础。

勒夏特列原理是平衡理论的具体呈现。是在研究宏观条件下外界条件对于化学平衡的影响，也是高考有关平衡问题分析的理论基础。在复习过程中，要注重勒夏特列原理在"温度、浓度、压强"三种不同的外界条件下影响的内涵一致性和外延的区别点。并从中学习如何将化学变化过程用数学方式建模，简单来说就是用图表数据或者是函数曲线图来表示。在复习过程中这样的有意识的引导，会使得学生逐渐意识到，自然科学的研究就是逐步由定性到定量，由微观结构到宏观表象再到数学抽象的过程。

譬如"三段式"，相信老师们都在课堂上利用了三段式的方式来解决化学反应速率和平衡的数据问题。其实三段式就是对化学反应过程的一个数学列表式的抽象过程，如果能够在复习过程中将对这个计算的过程理解提升这个层面。那么这个三段就可以是"起始量、变化量、平衡量"也可以是"旧平衡量、变化量、新平衡量"更可以是"某时刻、变化量、另一时刻"，这样可以利用好三段式，解决反应过程中的任何时段的数据问题，就不仅仅是"始转平"这一种理解模式。

这样的数学建模的提升不仅仅是落实在计算上。再譬如"图像"表达，是需要学生利用存储在头脑中的信息，以"图像"的呈现方式加以表示，是表达中较高级的一种数学呈现。其中包括：（1）第二节影响化学反应速率的因素实

验 2 - 2、实验 2 - 3、实验 2 - 4——分子的有效碰撞理论——P3 能量关系图；
（2）第三节第三课时实验 2 - 5 结合实验现象——填写各种粒子的浓度变化——
画出 V - t 图以及我们在大量的习题中见过的各种类型的图像。（后面再细述）

（三）三点计算：平衡常数、转化率、pH 计算

平衡常数和转化率都是对一个化学反应过程进行程度的数学表述方式。要
在复习过程中理解两者的不同。平衡常数是对整个平衡体系的综合考量，它只
会和温度相关。而转化率仅仅只考虑了一种反应物的变化，因此它和各种影响
因素都会有一定的关联。平衡常数和转化率也会有一定的"变身"。譬如，平衡
常数—电离平衡常数—水的离子积常数—溶度积，同样属于内涵的一致性和外
延的变化。再比如，转化率—电离度，还可以引导学生去分析为什么难溶电解
质的溶解平衡就没有相应的"溶解度"，这是因为，溶解平衡建立以后增加固体
物质并没有继续溶解，并且对于难溶电解质来说，溶解的部分是极其微小的，
这样的比值没有实际应用价值。

在这中间还有一个值得提出的细节问题，是有关平衡常数的单位。平衡常
数是有单位的，但是在高中化学教材上并没有写出来。这是因为教材给出的两
个例题的方程式都是采用的等体反应的方程式，因此单位体现不出来。贵州省
目前的高考阅卷对此也没有提出明确要求，所以我们很多老师在教学过程中也
是不涉及平衡常数的单位的。但平衡常数是有单位的，在很多外省的高考阅卷
中没有写出单位一样会被扣单位分数。在 2018 年的全国 II 卷上，第 27 题，也
明确给出了平衡常数的单位。某温度下，在体积为 2 L 的容器中加入 2 mol CH_4、
1 mol CO_2 以及催化剂进行重整反应，达到平衡时 CO_2 的转化率是 50%，其平衡
常数为_____ $mol^2 \cdot L^{-2}$。理科综合全国 II 卷和 III 卷难度系数相差不大，可
以认为这也是未来会对平衡常数的单位做出明确要求的一种"暗示"。

数学建模和抽象一定是为了科学研究的方便应运而生的。概念公式也罢，
图形分析也罢都是能够为了提高科学研究的效率。为了方便稀溶液中 c（H^+）
的表达，引入了 pH 这样的表达方式。计算过程中由于涉及了幂次方计算和指数
计算，对于学生来说一直都是难点。老师们首先要自己对计算过程过关，才能
指导学生进行相应的运算。有了一定的运算的数学基础，也就更加能够深入的
理解为什么 pH 的曲线会是弧形的（指数函数），Kw 的曲线也是弧形的（反比
例函数），但是 pH - pOH 的曲线却是直线性的（一元一次方程）。如果学生能理
解数学建模的内涵，也就不难使用到其他物质的自耦电离分析上来。

（四）四类衍生：弱电解质的电离平衡、水的电离平衡、盐类的水解平衡、难溶电解质的溶解平衡

化学平衡是一种对于化学反应的理论研究模式，由化学平衡开始，弱电解质的电离平衡、水的电离平衡、水解平衡、难溶电解质的溶解平衡都是对化学平衡理论的具体衍生和应用。

溶液中的几种平衡对比

<table>
<tr><td colspan="3"></td><td>弱电解质的
电离平衡</td><td>水的电离平衡</td><td>盐类的水解平衡</td><td>难溶电解质的
溶解平衡</td></tr>
<tr><td colspan="3">研究对象</td><td>弱酸、弱碱</td><td>水</td><td>能水解的盐</td><td>难溶电解质</td></tr>
<tr><td colspan="3">方程式（举例）</td><td></td><td></td><td></td><td></td></tr>
<tr><td colspan="3">特征</td><td colspan="4">"逆、动、等、定、爽"</td></tr>
<tr><td rowspan="7">影响
因素</td><td colspan="2">内因</td><td>弱酸（碱）
的强弱</td><td>——</td><td>弱离子对应的弱
酸（碱）的强弱</td><td>溶解度的大小</td></tr>
<tr><td rowspan="6">外因</td><td>温度</td><td>T↑，→，
促进电离</td><td>T↑，→，
促进电离</td><td>T↑，→，促进
水解</td><td>（大多数）T↑，→，
促进溶解</td></tr>
<tr><td rowspan="2">浓度</td><td>加溶质</td><td>C↑，→，
电离↓</td><td></td><td>C↑，→，
水解度↓</td><td>平衡不移动</td></tr>
<tr><td>加水</td><td>→，越稀越电脑</td><td>——</td><td>→，越稀越水解</td><td>→，越稀越溶解</td></tr>
<tr><td rowspan="2">外加试剂</td><td>同离子</td><td>←，抑制电离</td><td>←，抑制电离</td><td>←，抑制水解</td><td>←，抑制溶解</td></tr>
<tr><td>反应离子</td><td>→，促进电离</td><td>→，促进电离
（盐的水解）</td><td>→，促进水解</td><td>→，促进溶解</td></tr>
<tr><td rowspan="3">平衡
常数</td><td colspan="2">表达式</td><td>Ka（或Kb）=</td><td>Kw =</td><td>Kh =</td><td>Ksp =</td></tr>
<tr><td colspan="2">影响因素</td><td colspan="4">温度</td></tr>
<tr><td colspan="2">意义、应用</td><td>Ka越大，
酸性越强</td><td></td><td></td><td></td></tr>
</table>

这四种平衡关系其实是相互关联，逐层递进的。由于高中化学的反应大部分都是在水溶液中进行的，因此在化学平衡的第一层衍生中，就是水溶液中弱电解质的电离平衡。利用化学平衡的知识迁移到弱电解质的平衡中。第二层次继续迁移到特殊的弱电解质——水，引出水的电离平衡。其中对于水的电离平衡的移动，加深了对于溶液酸碱性的理解。再由水的电离平衡受到盐类物质的影响引出第三层盐类的水解，找到酸碱盐三类物质的本质关联，最终解决了引起复分解反应的因素——沉淀反应，引出第四层难溶电解质的溶解平衡。把复

分解反应的内核真正完整的挖掘出来。

在高三一轮复习中，不仅仅要从知识上逐层剖析这四类衍生出的平衡的递进关系，更要找到它们之间的相互对比关联。譬如，从弱电解质的电离平衡可以数字化的解释由强酸反应生成弱酸的道理，更可以提升到由弱酸生成更弱的酸。因此，由可溶盐生成难溶盐，也会由难溶盐生成更难溶解的盐。更加可以进一步对比，在酸和沉淀的选择上，哪一个更容易结合。如碳酸根更容易结合氢离子，因此，碳酸钙可以和盐酸反应生成弱酸——碳酸和氯化钙。而氢硫酸中的硫离子就更容易和铜离子结合成沉淀，因此，氢硫酸和硫酸铜反应生成硫化铜和硫酸。

高考复习的知识复习不能仅仅停留在新授课知识的简单回顾复述上，更应该是对原有已知知识的整理提升过程。学习本来就是螺旋上升，反复认知的过程，而老师的作用就是把握好学生学习过程中螺旋式上升的节奏，控制好学生在每一个阶段都达到适当的学习目的，并加以落实。不盲目加深，随意拓宽，让学生的学习节奏符合学生的认知能力和过程。

二、方法生成

知识是载体，方法才是内核。在这部分知识的载体上希望实现以下方法的提升。

（一）定性与定量的研究方法

在速率部分，研究金属与酸反应的速率，在初中阶段，是分别用了铝、锌、铁、铜分别与硫酸反应，从氢气冒出的多少定性的判断金属与氢气的速率。而这一部分则是从锌粒和氢气反应的速率，用针筒和秒表的方式定量的测定反应的速率。当然此时的速率具体计算还需要转化成氢离子浓度的表示更加客观，但是已经开始实现了由定性到定量实验的转变，再到酸碱中和滴定，这属于高中阶段最经典的一个定量反应实验，也是各种滴定的原始原理。在很多的实验大题和无机化工流程题的计算中都会用到滴定的原理解决中和、沉淀、氧化还原的定量处理。

对于化学反应进行的程度更加是用三段式的方法将定量的分析应用到了化学反应进行的各个时段。让所有的分析过程有数据可查可算，落到实处。

（二）文字、图像、图表的表达方法

在化学反应原理的综合大题中，少不了对于化学反应过程的分析。不但要学会看懂分析的文字、图像、图表，还要学会使用这些表达方式来帮助过程的分析。很多学生能听懂老师的分析，却不能自己分析，不会审题、答题。在复习过程中，不能仅仅靠老师的讲解来落实学生的方法学习，要让学生在过程中使用、揣摩、体会。方法的学习永远不能靠讲解来解决。在文字上，老师们会总结一些答题模板，让学生使用，如滴定终点的判断方法"当加入最后一滴×××溶液，锥形瓶中的液体由×××颜色变为×××颜色，且半分钟内不变色。"用这样的"答题模板"来规范学生的答题文字可以快速地提高学生的答题得分率。但是也不能简单的记忆，还是要理解这样"模板"背后的原理内涵，让学生真正能够严谨的答题，真正做到有效得分。

图像的分析一样有相应的模板，"坐标轴物理量、起始点、转折点、结束点"的分析让图像转化成数学、转化成具体的化学含义。学生要学会从数学图像中看到化学结论，也要从化学分析中落实数学表达。分析坐标轴的物理量时，要落实自变量和应变量，更要落实物理量的单位。函数曲线的变化趋势是比较容易分析的，但是需要学生学会抽象出数学含义的方法。利用学生熟悉的几种基本数学函数曲线就可以分析出自变量和应变量之间的关系。完成这个可以充分利用好学生的数学基础。但是三个特殊点的分析，常常被学生忽略。分析好起始点、转折点、结束点的含义，基本就学会了对图像分析并掌握图像绘制方法。

例如，在 2018 年全国 III 卷中，第 12 题：用 $0.100\ mol\cdot L^{-1}\ AgNO_3$ 滴定 $50.0\ mL\ 0.0500\ mol\cdot L^{-1}\ Cl^-$ 溶液的滴定曲线如图所示。下列有关描述错误的是：

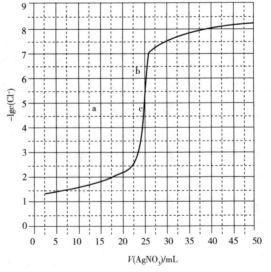

其中纵坐标就是借用了 pH 的计算公式，只要学生正确理解了 pH 的来源，就不难理解纵坐标的含义。并且 Ag^+ 滴定 Cl^- 的反应就是从酸碱中和反应的改编过来的，因此图像所表达的含义就是 $-lgc$（Cl^-）随着加入的 V（$AgNO_3$）逐渐增大而逐渐增大，也就是酸碱滴定里面，pH 随着加入碱溶液的体积逐渐增大而增大的过程。做好对基本图像的理解，就可以迁移到新知上来。

图表不像图像那么直观，但是它对化学反应过程的分析更加具体。图表的分析首先要从表头入手，也就是图像题中的自变量和应变量。对于图表中的数据，更多的处理是落实在数据之间的对比上，从对比中找出化学含义的不同。如在很多无机化工流程中常见的不同金属阳离子的氢氧化物沉淀的 pH 范围，依据不同的沉淀需要，从对比中找到该沉淀所需要的溶液的 pH 范围。也可以依据不同的金属氢氧化物沉淀的 Ksp 来进行所需溶液的 pH 计算等。

（三）实验探究的方法

实验探究永远是化学研究的主题，在很多的场合都听到过专家对课的评价，只要能够做实验，怎么花时间分析，怎么花时间让学生体验都不过分。实验探究是化学学习研究的最重要方法，化学是建立在实验基础上的科学。可是高三阶段，复习时间紧，复习任务重，很多学校的很多老师都放弃了实验探究的过程。作为一线的老师，不得不说大家是互相理解的。实验探究太过于花时间了。那么如果整体探究不现实，是否可以分步探究，如果学生动手实验不现实，是否可以演示实验，或者视频实验。

这一部分要求的学生实验是酸碱中和滴定，这也是分析化学的重要基础实验手段。利用中和滴定的原理，可以解决沉淀滴定，氧化还原滴定等定量测定的原理。滴定的原理就是对化学反应方程式计算的一个具体实验操作呈现。是实现"恰好完全反应"这个表述的具体呈现。因此，中和滴定一定要让学生到实验室里，再次对滴定管，移液管，滴定过程的操作进行复习回顾，很多实验题、化工流程题的最后分析过程都是利用了滴定的原理来进行的设计。

三、综合强化

高考不是学期考，大家都很清楚，高考的试题综合性很强的试题，因此在复习中就要注意综合性的强化。

（一）学科内综合

近年高考化学大题里，必然有一道是化学反应速率和平衡的综合大题，在化工流程或者实验探究题里也会出现个别的反应原理的小空。没有绝对的模块区分，考查的模式都是相互融合的。复习过程中老师们都会习惯性地将知识分为几个较大的模块，但是在复习过程中，我们还需要引导学生去看到模块之间的关联，尤其是一些比较具体的知识之间的交叉应用。

譬如，"能量变化"在化学反应平衡中一样会渗透能量的考虑。对于可逆反应的热化学反应方程式中 $\triangle H$ 的理解，"提供 $1mol N_2$ 和 $3mol H_2$ 进行反应，达到平衡时所释放的能量"与"有 $1mol N_2$ 和 $3mol H_2$ 完全发生反应时所释放的能量"进行对比，以及化学平衡的建立和反应方向无关，但是在能量上该如何体现？"相同条件下，$1mol N_2$ 和 $3mol H_2$ 进行反应，达到平衡时所释放的能量与 $2mol NH_3$ 反应，达到平衡是所吸收的能量之和等于此时方程式中的 $\triangle H$ 数值"。

再譬如，"化学键"在化学平衡的判断依据中，对化学键的断裂和形成的表述是一种重要的表达依据，如果对具体物质的结构不了解，对共价键的形成不了解，就不能进行正确的表述。

（二）学科间综合

化学不是独立的学科，学生的学习也不是孤立的。学生的学习本来就是各个学科同时进行的，在学习过程中也要注重学科之间的相互融合。

化学是自然学科，数学是自然学科的工具，化学与数学之间的融合最为紧密，尤其是在化学理论部分，更加需要数学的支持，前面对于速率平衡与数学的融合，以及数学建模过程已经描述了很多，在这里就不再赘述了。

在多种平衡体系共存的溶液（如醋酸与醋酸钠的等浓度混合）中，对于外加少量酸碱的自身调整，在生物上的应用。

速率平衡中的哲学思想：可逆与不可逆，动态平衡中各种组分的相对稳定，速率和平衡之间的关系等。

四、素养提升

《2017 年版普通高中化学课程标准》的颁行对化学学科的教学和高考都将产生不可回避的影响。之所以提出发展学生核心素养这一命题，其中的一个重要原因就是要解决由于"应试教育"导致的"有知识，无素养"的问题。为了应试，学生通过记忆而不是建构来习得知识；头脑中的知识，多是浅表性的而不是本原性的，多是散点式的而不是结构化的。这样的知识只具有考试答题价值，而不具有迁移应用价值，在真实问题解决中难以发挥作用。因此立足于解决将知识转化为素养才能真正做到知识的迁移。落实"素养为本"化学课堂教学将成为我们一线老师近期追求的目标。老师们可能会觉得，素养这样的虚空的话题应留给高一、高二的老师去讨论，我们的精力应该放在知识细化和试题研究上。其实不然，相关的一些素养的培养，其实以前也一直都在我们的教学过程中，但是因为没有相应的理论指导，所以没有得到系统和有效的呈现。

譬如，宏观辨识与微观探析。宏微观的关联过程一直是化学研究的主题，对于活化分子、有效碰撞等微观探析的过程一直都在教学过程中。在复习课设计中将以往的有效碰撞理论和化学反应速率之间的关联进行进一步的系统分析，在速率影响因素的讨论中落实碰撞理论的微观探析过程，强化宏微观之间的内涵与外延的关系。让学生真正从微观角度去理解宏观表征，而不是仅仅通过记忆去复述外界因素的影响。

从近几年的高考题看，今后高考命题的变化趋势是：化学反应速率将依据其外在影响因素选择反应条件，或探究并建立化学反应速率的数学模型，或者给定某一反应速率与时间的变化曲线图象，提出合理的解释。化学平衡这部分基本理论在化工生产中的应用是科学技术与社会的紧密结合。因而涉及此内容的高考试题将以中学化学知识为落点，紧贴社会生产、日常生活、环境、能源、材料、健康等实际命题，既全面考查学生的知识、技能，又充分利用高考这一特殊手段展开素质教育。预计化工生产中选择适宜温度和压强、促进或抑制某反应的进行而选择的酸碱性环境等，将是高考重点开发的题型。

基于此，高考题的呈现也必定会以素养的考查为主线，用学科素养的理论来支撑我们学生复习的落实环节，放弃简单的知识复述式描述。因此，在复习课设计中渗透素养提升必定会对高考起到应有的作用。

五、把握层次

基于学情的教学才会是有效的课堂教学，在高三的复习过程中，更加要关注学生的学法，突出学生学习过程设计。突出新授课和一轮复习、二轮复习的层次感，拒绝炒冷饭。一轮复习主要是基于对基础知识的系统化复习基础上将知识点转化为考点的过程。学生在高三进行一轮复习的时候，距离速率和平衡的这部分知识的学习已经有半年左右的时间。因为这部分知识本身就是高中化学的难点，加上又隔了较长的时间，因此知识的遗忘是必然的。因此在一轮复习的过程中，首先要注意知识的细节复习，并在这个过程中落实素养的渗透。在一轮复习过程中还应该加入小专题的复习，小专题应该注重知识点的具体应用，具体说，就是将知识点转化为考点的具体呈现。

譬如，在一轮复习时，个人建议对于速率平衡部分可以在整体复习以后加入如下几个小的专题。

1	《平衡状态的判定》	从各种角度的对平衡状态的判定（含浓度商）
2	《图像专题》	用图像表示外界条件对化学平衡的影响，或者根据图像推测外界条件的变化
3	《平衡过程中的相关计算》	三段式计算、含速率计算
4	《几种平衡常数的相关计算和变化》	K、Ka、Kb、Kw、Kh、Ksp
5	《以合成氨为例谈工业生产过程中条件的选择》	讨论温度、浓度、压强、催化剂对于工业条件选择的综合考虑
6	《水溶液中离子浓度大小的比较》	灵活运用守恒关系对溶液中离子浓度进行大小判断

平衡常数的计算是高考中必然会涉及的考点，以专题《几种平衡常数的相关计算和变化》的方式，将知识点转变为考题中的考点。渗透平衡常数概念的理解和计算能力的培养，渗透学科素养中的变化观念和平衡思想，渗透学科融合中的数学建模过程。在教学设计中将 K、Ka、Kb、Kw、Kh、Ksp 几种平衡常数拿来做对比，逐步深入，将知识的迁移和深化过程融合到学生的复习过程中去，并让学生通过专题的落实解决考点的落实。让知识的整理过程有效地转化为知识的应用过程，让学生觉得学而有用，学而有效。

在整体复习过程中，对几种平衡常数进行概念上的复习，计算落实在依据化学反应方程式即可得出的平衡常数的简单公式计算上。

一轮小专题复习可分为这样几个环节。

环节一：（2分钟）引入，对于合成氨反应，在两个不同的温度下，哪个反应进行的程度大？为什么？如何证明？

环节二：（8分钟）平衡常数是化学反应进行程度的定量表达。平衡常数是反应进行程度的定量表达。利用练习探究方程式的合并和拆分，K的变化。

例如，某温度下，$H_2(g) + I_2(g) \rightleftharpoons 2HI(g)$ 的平衡常数 K_1；$1/2H_2(g) + 1/2I_2(g) \rightleftharpoons HI(g)$ 的平衡常数为 K_2，则 K_1、K_2 的关系为（　　）

A. $K_1 = 2K_2$ 　　　　　　　B. $K_1 = K_2^2$

C. $K_1 = K_2$ 　　　　　　　D. 不能确定

【变式训练1】例如，在某温度下：

$$N_2 + 3H_2 \rightleftharpoons 2NH_3 \qquad K_1 \qquad 2NH_3 \rightleftharpoons N_2 + 3H_2 \qquad K_2$$

$$1/2N_2 + 3/2H_2 \rightleftharpoons NH_3 \qquad K_3$$

则 K_1、K_2、K_3 三者之间的关系为：

通过练习讨论得出方程式的倍数、相加、相减，K 值的变化规律。

环节三：（5分钟）课堂练习，写出以下方程式的 K 值表达式。（含弱酸、弱碱、水的电离、水解、难溶电解质溶解平衡。）

醋酸电离、氢氧化铁电离、水的电离、醋酸钠水解、硫酸钡溶解平衡。

环节四：（5分钟）对学生表达式结果进行正误点评，并点明 1. 各种平衡常数的名称，所代表的含义。2. 各种平衡常数的相同点和不同点。3. 各种平衡常数之间的关系（如水解平衡常数、电离平衡常数和水的离子积常数之间的关系）。

环节五：找到几种平衡常数之间的内涵联系就可以帮助我们解决相应的很多问题。当然实际计算依旧会是我们解题的难点。

例题1：18年全国 III 卷（节选）

对于反应 $2SiHCl_3$（g）$\rightleftharpoons SiH_2Cl_2$（g）$+ SiCl_4$（g），采用大孔弱碱性阴离子交换树脂催化剂，在 323 K 和 343 K 时 $SiHCl_3$ 的转化率随时间变化的结果如图所示。

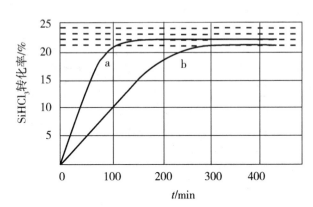

①平衡常数 $K_{343K} = $ _____（保留2位小数）。

例题2：某温度下，用 $0.100\ mol \cdot L^{-1}$ NaOH 滴定 $50.0\ mL\ 0.0500\ mol \cdot L^{-1}$ HCl 溶液的滴定曲线如图所示。下列有关描述错误的是：

A. 根据曲线数据计算可知 K_w 的数量级为 10^{-10}

B. 曲线上各点的溶液满足关系式 $c(H^+) \cdot c(OH^-) = K_w$

C. 相同实验条件下，若改为 $0.0400\ mol \cdot L^{-1} H^+$，反应终点 c 移到 a

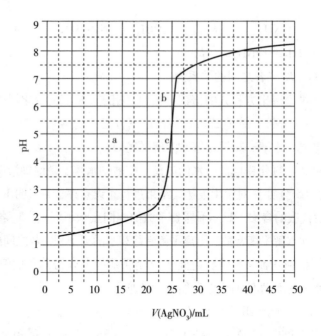

例3：2018 年全国Ⅲ卷

用 $0.100\ mol\cdot L^{-1}\ AgNO_3$ 滴定 $50.0\ mL\ 0.0500\ mol\cdot L^{-1}\ Cl^-$ 溶液的滴定曲线如图所示。下列有关描述错误的是：

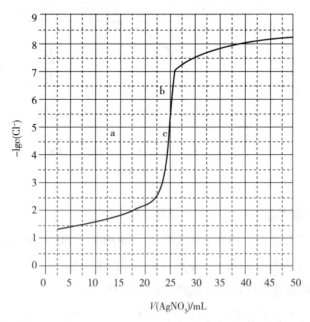

A. 根据曲线数据计算可知 K_{sp}（AgCl）的数量级为 10^{-10}

B. 曲线上各点的溶液满足关系式 $c\,(Ag^+)\cdot c\,(Cl^-)=K_{sp}\,(AgCl)$

C. 相同实验条件下，若改为 $0.0400\ mol\cdot L^{-1}\ Cl^-$，反应终点 c 移到 a

D. 相同实验条件下，若改为 $0.0500\ mol\cdot L^{-1}\ Br^-$，反应终点 c 向 b 方向移动

环节六：课后练习

在一轮复习结束以后就可以进行选择题的定时训练了，一方面是对小考点的不断复习强化，另一方面也是有效提升分数的重要途径。

在二轮复习过程中要以大专题的形式，将考点逐一串联、综合成为一个考题。对于化学反应原理的综合性考题，要给学生一个完整的框架、架构。一般来说，化学反应原理会围绕一个（类）物质，从方程式、能量变化、反应条件选择（解释原因）、相关计算等角度命题，并且会伴随图表和图像的辨识。让学生梳理出来，哪些部分是自己可以迅速完成的，哪些部分是自己有能力提升的，哪些部分是可以暂时放弃的。

有很多学校其实已经没有太多时间进行三轮复习了。如果还有时间在大专题结束以后进行相关的三轮复习的话，建议将综合性的考题组合成考卷，进行整体试卷的强化练习。让学生了解自己对于整体试卷的框架结构有系统的了解，清楚自己的得分点和失分点的分布，尽可能多地在有限的时间内拿到更高的分数。

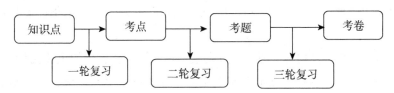

其实学生素养的培养和高考的应试本身也不是一对矛盾体，尤其对于层次不高、基础薄弱的同学，在一轮复习时，重在搞清楚到底有哪些是要学的，打好基础，让他们重拾信心；二轮复习时，搞明白自己有哪些是学得会的，理清目标；三轮复习时，抓住哪些是可以抢分的，尽力冲刺。

2017 版新课标一定是指导高三复习的理论依据，但是再好的理论也要靠一线老师的具体落实，才能在课堂上为学生服务。在高三的复习过程中，愿高三的老师充分利用自身的优势，做好学生学习过程中的催化剂，加快学生学习过程的"反应速率"。成为学生知识转化成成绩的平衡过程中的正向影响因素，促进学生的知识、能力、素养的转化过程。

素养导向下初中化学课例研究

——以碳及碳的氧化物复习课为例

贵阳一中新世界国际学校　李丽娜

目前的教学现状：复习课难得上、懒得上！知识是学过的，如果复习课不注重方式方法，很难达到其目的性，即单纯回忆知识点，缺乏知识网络的构建。将知识点使用不同的模型认知也会得到不同的能力培养，结合化学学科核心素养中证据推理与模型认知，我们可以将一堂初中的复习课，设计得更加有深度，开发青少年潜力，架连与高中化学的桥梁。同学们常常到了高中学习化学力不从心，认为化学学科难度直线上升，若在初中的日常教学中，我们就帮助学生使用一些高中的核心思考角度进行学习，能够将复习难度与深度更好地进行初高中衔接。这是作为一名初中教师可进行尝试的方向，教学的维度也会随之开阔。

在高中元素化合物的学习中，分类观、转化观、化合价的重要性毋庸置疑。然而这些知识的学习最初是来自初中化学，分属不同单元板块、看似割裂，却在高中化学学习交互扮演着重要角色。在初三学生学习完九年级上册教材知识进行期末复习时，可采用化合价、物质分类、转化关系进行整理，提供新思路、服务今后的学习。因而笔者进行了基于模型认知下的碳及碳的氧化物复习课教学设计。

一、教材内容分析

地位与作用分析："碳和碳的氧化物"本单元的学习是在学生具备了一定的化学基本概念和基本技能之后深入、细致地研究具体物质，是学习元素化合物的重要一课，也是进行方法指导的有利时机。

知识结构框架分析：内容紧密联系社会和高新科技，可以冲淡学生在学习物质构成以及元素符号、化学式、化学方程式等化学用语中产生的枯燥感。已有知识过于碎片化，急需完成系统化整理。

功能与价值角度分析：本单元的实验贴近学生生活实际，重视学科间的联系，注重探究能力的培养、学习研究元素化合物的重要视角。

二、学情分析

学生学完一学期内容后，知识是零散又相对独立的，期末复习抓重点、突考点、讲方法。

已知点：1. 物质分类、氧气的性质与实验室制取、微观粒子、元素、水这种物质的探究学习、化学式与化合价、质量守恒定律、化学方程式的书写与计算；2. 研究物质组成的一般思路；3. 掌握基本研究方法：观察法、实验法、分类法、比较法。

待发展点：1. 一般情况以外的特殊考虑；2. 将方法应用到未知物质的研究、迁移应用能力；3. 构建知识点间的思维网络关系，加强归纳总结能力。4. 研究物质的一般思路。5. 研究元素化合物的重要视角。

三、教学与评价目标

（一）教学目标

1. 通过回忆含碳元素的物质，巩固物质的分类思想、元素观，完成含碳元素物质的系统梳理，建立数学模型下的认知体系。

2. 通过应用小组合作探究、绘制图示进行呈现，构建知识点间的思维网络关系，加强归纳、表达能力，明确研究物质的一般思路：组成、结构、性质、变化、用途、制法。

3. 通过教师的总结与梳理，进行方法指导：比较法、演绎法、思维导图法、建模思想。

4. 通过书写化学方程式，将本单元难点落到实处，同时建立转化的思想，与化合价、物质分类结合整理，为今后高中元素化合物的学习打下伏笔。

（二）评价目标

1. 通过对所学的关于单质碳、一氧化碳、二氧化碳知识点的图示绘制与分享交流，诊断并发展学生学习理解能力（辨识记忆、概括关联、说明论证）。

2. 通过对不同含碳元素物质间的转化关系归纳、用化学方程式进行表示，诊断并发展学生认识思路的结构化水平（视角水平、内涵水平）。

3. 通过对二氧化碳制取与性质实验、一氧化碳性质实验的思考与分析，诊断并发展学生实验设计水平（孤立水平、系统水平）和迁移运用能力（基于检验水平、基于知识迁移水平、基于概念原理水平）。

四、教学与评价思路

五、教学流程

（一）宏观物质

学习任务 1：关于单质碳、一氧化碳、二氧化碳知识点的图示绘制与分享交流。填补完成数学模型坐标轴与描点标注。

评价任务 1：诊断并发展学生学习理解能力（辨识记忆、概括关联、说明论证）。

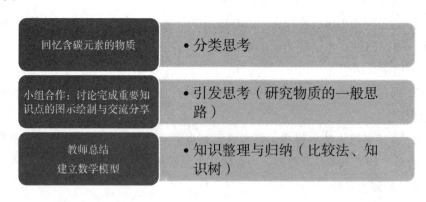

学习任务 1 教学流程图

（二）思考分析

学习任务 2：不同含碳元素物质间的转化关系在坐标系中归纳体现、并用化学方程式进行表示。

评价任务 2：诊断并发展学生认识思路的结构化水平（视角水平、内涵水平）。

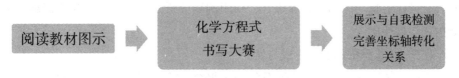

学习任务 2 教学流程图

（一）复习提升

学习任务 3：对二氧化碳制取与性质实验、一氧化碳性质实验的思考与分析。

评价任务 3：诊断并发展学生实验设计水平（孤立水平、系统水平）和迁移运用能力（基于检验水平、基于知识迁移水平、基于概念原理水平）。

> **例题思考与分析**
> •学以致用、演绎推理
>
> **能力提升与方法指导**
> •建立于基础之上

学习任务 3 教学流程图

六、设计说明

（一）注重学生为本体，开展"素养为本"的教学

由对单质碳、一氧化碳、二氧化碳知识点的图示绘制与分享交流，不同含碳元素物质间的转化关系归纳、用化学方程式进行表示，对二氧化碳制取与性质实验、一氧化碳性质实验的思考与分析，结合证据推理、模型认知、宏微思想的综合应用，将实验探究有机结合实际解决问题，加深学生对其理解。通过教师设计的三个学习任务，以学生为中心发挥学习任务的素养导向功能，学习任务与评价任务相结合，实现教、学、评的一体化教学新模式。

基于学生知识水平与学习能力，避免复习课"炒冷饭"，为学生今后元素化合物的学习搭建模型，利用数学思想完成对物质的分类、化合价的呈现，致力于初高中学习的衔接与铺垫。

（二）注重对实验设计与探究水平的培养

化学是一门以实验为基础的学科。建构设计实验的思路尤为重要，从做出假设至设计实验，将证据提炼整合、利用例题分析解决问题，实现认识思路的结构化与显性化。

（三）注重思维的课堂生成与发展

由已知知识点的回顾，发展至学生小组合作绘制图示，将已学的知识网络化、实现自主迁移转化活用，强化知识的社会价值、为高中学习元素化合物提供能力的培养。

新知识通过设计学生障碍点应运而生，可以帮助实现学生自我的跨越，体会解决化学问题的喜悦。

（四）注重过程性评价，进行交互型评价

不单纯关注结果性评价，注重对学生任务中过程性参与评价。对于小组讨论的学生个体分工，进行有效记录明确贡献值，凸显每个学生的思维价值与团队合作的优势。

利用精选题目作为课堂练习，将素养考查与试题内容有机结合，多角度评价本堂课具体能力的落实程度，有效实现过程性评价与结果性评价的交互。

酸碱盐复习课教学设计

贵阳一中新世界国际学校　杨　健

一、教学内容分析

本次教学内容主要是针对第十单元常见的酸和碱及第十一单元盐和化肥中的盐的化学性质进行复习。分析课标，我们不难发现这个课题是隶属于《身边的化学物质》这个板块，其中对于酸、碱、盐性质中的酸碱指示剂、常见酸的性质和用途，常见碱的性质和用途，中和反应，溶液酸碱度的表示法－pH，常见盐及其性质在每一年的中考中都有体现，并在选择题和填空题中所占比重都很大，有较为简单的基础题，也有用于提高区分度的难题。而这部分的内容，知识较为杂乱，联系广泛。通过指导学生整理知识网络，找到知识点之间的相关性构建以物质类别为基础的知识网络。再通过与生活实际的应用的分析，让学生意识到知识网络的指导性作用。

二、教学目标

（一）知识与技能

1. 复习酸、碱、盐的化学性质。

2. 学习找知识点之间的相关性，整理知识网络的技能。

3. 联系生活实际，将酸、碱、盐的化学性质融入生活。

（二）过程与方法

1. 创设场景，利用"春天的颜色"引导学生回顾已学知识。

2. 通过"找碴"的方式去发现知识点间的关系，通过这些关系整理这部分的知识内容，并形成知识网络图。

3. 通过探究的方式，了解酸、碱、盐化学性质在生活中应用。

（三）情感态度与价值观

1. 通过引领学生整理知识内容，培养学生学会整理的学习生活习惯。

2. 利用探究生活实例的学习方式，促进学生了解生活，联系生活学习化学；了解到化学就是我们的生活，生活就是我们的化学。

三、教学重点和难点

教学重点：酸、碱、盐知识的知识网络结构的构建；如何探究酸、碱、盐在生活中的应用

教学难点：培养学生知识网络结构的意识。

四、教学方式与用具

教学方式：情景式、探究式、引导式。

教学用具：PPT、试管架、烧杯、试管、紫甘蓝试剂、氯化钠、稀硫酸、氢氧化钠、氯化铝、碳酸钠。

五、教学过程

教学程序	教师活动	学生活动	设计意图
导入	"忽如一夜春风来，千树万树梨花开"在这春风吹拂的时刻，校园里面的李花也已经开满了一树又一树，在化学的世界里，我们也可以领略一下"春天的颜色"	聆听	创设一个贴近生活的情境，展现出我们化学离我们的生活其实并不远
活动一	"春天的颜色"拿出一个试管架，上面分别是5支试管，再分别向其中加入一种紫色的试剂，观察。展示试管内物质的名称，你知道我加入的是哪一类物质吗？	观察到不同的是观众显现的颜色各不相同	利用直观的方式联系化学与生活。化学是研究物质的，所以看到什么就要知道这是为什么
进入主题	今天我们就来复习一下奇妙的酸、碱、盐		

续表

教学程序	教师活动	学生活动	设计意图
回顾旧知	首先，酸、碱具有哪些化学性质呢？有请我们的组员来给大家说一下！给答的完整的一组记一分。 然后，将酸、碱、盐的化学性质分别置于电脑屏幕上	思考并回答酸碱盐的化学性质	引导学生回顾酸、碱的化学性质，加深学生对酸碱盐化学性质的记忆。 以积分的方式，提升学生的参与度
活动二	"欢迎来找茬" 我们来看看这里的关于酸、碱、盐的化学性质，观察一下这里的化学性质有什么共同点和不同点。 给各位同学一分钟的思考时间，然后抢答，得到的组并答对的加一分。 根据学生的答案在黑板上进行整理，并让学生来观察整理的结果是否正确。 最后得到一个完整的思维导图，然后引导学生去观察思维导图，我们是以什么样的标准和方式去整理的这部分内容，在后面的学习过程中，是否还能继续应用这样的学习技能。 再从宏观到微观分析这些物质发生化学变化的原因	观察 思考 抢答 思考，回答 回顾酸碱中和反应	从常见的知识中去寻找不同于以往的内容，提升学生对知识的归纳总结。 提升学生的注意力，避免出现一组"干活"，其他组"看戏"的情况。 让学生学会学习，能够举"一反三"。 引导学生学会去总结已有知识
过渡	我们根据物质的性质整理出了这个思维导图，我们可以用于什么呢？	思考	
活动三	真的是这样吗？我们来看看：这是我们常用来治疗缺铁症的药物。 实验室如何制备硫酸亚铁。 （做成任务卡的形式发放给学生） 汇报（将学生的任务卡展示到屏幕上，让学生进行介绍），并请学生进行评价，然后将大家认可的组加上一分。 过程中：提问学生是如何进行这样的设计？ 可以提示学生，我们可以根据前面总结出来的知识结构图得到	观察，并阅读 思考如何制备并填写任务卡 根据自己组的任务卡进行汇报 思考	联系生活，把我们生活中的常见物品带入课堂，让学生了解到其实生活和化学并没有那么远。 自己进行制备的设计，更加让学生贴近生活，有学以致用的幸福感。 将复杂问题简单化

续表

教学程序	教师活动	学生活动	设计意图
总结收获	我们前面学习了多种物质的化学性质，今天我们整理了关于酸、碱、盐的化学性质，我们发现，这些物质的化学性质之间是存在一定联系的，如果我们将这些联系串起来，那么我们的学习将会更加轻松。也能更加简单地将我们生活中的实际问题解决，不管是鉴别物质、还是制备物质，还是创造新物质，我们都要用到物质的性质，尤其是物质的化学性质，希望大家在以后的研究中创造出更多的物质服务于我们的生活。 因为：化学的世界也是有春天的	总结收获	引导学生学会整理知识，并在实际生活中进行应用，升华化学的学科价值

六、板书设计

酸、碱、盐——复习

七、作业安排

1. 完成引导小题。

2. 在生活中去发现与酸、碱、盐相关的现象或反应。

八、教学反思

本节课的主要内容是关于九年级化学酸、碱、盐内容的复习，相对来说，学生对于酸、碱、盐内容的学习会有一定难度。这部分的内容不多，但是在考试的时候考得最难，很多时候抓不到头绪，而我们在给学生进行复习的时候，最多也就是将酸、碱、盐的通性复习一遍，然后将对应的题再拿出来让学生做几遍。这样的方式可以说很多老师都是这样在做。在此我就在思考一个问题，这样的做法，对于学生来说，他们接收到了多少内容，对于他们的能力培养有多少提高？

随着新课程理念的提出，以及现在的核心素养的提出，我们更加注重孩子们能力的培养，化学核心素养的养成。而如何去做呢？我们不能将知识内容只是简单地整理告诉学生，更主要的是我们应该让孩子们感受到化学的魅力，感受到化学与生活的联系，从中能学到方法，建立自己的认知模型。这样，他们才能在以后的日子里遇到不同的事能有自己的想法。所以在备这一节课的时候，我想的不是简单的将酸碱盐物质的性质给学生进行整理，而是想要让学生能自己将知识进行分析、归纳、整理，学会从不同的角度去找到物质间的联系，并能将这些联系进行整理成为自己的东西。这样形成一个常态的认知模型，对于越来越多的知识来说，是一件非常有意义并且也能提升学生素养的事情。

本节课中还存在的问题有：因为是针对完全不了解的学生，并且基本没有任何时间和机会去感受学生，所以很多时候都只是去臆测学生们的程度，导致对学生的程度把握失误，在上课的时候出现了因为知识体系的断层补充，耽搁了很多的时间，使得最后没有完成一些既定的内容。但是在此过程中，还是将我的基本思路展示给了学生，让学生在进行知识内容总结的时候，善于远观全局，从每一个知识点中找到知识与知识之间联系，然后将这些联系串联起来，形成知识体系，这样我们就能更加轻松地利用这些知识解决题目中出现的问题。

英国 IGCSE 化学教材与我国人教版高中必修 1 教材的对比研究

——以"物质的量"内容为例

贵阳一中新世界国际学校 张婷婷

摘　要：IGCSE 课程作为英国 A – Level 课程的预备课程，受众面极大。本课题以"物质的量"内容为对象，从教材的结构编排、栏目设置、内容设置和呈现方式等角度剖析中外教材的异同，为我国教材编写者和高中化学教师提供参考内容。

关键词：教材研究；IGCSE CHEMISTRY；人教版化学；物质的量

一、绪论

（一）问题的提出

1985 年，国家发布了《中共中央关于教育体制改革的决定》，该文件为我国的教育体制改革事业拉开了序幕，明确了教育事业在国家发展中的重要作用。[1]三十多年后的今天，"教育国际化"已经成为教育领域的新兴话题。近年来，我国的国际学校和国际课程班创建数目越来越多，国民对"国际教育"的认可空前。与此同时，有些教育工作者认为国际教育的兴起会对发展中国家产生一定诸如意识形态遭受冲击的负面影响。

在全球化的教育时代背景下，我们要做的不是杞人忧天，而是吸取他人的长处，完善自己的教育体制，培养有素养的中国学生。教材是体现课程思想的载体，是实现教育功能的重要媒介。本课题研究国外的教材和我国现有的教材进行对比分析，取其精华和我国教材优化整合，以更适合我国学生的学习。

（二）本研究的意义

英国的 A – Level 课程是国际公认的课程，学生在国内学习该课程，通过考核便可以申请理想的大学。IGCSE 课程是英国学生义务教育阶段的必修课程，也是他们学习 A – Level 课程的先修课程。"物质的量"是重要的理论知识，对我国学生而言，是学习高中化学的重难点。该知识点在 IGCSE CHEMISTRY 教材的第六章第 2 节至第 5 节、人教版必修 1 第一章第 1 节均有讲解。本课题通过对比两个教材对"物质的量"这一知识的编排分析，旨在可以达到以下目的：（1）为我国教材编写者提供一定的参考思路；（2）开拓高中化学教师的教学视野，提供可参考的教学设计、教学实施的素材，丰富实践经验。

二、对比分析

（一）结构特点

在教材的前置部分，两本教材都包含了目录和引言。在目录中，均介绍了每一章节的名称和页码。在引言中，两本教材显示出了差异。必修 1 的引言主要介绍了高中化学的相关知识、学习高中化学的方法以及高中化学课程的模块设置。IGCSE 教材主要介绍了书本知识的要求（有的是核心 core 和补充 supplement，有的只是额外内容 additional，不考核）、光碟的使用、实践活动（practical work）以及栏目的设置及其作用。

在教材的后置部分，必修 1 包含了相对原子质量表、部分酸碱盐溶解性表、常见元素中英文对照表以及元素周期表。IGCSE 教材包含了答案（answers to questions）、术语词汇（glossary）、元素周期表（the periodic table）和索引（index）。英方教材的后置附录内容丰富，体现了附录的工具性。[2]

在教材的主体部分，两书都是以章—节的形式进行编排，每一章有一段章节引言。人教版倾向于从宏观的角度描述每一章要讨论的问题，提出问题引发学生思考。英方教材善用具体的实例、历史事件等激发学生的学习兴趣。在"物质的量"内容所在一章的引言中，列举了 1985 年发生在意大利的假酒丑闻[3]、化肥包装、食品工业等具体事例说明计量化学的重要性。两本教材的章后均有章后总结和章末练习题，每节内容之后也涉及有节后练习，均为巩固学生知识。

（二）栏目设置

必修 1 有"思考与交流""学与问""资料卡片""提示""实验""实践活动""科学探究""科学视野""科学史话"等栏目，同时还设计了中英文词汇对照框。相比较之下，英方教材在栏目设置上较少，有"学习建议（study tip）""活动（activity）"和"重要概念（key definition）"。两个教材在栏目设置上有共同点，也有差异性，总结如下表：

栏目功能	必修 1 栏目名称	IGCSE CHEMISTRY 栏目名称
锻炼学生的动手能力，体现"实验"在化学学科中重要作用	实验 提示 实践活动	activity
促使学生思考，加深对知识的理解	学与问 思考与交流	
增加文本可读性和趣味性，激发学生学习兴趣	资料卡片 科学史话 科学视野	
强调重要概念，梳理知识脉络		Key definition
教授答题技巧和注意事项，避免丢分		Study tip

值得注意的是，英方教材虽然没有设置增加文本可读性和趣味性的栏目，但是该教材把这一功能融入了课本当中，从章节的引文可以看出。中方教材在驱动性问题的设计上很有优势和特点，可以达到较好的教学效果。

在"物质的量"内容章节中，必修 1 涉及的栏目有"资料卡片"1 次、"词汇栏"4 次、"学与问"2 次、"科学探究"1 次、"实验"1 次、"思考与交流"1 次。英方教材涉及的栏目有"key definition"1 次、"study tip"4 次、"activity"2 次。

（三）内容设置

在必修 1 教材中，"物质的量"知识隶属于第一章《从实验学化学》第二节《化学计量在实验中的应用》。该书按编排顺序分别介绍了物质的量的概念、使用范围、摩尔质量、影响物质体积的因素、气体摩尔体积、物质的量浓度以及配置一定物质的量浓度溶液的方法。加上相关习题，共用了 8 页纸来介绍这一部分知识点。在英方教材中，共使用了 13 页完成相关介绍。按照编排顺序，知识点罗列如下：物质的量的概念、摩尔质量及计算（包含计算化学式）、离子晶体和原子晶体、实验式和分子式、物质的量在化学方程式中的应用、气体摩尔体积及计算、物质的量浓度及计算、物质的量在酸碱滴定计算中的应用、溶解度概念。两个教材在内容设置上大多数相同，但也有差异，总结如下：

共有知识点	必修 1 特有知识点	IGCSE CHEMISTRY 特有知识点
物质的量	配制一定物质的量浓度溶液	离子晶体和原子晶体
摩尔质量	影响物质体积的因素	实验式和分子式
摩尔体积	由电解水实验看阿伏伽德罗定律	物质的量在化学方程式中的应用
物质的量浓度		物质的量在酸碱滴定计算中的应用
		溶解度概念

通过对两个教材的分析，可以发现：

1. 中方教材注重深度，外方教材注重广度。两个教材对核心概念和知识点都进行了讲解，但是对核心知识涉及的其他知识有着各自的理解和取舍。可以看出英方教材在这一部分知识点中涉及了我国学生在初三和高中选修阶段会涉及的知识，不过只是粗略地提到，并未展开深入的讨论。

2. 中方教材注重引导，外方教材注重落实。必修 1 为讲解气体摩尔体积，从影响物质的因素入手，循序渐进，带领学生得出结论。"学与问""思考与交流"等环节设置驱动问题，促进学生思维发展。IGCSE 教材在这部分内容中设计了 8 个例题，在解题过程中有细致的引导步骤。"study tip"提醒学生注意易错点，引起学生重视，落到实处。

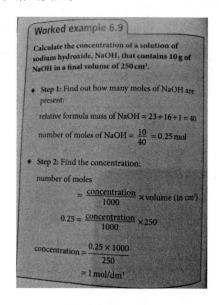

计算物质的量浓度例题

3. 中方教材注重严谨，外方教材注重理解。中方教材对概念有着严谨的表达，要求学生明确不同概念的区别。外方教材在表达的严谨性上稍微欠缺，但是在表述上更便于学生理解。在摩尔质量这一概念的表达上，中方教材明确指出其单位是 g/mol，但是在外方教材中，其单位直接以 1mol 物质的质量 g 代替。在介绍物质的量的概念时，中方课本是先给出抽象的概念再进行数值说明，外方课程则直接指出 1mol 微粒的质量，再介绍阿伏伽德罗常数，更易于接受。

（四）呈现方式

1. 图片

在呈现方式上，两本教材均大量使用了图片，必修 1 使用了 9 张，IGCSE 使用了 11 张。两本教材的图片都包含了实物图片的展示、药品标签的解读。相比之下，英方教材还使用了大量的解题思路流程图，用丰富的色彩、形状和箭头绘制逻辑性流程图，帮助学生理解记忆。

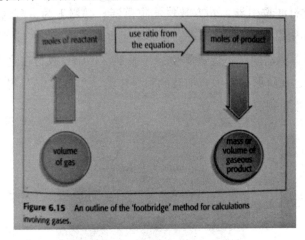

涉及气体体积的计算流程图

2. 表格

外方教材善于使用表格，在"物质的量"这一部分知识中，IGCSE 使用了 4 个表格。表格把大量信息综合起来，起到了对比突出的作用，有助于学生学习。

	P	O
percentage by mass	44%	$100 - 44 = 56\%$
mass in 100 g	44 g	56 g
molar mass	31 g/mol	16 g/mol
number of moles	1.4 mol	3.5 mol
simplest ratio	1	2.5
or	2	5
Formula	P_2O_5	

Table 6.5　Calculating the empirical formula of phosphorus oxide.

计算磷的氧化物的实验式表格

3. 图形

在"物质的量"这一知识点中，涉及了较多计算公式。外方教材设计了系列的计算模型图形，教导学生如何使用该模型进行计算。这样的图形形象生动，能较好地突破教学难点。

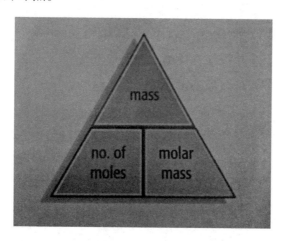

质量—摩尔质量—物质的量计算模型图

三、结论启示

通过对中外教材中"物质的量"这一知识点的对比分析，我们不难发现中方教材挖掘知识的深度，注重对学生思维的训练。外方教材开拓知识的广度，希望学生眼界开阔，全面发展。从我国教材的角度出发，笔者认为我们可以吸取外方教材的以下优点：

1. 在课本中多加入具体的事例，丰富素材，激发学生的学习兴趣。

2. 在教材编写中，注重职业教育，凸显工具的实用性。

3. 在晦涩难懂的概念讲解上，试图建立精准和形象的平衡关系，尽可能让学生容易接受。

4. 充分利用图表、模型等教学，帮助学生理解记忆。

参考文献

[1] 张祺午，房巍. 改革从这里出发——《中共中央关于教育体制改革的决定》的起草与影响 [J]. 职业技术教育，2015，36（18）：11-15.

[2] 张旭雯. 英国 IGCSE Chemistry 与我国人教版高中化学必修教材的比较研究 [D]. 大连：辽宁师范大学，2015.

[3] HARWOOD R，LODGE I. Ian Lodge. Cambridge IGCSE Chemistry Coursebook [M]. 4th ed. Cambridge. Cambridge University Press，2014.

英国 A-Level 教材化学反应原理模块与人教选修 4 的对比研究

贵阳一中新世界国际学校　付　晨

摘　要：随着近年来国际化教育的推进，有越来越多的国际学校选择国际上认可度较高的 A-Level 课程教学，并且选择以化学科目的成绩申请国外高校。在高中的化学教学中，化学反应原理是化学基础理论中重要环节，无论是在人教版教材的选修 4 中还是 A-Level 教材中都占据了大量篇幅和考点，本文主要以内容的选择和难度的设置以及推进的方式对两种教材进行对比研究。

一、课程规划与衔接

两个版本的教材中关于化学反应原理，均涉及到了化学热力学基础、电化学基础、化学平衡、酸碱平衡、沉淀平衡、化学动力学基础等内容。在化学热力学基础部分，人教版教材中重点突出了盖斯定律、中和热、燃烧热等计算，在英方教材中则是将键焓、电离能、电子亲合焓、晶格焓等事无巨细，全部包含。在电化学基础部分，英方教材在涵盖选修 4 全部点化学部分之外又增加了标准电极电动势、能斯特方程。化学平衡和反应动力学基础方面，两套教材中均涉及化学反应速率、碰撞理论、动态平衡、勒夏特列原理和平衡常数，英方教材中则是多引入了速率方程、反应级数、基元反应、催化理论。在酸碱平衡中，在同时包含水的离子积、弱酸电离平衡、同离子效应、中和滴定的基础上，英方教材中多引入了酸碱质子理论，而选修 4 中则剖析了盐类水解。

在内容递进上，A-Level 教材中用"化学热力学"和"反应动力学"两个专有名词为章题，选修 4 的章题则相对浅显易懂"化学反应与能量"和"化学反应速率"，并没有提升到专业理论板块的高度，A-Level 教材中更多注重了基础知识的全面性，选修 4 的教材则是浅显引入后深入分析，前者注重系统性的构建后者倾向于理论分析的深度达成。在教材编写顺序上，A-Level 教材中以"热力学—电化学—化学平衡—反应动力学"为顺序，并分散在 AS 和 A2 两个部分由浅入深完成，在我国人教版的教科书中是按照"热力学—反应速率—化学平衡—电化学"为序分布在必修 2 和选修 4 两本书中，由现象到本质逐渐延伸。

二、教材主体内容设置

（一）结构体系比较

以电化学部分为例，下表将体现两套教材体系中的异同

	Alevel 教材	人教选修 4 第四章
AS	氧化态 氧化还原 电解 电解在工业上的应用	原电池 化学电源 　一次电池 　二次电池 　燃料电池 电解池 　电解原理 　电解原理的应用 金属的电化学腐蚀与防护 　金属的电化学腐蚀 　金属的电化学防护
A2	电极电动势 标准电极电动势 标准电极电动势的测 E^{θ} 值的含义 使用 E^{θ} 值预测反应能否发生 标准电极电动势的局限 阿伏伽德罗常数 L 的确定	

两套教材中都打破的"学科中心说"的知识体系，从促进学生学习和发展的角度构建教材体系，增强了化学、学生与社会的融合[1]。例如，在 A-Level 教材中出现的"电解在工业上的应用""酸雨"等标题体现了工业生产和环保事业的紧密结合，人教版的教材也在每节中穿插学科思想。

（二）典型知识点的比较

从全局出发来看，两套教材中在"化学反应原理"部分注重了培养学生化学核心知识的构建，促进理解力的发展和认知结构的完善。但是在不同板块又各有特点，以化学反应速率为例，人教版教材在选修 4 的序言中通俗介绍有效碰撞、活化能、活化分子等概念，进入第二章后讨论化学反应速率的定量表示方法，在通过实验活动探究影响化学反应速率的多种因素，并尝试用序言中的有效碰撞理论来解释微观成因。在 A-Level 教材中该部分分为两个层次，在 AS 层次中，以"化学反应速率的定义—研究意义—影响因素—测定方法—碰撞理

论—催化剂"层层推进，但是并未出现定量计算，而是大篇幅的列举不同的化学反应速率测定方法，在 A2 层面则和人教版教材有着非常大的不同，由定量表示化学反应速率引入，依序为"速率方程速率常数—反应级数及图像—实验确定反应级数—速率方程和反应机理的关系—催化作用的机理"。由此可见，单独看 AS 部分与人教版内容极为相似，但是在 A2 部分的知识层面要求更高，而且学习更系统更全面。

三、练习题的比较

Alevel 教材中，每一个小知识点都会辅以相应 1～2 个练习题，不同的是人教的教材会在每一节后面集中习题，相同的是二者在章末都会有数量相近的练习。在题目的形式上，A-Level 教材中的习题形式几乎都是以简答的形式出现，在这一点上我国的教材习题形式则更为丰富也更为灵活，有选择判断、填空简答、计算设计、调查实践等多种形式。在功能上，A-Level 教材中侧重于知识应用和基本原理的理解与应用，但过于局限于课本内容，而在我国教材的选修 4 中则出现了很多与社会现实生活相联系的内容，更完整的体现了化学的学科价值，调查实践的习题设置，也以锻炼学生的综合实践能力于学科应用能力为出发点。

四、总结

英国 A–Level 课程被国际教育界誉为"金牌"教育课程，也是被全球大学认可度最高的一种评价体系，教材难度大、要求高。我国的化学教育始于 19 世纪 60 年代，在百余年的发展中历经数次课程改革和探索，形成了有中国特色的化学教育，现行的我国高中化学教材通过设置新颖的栏目和丰富的插图，并最大限度创设情境提高学生的学习兴趣，在教材内容的组织编排上充分体现知识体系的构建过程。

参考文献

[1] 布鲁纳．教育过程［M］．邵瑞珍，译．北京：文化教育出版社，1982：17.

《分子的立体构型》复习课教学设计

贵阳一中　甄彩云

I【课题】		《分子的立体构型》复习课
II【课型】		复习课
III【课时】		1 课时
IV【教学目标】	知识与技能	1. 熟知常见的多原子分子的立体构型，认识分子结构的多样性和复杂性。 2. 能够用价层电子对互斥模型解释、判断和预测常见的多原子分子的立体构型。 3. 理解杂化的概念，杂化轨道的形成和类型，能运用杂化轨道理论分析和解释常见分子的结构，判断分子的成键情况
	过程与方法	1. 通过完成教师课前布置的任务，对已学内容回顾并进行整理。 2. 通过分类、列表，详细比较，掌握价层电子对互斥理论和杂化轨道理论。 3. 通过讨论、对比价层电子对互斥理论和杂化轨道理论，总结常见中心原子或离子的杂化轨道类型的判断方法
	情感态度与价值观	通过小组间的研究讨论、评价等活动，培养学生的团队协作精神、责任感和创新意识，同时锻炼学生的组织能力和表达能力
V【教学重点与难点】	重点	1. 分子立体构型。 2. 价层电子对互斥理论、杂化轨道理论
	难点	1. 分子立体构型。 2. 价层电子对互斥理论、杂化轨道理论
VI【教学方法】	教法	引导法、任务驱动法、探究法
	学法	合作探究法、综合分析、讨论法
VII【教具】		多媒体 黑板 实物（球棍模型）

Ⅷ【教学过程设计】		
教师活动	学生主体活动	设计意图

教师活动	学生主体活动	设计意图
	【导课】通过前面的学习我们知道：构成分子的原子总数及分子的空间结构不同使分子结构呈多样性。那么如何判断分子的空间构型呢？开始小组汇报	主要采用"任务驱动法"

布置学生小组1任务：

（一）复习价层电子对互斥理论相关内容

（二）课前思考并解答问题：
1. BF_3、NH_3的空间构型？分析原因。
2. 什么因素影响分子的空间构型？
3. 价层电子对互斥理论中价层电子对指的是谁的电子对？
4. 如何用价层电子对互斥理论判断 VSEPR 模型？进而确定分子的空间构型？
5. 用价层电子对互斥理论列表分析判断 NH_3、BF_3、H_2O、SO_2、CO_3^{2-}、SO_3^{2-}、NH_4^+、H_3O^+、HCN、HCHO VSEPR 模型和分子的空间构型

（三）完成"课前题单"上的练习1~8，能够讲解透彻

学生主体活动：

环节一：学生小组1同学阐述
【知识解读员】
我们小组研究的是价层电子对互斥理论相关内容。电子对之间的排斥，是原子彼此尽可能远离，使电子对之间的排斥力最小，从而决定分子的空间构型。下面请答疑员上台解答老师布置的问题。
【答疑员】［板书］
1. 书写 BF_3、NH_3 的电子式、结构式，判断空间构型。展示二者的球棍模型。
2. 发现影响分子的空间构型的主要是：成键电子对和未成键电子对（即孤电子对）。
3. 价层电子对互斥理论中价层电子对指的是分子中中心原子上的电子对，包括成键电子对和未成键电子对（即孤电子对）。
4. 表述中心原子上的孤电子对数的计算公式 $(a-xb)/2$
5. ［投影］

化学式	孤电子对数 $(a-xb)/2$	σ键电子对数	价层电子对数	VSEPR模型名称	分子或离子的立体模型名称
NH_3	1	3	4	四面体形	三角锥形
BF_3	0	3	3	平面三角形	平面三角形
H_2O	2	2	4	四面体形	V形
SO_2	1	2	3	平面三角形	V形
CO_3^{2-}	0	3	3	平面三角形	平面三角形
SO_3^{2-}	1	3	4	四面体形	三角锥形
NH_4^+	0	4	4	正四面体形	正四面体形
H_3O^+	1	3	4	四面体形	三角锥形
HCN	0	2	2	直线形	直线形
HCHO	0	3	3	平面三角形	平面三角形

【知识归纳员】
对于 AB_n 型分子空间结构确定的一般步骤为：
（1）确定中心原子（A）的价层电子对数；
（2）根据计算结果找出理想的 VSEPR 模型；
（3）去掉孤电子对，得到分子真实的空间构型

设计意图：

以学生为主体，培养学生组织能力

通过列表对比，体会列表对比的学习方法

培养学生观察总结能力，逻辑思维能力，养成科学严谨的思维习惯

教师活动	学生主体活动	设计意图
	【温馨提示员】 （一）价层电子对互斥模型说明的是价层电子对的空间构型，而分子的空间构型指的是成键电子对空间构型，不包括孤对电子 （1）当中心原子无孤对电子时，两者的构型一致； （2）当中心原子有孤对电子时，两者的构型不一致 （二）分子的立体型不一定越对称越好，否则会以为水分子应为直线型分子，氨应为平面三角形分子，这就是价层电子对互斥理论成功之处 环节二：其他组学生及教师向该组同学提问 其他组学生提问 教师提问已知在 CH_4 中 C—H 键间的键角为 109°28′，NH_3 中 N—H 键间的键角为 107°，H_2O 中 O—H 键间的键角为 105°，为什么？ 【学生作答】 由中心原子上孤电子对数的计算公式可知，CH_4 中碳原子无孤电子对，NH_3 中的氮原子有 1 对孤电子对，H_2O 中的氧原子有 2 对孤电子对。根据题意知 CH_4 中 C—H 键间的键角为 109°28′，若孤电子对与成键电子对间的斥力等于成键电子对与成键电子对间的斥力，则 NH_3 中 N—H 键间的键角和 H_2O 中 O—H 键间的键角均应为 109°28′，故孤电子对与成键电子对间的斥力大于成键电子对与成键电子对间的斥力，将成键电子对压得靠近一点，使其键角变小 【学生深入认识】——孤电子对与成键电子对间的斥力大于成键电子对与成键电子对间的斥力	
布置学生小组2任务： （一）复习杂化轨道理论相关内容 （二）课前思考并解答问题： 1. 用价电子对互斥理论预测，CH_4 分子的空间构型如何？按照已学过的价键理论能否解释正四面体构型甲烷分子？ 2. 杂化与杂化轨道的概念是什么？	环节一：学生小组2同学阐述 【知识解读员】 我们小组研究的是杂化轨道理论相关内容。讨论分子中的中心原子的杂化轨道类型的基础是预先知道它的立体构型。若没有实验数据，可以借助 VSEPR 模型对分子的立体构型做出预言。因此提出杂化轨道理论是为了解释分子或离子的立体结构。下面请答疑上台解答老师布置的问题 【答疑员】［板书］ 1. 分析 CH_4 的空间构型。展示 CH_4 的球棍模型。提出杂化轨道理论是为了解释分子或离子的立体结构 2. 杂化的概念： 在形成分子时，由于原子的相互影响，若干不同类型能量相近的原子轨道混合起来，重新组合成一组新轨道，这种轨道重新组合的过程叫作杂化，所形成的新轨道就称为杂化轨道 3. 杂化的类型： （1）sp 杂化：1 个 s 轨道和 1 个 p 轨道间的杂化。 如：C_2H_2、CO_2 （2）sp^2 杂化：1 个 s 轨道和 2 个 p 轨道间的杂化。 如：C_2H_4、SO_2 （3）sp^3 杂化：1 个 s 轨道和 3 个 p 轨道间的杂化。 如：CH_4、H_2O	改变学习方式，培养学生团结协作能力，体验团结协作的快乐。

续表

教师活动	学生主体活动	设计意图
3. 杂化有哪些类型？分别举例说明 4. 如何用杂化轨道理论分析和解释分子的空间构型？举例 CH_4、C_2H_4、C_2H_2 （三）完成"课前题单"上的练习 9～15，能够讲解透彻	4. 指导学生阅读课本 40 页图 2-16 和图 2-17 并［投影］图示分析 CH_4、C_2H_4、C_2H_2 形成过程 【知识归纳员】 根据 VSEPR 模型与杂化类型的一一对应关系找出杂化类型： 直线型——sp 杂化； 平面型——sp^2 杂化； 四面体——sp^3 杂化 | 杂化类型	杂化轨道数目	杂化轨道间的夹角	VSEPR模型	实例
---	---	---	---	---
sp	2	180°	直线	$BeCl_2$
sp^2	3	120°	平面三角形	BF_3
sp^3	4	109°28′	四面体形	CH_4 | 【温馨提示员】 问：任何情况下轨道都可以发生杂化吗？答：杂化只有在形成分子时才会发生；能量相近的轨道方可发生杂化 环节二：其他组学生及教师向该组同学提问 其他组学生提问 教师提问 水、甲烷、氨气中心原子均为 sp^3 杂化，都有 4 条 sp^3 杂化轨道，为什么结构不同？ 【学生作答】 水分子的氧原子的 sp^3 杂化轨道有 2 个是由孤电子对占据的，而氨分子的氮原子的 sp^3 杂化轨道有 1 个是由孤电子对占据的 【学生深入认识】——杂化轨道只用来形成 σ 键或容纳未参与成键的孤电子对，未参与杂化的 p 轨道方可用于形成 π 键	
布置学生小组 3 任务： （一）复习价层电子对互斥理论和杂化轨道理论相关内容	环节一：学生小组 3 同学阐述 【知识解读员】 我们小组研究的是价层电子对互斥理论和杂化轨道理论相关内容。二者间有什么联系呢？在未知分子构型的情况下，判断中心原子杂化轨道类型有时比较困难，成为习题处理中的难点，下面总结几种高中阶段判断中心原子杂化轨道类型的方法。下面有请答疑员 【答疑员】［投影］以第一组同学的判断为基础，增加"中心原子杂化类型"项	物质是普遍联系的，让学生多思考、对比和总结，对所学内容的内在联系有所认识

教师活动	学生主体活动	设计意图
	<table for student activity below>	

化学式	孤电子对数 $(a-xb)/2$	σ键电子对数	价层电子对数	VSEPR模型名称	分子或离子的立体模型名称	中心原子杂化类型
NH_3	1	3	4	四面体形	三角锥形	sp^3
BF_3	0	3	3	平面三角形	平面三角形	sp^2
H_2O	2	2	4	四面体形	V形	sp^3
SO_2	1	2	3	平面三角形	V形	sp^2
CO_3^{2-}	0	3	3	平面三角形	平面三角形	sp^2
SO_3^{2-}	1	3	4	四面体形	三角锥形	sp^3
NH_4^+	0	4	4	正四面体形	正四面体形	sp^3
H_3O^+	1	3	4	四面体形	三角锥形	sp^3
HCN	0	2	2	直线形	直线形	sp
HCHO	0	3	3	平面三角形	平面三角形	sp^2

【知识归纳员】

方法一：

中心原子或离子的价层电子对对数与 VSEPR 模型名称、杂化轨道类型的对应关系如下表。

中心原子或离子的价层电子对对数	VSEPR模型名称	杂化轨道类型
2	直线形	sp
3	平面三角形	sp^2
4	四面体形	sp^3

方法二：

以"杂化轨道只用来形成 σ 键或容纳未参与成键的孤电子对，未参与杂化的 p 轨道方可用于形成 π 键。"推断：

中心原子或离子成键情况	杂化轨道类型
中心原子连接 1 条三键或连接 2 条双键（则有 2 条 π 键，即有 2 个 p 轨道未参与杂化，那么参与杂化的 p 轨道为 1 个）	sp
中心原子连接 1 条双键（则有 1 条 π 键，即有 1 个 p 轨道未参与杂化，那么参与杂化的 p 轨道为 2 个）	sp^2
中心原子连接的全部是单键	sp^3

方法三：

根据等电子原理判断

等电子原理，即具有相同价电子数和相同原子数的分子或离子具有相同的结构特征，这里的结构特征包括中心原子的杂化轨道类型、分子的空间结构等。

例：指出 N_2O 分子的空间构型和杂化轨道类型

大家对于 CO_2 的结构非常熟悉，直接根据直型，判断出 sp 杂化，故 N_2O 也应为 sp 杂化，直线型

环节二：其他组学生及教师向该组同学提问

教师活动栏：

（二）列举 NH_3、BF_3、H_2O、SO_2、CO_3^{2-}、SO_3^{2-}、NH_4^+、H_3O^+、HCN、HCHO 的中心原子或离子的杂化轨道类型的判断方法

（三）完成"课前题单"上的练习 1～15，能够讲解透彻

设计意图栏：

归纳是重要的学习方法，培养学生观察归纳总结的能力，养成严谨的科学态度

续表

教师活动	学生主体活动	设计意图
IX【板书设计】教师总结	分子构型 构型解释：杂化轨道理论 定义：原子形成分子时，能量相近的轨道混合重新组合成一组新轨道；分类 sp 杂化、sp^2 杂化、sp^3 杂化。 构型判断 实验测定 理论推测 杂化轨道理论 sp 杂化：直线形；sp^2 杂化：平面三角形；sp^3 杂化：四面体形。价层电子对互斥理论	形成知识网络，对所学内容有清新认识
X【牛刀小试】	1. 用价层电子对互斥理论预测 H_2S 和 BF_3 的立体结构，两个结论都正确的是（　　） A. 直线形；三角锥形 B. V 形；三角锥形 C. 直线形；平面三角形 D. V 形；平面三角形 2. 下列对应关系不正确的是（　　） | 选项	A	B	C	D
---	---	---	---	---
中心原子所在族	ⅣA	ⅤA	ⅣA	ⅥA
分子通式	AB_4	AB_3	AB_2	AB_2
立体结构	正四面体形	平面三角形	直线形	V形 | 3. 下列关于苯分子的性质描述错误的是（　　） A. 苯分子呈平面正六边形，六个碳键完全相同，键角皆为120° B. 苯分子中的碳原子采取 sp^2 杂化，6 个碳原子中未参与杂化的 2p 轨道以"肩并肩"形式形成一个大 π 键 C. 苯分子中的碳碳键是介于单键和双键之间的一种特殊类型的键 D. 苯能使溴水和酸性 $KMnO_4$ 溶液褪色 4. 如图是乙烯分子的模型，对乙烯分子中的化学键分析正确的是（　　） A. sp^2 杂化轨道形成 σ 键、未杂化的 2p 轨道形成 π 键 B. sp^2 杂化轨道形成 π 键、未杂化的 2p 轨道形成 σ 键 C. C—H 之间是 sp^2 形成的 σ 键、C—C 之间是未能参加杂化的 2p 轨道形成的 π 键 D. C—C 之间是 sp^2 形成的 σ 键、C—H 之间是未参加杂化的 2p 轨道形成的 π 键	培养学生解决问题的能力，能够学以致用，体会学习过程的快乐

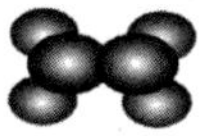

续表

教师活动	学生主体活动	设计意图
XI【课后反思】	1. 价层电子对互斥理论和杂化轨道理论联系密切，本节课将价层电子对互斥理论和杂化轨道2个理论放在一起复习。主要采用"任务驱动法"进行设计，学生积极性比较高，效果较好。 2. 本节课属于半封闭式教学，虽然学生具有一定的活动，但是发挥并不充分，有小部分同学主要是聆听和思考，没能上台发表意见。若时间允许，尽可能让学生多发表个人意见。所以如果条件允许，可以将这节课改为2课时，这样课堂教学更能突出新课改课堂的意义。 3. 课堂中学生提出的问题教师能否在课堂上驾驭呢？这是年轻教师在成长过程中需要长期研究的问题	

附:

学案设计

学生小组1任务：

（一）复习价层电子对互斥理论相关内容。

（二）课前思考并解答问题：

1. BF_3、NH_3的空间构型？分析原因。

2. 什么因素影响分子的空间构型？

3. 价层电子对互斥理论中价层电子对指的是谁的电子对？

4. 如何用价层电子对互斥理论判断 VSEPR 模型？进而确定分子的空间构型？

5. 用价层电子对互斥理论列表分析判断

NH_3、BF_3、H_2O、SO_2、CO_3^{2-}、SO_3^{2-}、NH_4^+、H_3O^+、HCN、HCHO VSEPR 模型和分子的空间构型。

（三）完成"课前题单"上的练习1—5题，能够讲解透彻。

学生小组2任务：

（一）复习杂化轨道理论相关内容。

（二）课前思考并解答问题：

1. 用价电子对互斥理论预测，CH_4分子的空间构型如何？

按照已学过的价健理论能否解释正四面体构型甲烷分子？

2. 杂化与杂化轨道的概念是什么？

3. 杂化有哪些类型？分别举例说明。

4. 如何用杂化轨道理论分析和解释分子的空间构型？举例 CH_4、C_2H_4、C_2H_2。

（三）完成"课前题单"上的练习6—10题，能够讲解透彻。

学生小组3任务：

（一）复习价层电子对互斥理论和杂化轨道理论相关内容。

（二）列举 NH_3、BF_3、H_2O、SO_2、CO_3^{2-}、SO_3^{2-}、NH_4^+、H_3O^+、HCN、HCHO 的中心原子或离子的杂化轨道类型的判断方法。

（三）完成"课前题单"上的练习1—10题，能够讲解透彻。

"课前题单"

选择题（每个小题有一个选项正确）

1. 下列分子构型为正四面体形的是（　　）

①P_4　　②NH_3　　③CCl_4　　④CH_4　　⑤H_2S　　⑥CO_2

A.①③④⑤　　　　　　　　B.①③④⑤⑥

C.①③④　　　　　　　　D.④⑤

2. 下列分子的空间构型为平面正三角形的是（　　）

A. PCl_3　　　　　　　　B. BCl_3

C. NH_3　　　　　　　　D. CH_2O

3. 若 AB_n 的中心原子 A 上没有孤对电子，运用价层电子对互斥模型，下列说法正确的是（　　）

A. 若 $n=2$，则分子的立体结构为 V 形

B. 若 $n=3$，则分子的立体结构为三角锥形

C. 若 $n=4$，则分子的立体结构为正四面体形

D. 以上说法都不正确

4. 在以下的分子或离子中，空间结构的几何形状不是三角锥形的是（　　）

A. NF_3　　　　　　　　B. CH

C. CO_2　　　　　　　　D. H_3O^+

5. 对 SO_3 的说法正确的是（　　）

A. 结构与 NH_3 相似

B. 结构与 SO_2 相似

C. 结构与 BF_3 相似

D. 结构与 P_4 相似

7. 下列分子和离子中，中心原子价层电子对的几何构型为四面体形且分子或离子的空间构型为 V 形的是（　　）

A. NH　　　　　　　　B. PH_3

C. H_3O^+ D. OF_2

8. 下列分子或离子中，不含有孤对电子的是（　　）

A. H_2O B. H_3O^+

C. NH_3 D. NH

9. 关于原子轨道的说法正确的是（　　）

A. 凡是中心原子采取 sp^3 杂化方式成键的分子其几何构型都是正四面体

B. CH_4 分子中的 sp^3 杂化轨道是由 4 个 H 原子的 1s 轨道和 C 原子的 2p 轨道混合起来而形成的

C. sp^3 杂化轨道是由同一个原子中能量相近的 s 轨道和 p 轨道混合起来形成的一组能量相近的新轨道

D. 凡 AB_3 型的共价化合物，其中心原子 A 均采用 sp^3 杂化方式成键

10. 根据价层电子对互斥理论及原子的杂化理论判断 NF_3 分子的空间构型和中心原子的杂化方式为（　　）

A. 直线形 sp 杂化   B. 三角形 sp^2 杂化

C. 三角锥形 sp^2 杂化   D. 三角锥形 sp^3 杂化

11. 下列分子中的中心原子杂化轨道的类型相同的是（　　）

A. CO_2 与 SO_2 B. CH_4 与 NH_3

C. $BeCl_2$ 与 BF_3 D. C_2H_2 与 C_2H_4

12. 下列说法中正确的是（　　）

A. PCl_3 分子是三角锥形，这是因为磷原子是 sp^2 杂化的结果

B. sp^3 杂化轨道是由任意的 1 个 s 轨道和 3 个 p 轨道混合形成的 4 个 sp^3 杂化轨道

C. 中心原子采取 sp^3 杂化的分子，其几何构型可能是四面体形或三角锥形或 V 形

D. AB_3 型的分子空间构型必为平面三角形

13. 下列分子的空间构型可用 sp^2 杂化轨道来解释的是（　　）

①BF_3 ②$CH_2\!\!=\!\!CH_2$ ③   ④$CH\!\equiv\!CH$

⑤NH_3 ⑥CH_4

A. ①②③   B. ①⑤⑥

C. ②③④   D. ③⑤⑥

14. 下列推断正确的是 （   ）

A. BF_3 为三角锥形分子

B. NH 的电子式为 $\left[\begin{array}{c} H \\ H:N:H \\ H \end{array}\right]^+$，离子呈平面正方形结构

C. CH_4 分子中的 4 个 C—H 键都是氢原子的 1s 轨道与碳原子的 2p 轨道形成的 s—p σ 键

D. CH_4 分子中的碳原子以 4 个 sp^3 杂化轨道分别与 4 个氢原子的 1s 轨道重叠，形成 C—H σ 键

15. 下列分子中的中心原子的杂化方式为 sp 杂化，分子的空间结构为直线形且分子中没有形成 π 键的是 （   ）

A. $CH \equiv CH$ B. CO_2

C. $BeCl_2$ D. BF_3

第一期培训活动总结

姚秀海名师工作室 2015 年 9 月—10 月

按照贵州省名师工作室管理办公室下发的关于学员跟岗学习计划的要求，姚秀海名师工作室积极响应，制定了专著研读、听评课、送课下乡以及开办专家讲座等一系列活动计划，旨在充分发挥名师的"传、帮、带"作用，促进学员尽快成长。为了让学员们更深刻地理解教育的原理、教育的功能和意义，在理论的高度上反思我们现在的教学，从而促进教学的改变和新生，姚秀海工作室确定了第一次培训活动的内容为专著研读。在工作室的精心准备和认真落实下，第一次培训活动于2015年9月15日—2015年10月15日顺利实施，学员认真学习，积极反思总结，收获颇多。

开展专著研读有利于帮助学员在教育教学理论的认识上、教学设计实践上、教育热点的把握上、化学教学中出现的值得剖析的问题的反思等多方面进行思考，逐步成为善于反思，追求卓越的教学人才。每个老师对学习的内容都有自己的认识和见解，从教育的角度对待教学，进行了认真深刻地反思总结。

对付晨老师而言，通过理论学习与实践，让她从思想上又有了更深一层次的认识，作为一位高中化学教师，必须具有渊博的学科知识，熟练的操作技能，良好的思想品质，特别是骨干教师，更应当掌握现代教育教学理论、掌握现代教育教学技术。教育理念要提升，理念的更新随之带来的是教育教学方式的变革，未来教育需要"专家型"的教师，而不是"教书匠"，所以我们教师，既不能脱离教学实际又要为解决教学中的问题而进行的研究，也不是在书斋中进行的研究，而是在教学活动中的研究。

吴青平老师选择了中国教育学最古老的典籍——《学记》进行学习，在感悟古人教育思想真谛的同时，思考其对当今教育的启迪。吴老师向我们分享了他从研读《学记》的收获：1. 教育作为国家发展策略的重要地位和作用。2. 以"道、强、开"为核心的"善喻"教育方法，即引导、鼓励学生，让他们专研寻求问题的答案的教学方法。3. 包含着"豫时孙摩""长善救失"思想的教学原则。吴老师把《学记》进行咀嚼吸收，应用到化学教育教学中，指出化学教育也要"善喻"，用打比方的方法帮助学生理解；用"豫时孙摩"的原则指导学生的预习复习工作；"长善救失"的教学原则要求在化学教学中实施培优扶困；最后还需要在教学实践中不断地思考和研究，必有所感。

甄彩丽老师研读的是苏联赞可夫的《和教师的谈话》。该书以对话的形式深入浅出地概述了赞可夫的教育教学思想、论述了教学和发展的关系、基于学生发展提出了学校教学安排的建议。甄彩丽老师很受赞科夫教育思想的感触，其中包括了赞科夫对教学热情的理解：教师需要很大的热情。没有热情就不可能会很好地去爱学生。教师还应该有威信，因为教师的威信是他顺利而有效地工作必不可少的条件。如果没有威信，师生之间就没有正确的相互关系，就缺少了有效进行教学和教育工作的必要条件。那么教师的威信怎么去建立呢？教师的威信主要来源于师生之间建立起的良好的关系，而不是传统的严厉。教师需要做的是：要有渊博的知识，尊重学生，平等对待学生，善于倾听学生的心声等。《和教师的谈话》不仅教会了她许多教学上的技巧和知识，也教会了她从正确的角度去反省自己的教学，更好地培养学生。

龙晓春老师向大家分享的是日本作家佐藤学的书籍《静悄悄的革命》，从书名就可以看出佐藤学老师对教育的重视，他认为教育可以看作是一场革命事业，是值得万千老师反思创新的事情。龙老师从中感悟到教学应该重视对学生的阅读能力培养，用多读的方式培养学生信息提取和应用能力。鉴于学生个体的独特性，老师要注意"异向沟通"和每个学生形成有效互动，打造实效课堂。当然，对教育的激情和精力的奉献是优质教学的重要保障，也是新时代教师必备的职业素养。

能够认识到自己不足并不断提升自己的老师是作为优秀教师的必要前提，姚秀海工作室这次的活动是要帮助学员们认识到教育教学的丰富内涵，教师在育人路上还要做的事情太多，一本书不能让一个人成为名师，但是一种反省的态度，一种追求卓越的信念和用知识武装自己的习惯可以帮助一个人有质的改变。以此活动为契机，引导学员们都能寻求自身的发展，不断进步。

第二期培训活动总结

姚秀海名师工作室 2015 年 10 月—12 月

聚焦课堂教师成长之"好课的标准"

此次培训的第一个主题是"好课的标准",专家是来自上海市崇明中学的特级教师、上海化学学科名师基地负责人的杨卫国老师。杨老师首先向大家展示了一节真实的比赛课,让学员形成对该课的评价,以小组为单位归纳总结自己组的看法并在全班交流。然后每个小组从自己的思考角度拟定一节好课的标准,与班上学员分享。最后老师对学员们的看法予以点评并和大家分享自己的观点。

学员们在认真观看
教学比赛视频

师生讨论交流视频中
课的亮点和不足

在这个环节中,我们发现每个老师思考的角度不同,制定出的"好课的标准"就不一样。有的老师从教学的三维目标为出发点阐述了好课应该在三维目标上得到哪些落实点。有的老师从教学引入、过程、效果和教师素养四个方面提出了自己的见解。还有的老师从宏观和微观的角度来概括好课的标准。大家积极发言，学员们热情的互动，现场气氛热烈。就学员们提出好课不同的"标准"，杨老师指出，正是因为好课的"标准"不是唯一的，没有权威版本，教学才变得有挑战性、有创造力。一节课不可能做到满足所有老师提出的关于好课的要求，但是有些基本的要求和我们试图达到的境界是需要教师们达成共识的，这样我们的教学才有据可依，才有方向性。

工作室的付晨老师和同组的老师在讨论"好课的标准"

杨老师在和大家分享自己关于"好课的标准"的看法时尤其强调了对学生主体地位的重视，这一点让学员们印象深刻。杨老师指出，为了体现学生的主体性，老师在设计教学目标时要关注学生的发展性，使学生的能力有知识、技能、方法、情感和社会的梯度提高。教学结构要注重学生的过程性，在兼顾教学结果和过程的前提下让学生更多地参与到教学活动中来。最后，老师还应该力图使教学氛围充满民主性，尊重学生，帮助学生创建"分担与共享"的人际关系，从而保证教学目标得以实现。

聚焦课堂教师成长之"单元设计"

经过一个主题的培训，姚秀海名师工作室的老师们都受益匪浅，强调要注重教学设计中对学生主体地位的体现。姚秀海老师指出老师们应该尽量设计相关的教学过程让学生"真正地"参与到教学活动中来，体验知识的生成过程，这样学生学到的知识才能更深刻，掌握得更扎实。在"好课的标准"这一主题的基础上，杨老师带领大家进入第二个主题"单元设计"的探究。

在真实的教学过程中，教师们都会做课时设计，但是对于单元设计，学员们均表示较为陌生或者不太长做。然而，单元设计却有着课时设计达不到的功能，因此杨老师特意设计了单元设计的主题引起教师们的重视。新课改提出了知识与技能、过程与方法、情感态度与价值观的三维目标，这是老师们在设计教学目标时需要设法落实的三个维度，然而想在一节课或者一节内容里同时达到三个目标难度较大。如果我们能把三个目标分散到一个单元中，那么经过一个单元的学习，三维目标就能得到统一，就比较容易实现。

学员们交流单元设计方案

工作室付晨老师和同组老师讨论单元设计的思路

除了便于三维目标的同时实现，单元设计还有利于老师整体把握教材、引领课时教学设计、落实教学策略以及备课组的校本研修。值得强调的是单元设计的基本单位不是课本上划分的一个单元，而是一个完整的知识块。所以老师在进行单元设计时，其实也是在对相关的知识点进行整理归纳，形成立体的知识结构，查缺补漏，对一个单元的教学有总领性的作用。

课上杨老师以选修4中水溶液中的离子平衡为例，要求每组做出该知识块的单元设计。学员们用心讨论思考，每组都呈现出丰富翔实又独具特色的单元设计，得到了杨老师的肯定和好评。姚秀海老师在每组分享完之后还提出了个人对离子平衡的知识点框架，和大家平面的知识框架不同，姚老师出人意料地提出了知识框架的三维结构，分别以宏观、微观、宏观与微观为三维坐标轴，将酸碱盐的分类、离子种类大小、反应类型、平衡体系等知识点填入这个立体结构图中，让在座的老师振奋不已。

姚秀海老师展示"水溶液中的离子平衡"单元三维知识结构图

姚老师指出自己的知识结构还在构建当中，需要时间完善丰富，虽未完工，但是乐于和大家分享，共同进步。培训会上大家都是积极地交流，把自己的经验和疑惑都说出来，其他学员也能汲取经验和帮忙解答疑惑，这样的氛围不就是学习最好的氛围吗？

聚焦课堂教师成长之"课时设计"

　　此次"聚焦课堂"校本研修的主题三是课时设计，主讲人是拥有多年教学经验和杰出教学成果的叶佩玉老师。

叶老师在给大家上课

　　叶老师分别从化学课时教学设计的任务、化学课时教学设计的一般过程、认真做好教学分析、精心编制教学目标、科学设计教学方案、课时教学设计的表述方法六个方面来阐述如何做好课时设计。期间她应用丰富典型的事例，将理论与实践相结合，用对比的方法让学员明白案例中孰优孰劣以及原因，为大家指点迷津。在整个培训过程中，叶老师尤其强调确定适当可行的教学目标的重要性。叶老师指定以选修4中水溶液中的离子平衡的第一课时为例，让学员们写出教学目标，抽取部分学员的做展示，在班上交流。

　　学员们积极发表自己的观点，取人之长，补己之短，不断地修改自己的教学目标。在大家都认为没有课修改的地方的时候，叶老师指出了大家设计的教学目标中的问题，和学员们一起探讨。针对教学目标的设计，叶老师总结为以下几点：第一，三维目标的地位要准确，知识与技能目标是指学生要做什么；过程与方法目标指学生要怎么做；情感态度与价值观目标指学生有什么样的收

获与体验。第二，语言表述要符合基本
要求，用词具有科学性、合理性、明确
性和可检测性。教学目标的行为主体是
学生，所以教学目标用语要和学生人称
一致，同时行为指向要明确具体究竟学
生能达到怎样的结果和程度。

以氧族元素第 2 课时的一个教学目
标为例分析：

知识与技能：

1. 通过比较学习，理解和掌握同素
异形体、同位素概念。

2. 引导学生合作探究，掌握臭氧和
过氧化氢的性质，了解其应用。

过程与方法：

1. 通过引导学生对有关易混淆概念

贵阳一中严莹老师作为小组推荐代表
在班级汇报

的学习，学会比较学习方法。

2. 创设一定的科研情景，培养学生的质疑精神和实验设计能力，初步学会
合作学习，体验知识的产生过程。

3. 创设一定的学习交流平台，培养学生自主学习意识以及收集和处理信息
的能力。

情感、态度与价值观：

1. 了解环境保护意义，促进人与环境和谐发展意识的树立。

2. 培养学生辩证分析问题的意识和能力。

在这个案例中，首先，老师使用了"引导学生""培养学生"等短语，不
符合学生的主体地位。其次，学生如何合作探究、创立何种科研背景不具体确
切，缺乏明确性。最后，学生的质疑精神应当属于情感态度价值观目标，该案
例中却将它置于过程与方法目标中，属于混用。

叶老师在课上表示，确定了可实施的教学目标，老师接下来应该从教材处
理、过程设计、教学方法的选择和媒体资源的运用几个方面来制定教学方案。
通过一个早上的学习，学员们深受启发，用下午和晚上休息的时间完成了水溶
液中的离子平衡第一课时的课时设计。第二天小组内交流教学设计，互评找出
设计的亮点，推选代表在全班交流。

工作室曹老师和同组学员进行课时设计

经过该次系统全面的学习，对老师们而言非常熟悉的课时设计变成了一道值得精心烹制的菜肴，用心方能出美味。

关于概念性知识教学的探讨与反思

为了落实新课改理念和促进教师素质发展，姚秀海名师工作室专门开展了听评课的教学研讨活动。结合高一年级概念性知识抽象难懂，同时课时量又少的特点，姚秀海名师工作室的王欣老师和张婷婷老师认真思考，采取课前预习、概念迁移等教学策略，取得良好的课堂教学效果。

王欣老师教授的内容是气体摩尔体积的第一课时，即气体摩尔体积的概念、公式及计算。王老师做了充分的学情分析，掌握到学生对物质的量和摩尔质量的理解和应用还存在困难，如果再生硬地引入气体摩尔体积势必会更加挫败学生的学习积极性。基于此他进行了知识的迁移，由摩尔质量的引入转移到气体摩尔体积的引入，让学生自己得出定义和表达式，降低了学习难度。

王欣老师与学生进行师生讨论交流

工作室老师在认真听课

　　作为一名教学经验丰富的老教师，王老师在教学重难点的把握和突破方面、习题的难度梯度设置以及教学思路方面的能力得到了其余参加此次教研活动老师的高度评价。

　　张婷婷老师上课的内容是物质的量浓度，与传统的先讲公式的应用再讲溶液的配制顺序不同，张老师在第一课时引入了物质的量浓度概念并进行了简单的概念考查后，进入了一定物质的量浓度的溶液的配制内容。和王老师相同的地方在于张老师也要求学生在课前预习，发放少量的预习作业，并检测学生的预习效果。通过预习可以提高学生的学习效率，提高课堂实效，在一定程度上解决课时紧张的问题。

同学们专心地听课和记录笔记

张老师和同学们亲切交流，融入学生之中

　　课下参与听课的老师们针对张老师的这节课做了深入交流。首先，大家肯定了张老师的教师素养、清晰的教学思路和勇于创新的精神。然后，对教学过程的细节问题提出了宝贵意见。鼓励张老师在新课程理念下不断地探索反思，快速地成长起来。

基于实验创新的化学教学创新

　　化学是一门基于实验的科学，化学学科特有的实验素材能够强烈地激发学生的学习兴趣，有效的辅助化学教学。现如今越来越多的老师已经不满足于教科书上的化学实验，进行了种类丰富的化学实验创新。创新设计包括改善实验现象、设计新型的仪器装置、增加引起学生兴趣，促进学生理解，树立环保意识以及其他各种目的实验。实验创新现在正处于百家争鸣的可喜状态，贵州的老师也慢慢把注意力转移到了实验创新上。为了增强化学工作者间化学实验的交流，相互切磋，共同成长，同时也是为了给即将赴厦门参加第十二届实验教学创新研讨会的老师们出谋划策，姚秀海工作室和王科志在贵阳市第一实验中学联合举办了基于实验创新的化学教学创新教研活动，此次活动还邀请到了肖老师和冉老师指导。

专家们在讨论实验创新方案

参与此次实验创新活动展示的老师分别来自贵阳市第一实验中学和贵阳一中新世界国际学校，几位老师实验的创新方面主要表现在对实验现象的改进、使微观反应可视化和具象抽象的原理。采取的方法包括药品的处理、仪器的连接选取、教学用具的创新设计等。来自贵阳市第一实验中学的王艺老师自主设计了原子结构模型，旨在调动学生的积极性，能"看到"原子的结构，离子的形成。贵阳一中新世界国际学校的杨健老师对书上分子的运动实验进行改进，让学生看到了分子运动的"轨迹"和"速度"。其他老师也提出了独特的实验创新，关注学生的直观感受、体现环保意识，各具特点，获得专家老师的肯定。

王艺老师在展示原子结构理论模型　　　　杨健老师在展示分子运动模型

所有老师演示结束后，专家们就各位老师的作品提出以下建议：

（1）实验装置要去繁从简，追求简单化和有效性，不要越改越复杂。

（2）实验现象的改善效果应该再加强，优化实验设计。

（3）挖掘自己设计的独特点，以便在众多的实验创新作品中脱颖而出。

（4）关注实验创新的教学作用，实验的创新根本目的在于促进学生的理解，而不是花哨的表演。

参与人员在认真观看演示

贵州的老师已经慢慢开始了实验的创新研究，致力开创更有趣味、更富生命力的课堂，这对贵州的化学教育来说是一件大好事。但我们也意识到自己的起步晚，在多方面还存在不足，所以需要投入更多的时间和精力在教学上面，努力让贵州的化学教育更上一个台阶。

创新——化学教学的生命力

2015 年 10 月 28 日—30 日，中国教育学会化学教学专业委员会第十五次学术年会暨中第十二届实验教学创新研讨会在福建省厦门市召开。会议汇集了来自全国各个省市代表队、师范院校专家、教科研人员、中学一线化学教师，共有两千余人参会。工作室领衔人姚秀海带领部分学员参加会议，并且全程观摩了化学实验教学创新大赛。

研讨会开幕式

与会成员合影

　　28日上午，会议代表们聆听了专家带来的三场精彩的报告演讲。中科院冯守华院士做了题为《科技史话语技术创新》的报告，他站在学科价值的高度上，带领大家领略了科学从诞生到未来的奇妙旅程，并指出当今时代是化学的黄金时代，化学研究的热点就是创新。将来的化学研究方向更多的是认知科学、混沌与分形科学、基于信息时代特点的网络与大数据分析、清洁高效能源的开发利用、科技企业的研发、加强致力于为社会谋划美化未来的顶层设计。山东师范大学毕华林教授做了题为《当今国际化学课程改革动向》的报告，结合国内外化学实际情况，向大家介绍了今后的化学教学改革方向，为广大教师和教学工作者提供最新的教育动向。毕教授经过长时间的研究提出了当今国际化学课程改革的三大动向：一是突出化学核心观念的引领，把零散的学科知识整合成大的大概念，形成学科的全景图；二是重视化学学科思维的形成，让学生通过学习掌握一种学习思维，而不仅仅是知识；三是增进对学科本质的理解，从知识体系，过程、方法、实践，认知方式等多维度理解科学。

冯守华院士在给大家做报告

　　厦门一中副校长娄延果教授做了关于《当前化学实验教学改进与创新的研究》报告，娄教授通过科学系统的观察分析，研究了和实验创新相关的专著、硕士论文、杂志、教学评优和实验创新大会等样本，总结了当今化学实验创新的现状和发展方向。他指出实验的创新内容主要集中在装置的改进、仪器装备的设计、实验现象的优化等几个方面，老师们要注意的地方是要重视基础实验的过程价值、不要求繁避简、多多关注实验对学生学习理解化学知识的重要作用，而不是形式上的创新。

28 日下午—29 日全天，全国 27 个省市及地区的参赛选手分三个组，每人有八分钟的陈述和实验演示时间，向大家展示了自己的实验创新成果。姚秀海老师有幸被组委会聘任为第一小组的评委，参评由广东、新疆兵团、内蒙古、北京、江苏等九个代表队的参赛作品。通过观摩学习，工作室老师们感受到了化学教育者们不断追求实验创新的热情和精力，了解到如今各省在实验创新上的研究现状，学习到多种实验优化方案和装置的创新设计以及创新实验的理念等。

金属的钝化实验

模拟工业制碱流程

上海代表队在数字化实验的研究上是居于全国前列的，他们利用数字化手段进行了胆矾结晶水含量的测定、验证金属的钝化现象、模拟工业制碱流程等实验设计。北京代表队对化学学科承载的环保意识有着着重的关注，北京的老师们自制净水器、静电除尘装置，让学生通过实践获得化学知识，获得大家的好评。此次参评的项目有两百多项，其中高中化学实验占了更大的比重，很多老师的创新成果已经申请了专利，发表在化学教学的核心刊物上，得到了校级甚至更大范围内的推广，激励着广大同行。

姚秀海老师担任评委组委会颁发的聘任证书

在 30 日上午举行的闭幕式上，组委会邀请到陕西师范大学周青教授、北京师范大学刘克文教授对参赛者的作品进行评价。

陕西师范大学周青教授进行点评

北京师范大学刘克文教授进行点评

专家了肯定了创新者的设计，表示老师们的创新活动将有效地辅助课堂教学活动，创新是未来化学教学发展的促进力量。在创新的过程中要注重实验的简单化，不能越设计越复杂，同时可以向有助于学生更好地理解概念性知识的方向进行思考和设计。大会评出了若干名一等奖和二等奖，表彰了在此次会议中辛苦有序、辛苦工作的团体并对他们进行了颁奖，会议结束后工作室参会人员都申请成为中国化学学会会员，保持对化学教育现状和动态的密切关注。

记工作室赴关岭民中交流活动

2015 年 12 月 11 日—12 日，贵州省高中化学姚秀海名师工作室联合贵州省高中物理田仁军名师工作室和贵州省高中语文唐远霞名师工作室赴关岭民中开展了教育教学交流活动。本次活动分为三个板块：第一环节是由关岭民中的老师和工作室老师进行《铁的重要化合物》内容的同课异构；第二环节是全体听课老师进行评课，交流探讨元素化合物教学的思路和策略；最后姚秀海老师为工作室成员和关岭民中化学组的老师们就《高中化学教师专业技术能力提升和职业生涯规划》做了一场精彩的汇报。

姚秀海工作室成员合影　　　　　　　　活动参与人员合影

元素化合物的性质是化学知识结构的重要组成部分，是学生认识物质的重要媒介。和老版的教材相比，新教材把元素化合物的内容集中在必修 1，广大化学老师明显感受到必修 1 知识容量大，课时量少，在教学过程中受到了巨大的阻力，教学效果欠佳。为了更有效地解决这个问题，关岭民中化学组的老师们确定了同课异构的课题为必修 1 第三章第二节第 3 课时内容——《铁的重要化合物》，通过互相探讨交流，分享经验，帮助大家更好地组织开展元素化合物的教学。

关岭民中的余老师采用的是较为传统的教学方式，但在传统的教学环节中还体现出了新课改以学生为主体的理念。余老师的课如同一首诗，行云流水，水到渠成。课上老师让学生自己设计铁的转化实验，采用分组实验的方式既让学生自己亲身参与了实验过程，同时培养了学生的合作能力。同时余老师十分关注学生的思维发展，每一个问题都落在实处，促使学生伴随着老师的引导得出结论，主动地获取知识，而不是单向地接受知识。

张婷婷老师充分体现出了年轻教师的教学热情和自身对教学的思考。张老师以"大力水手"中菠菜的作用为素材，号召同学们用实验的手段检验菠菜中的铁元素，从而展开了对铁的化合物性质的学习。在她的课上大家感受到了化学在解决生活际问题所起到的重要作用，化学知识承载着实际的应用价值。在学习完铁的化合物的性质之后，同学们学以致用，提出检验菠菜中铁元素的方案，大家感受到讲授大容量的知识也可以在轻松愉快的氛围中得以完成。

于老师在启发同学们思考

张老师在指导学生实验

在评课的环节中，姚秀海老师首先指出老师们在处理必修 1 的知识内容时定位要准确，深度要把握好，重在培养学生的学习习惯和方法，让孩子会学习、爱学习，而不是一蹴而就让学生达到高考水平。所以面对必修 1 的众多内容，老师要做好取舍，重点在于传授方法，而不是枯燥的知识点。为了达成这一目标，老师们要努力营造有生命力的课堂，无论是关注学生思维发展的问题驱动，还是结合生活实际的有趣素材都是值得采用的教学策略。老师们不能被分数束缚，教育的目的不是做题，不是考试，而是树人。科学教育的目的不是背公式，不是计算，而是让学生具备科学素养，理解科学，热爱科学。

评课环节　　　　　　　　　　　　　　老师们专心地听讲座

　　展示课和评课结束之后姚秀海老师结合个人的工作经历给高中化学教师的专业技术能力和职业生涯规划提出了宝贵的建议。老师的专业技术能力是多维的，不仅有教师基本功、专业知识、多媒体技术的运用，更重要的永远在更新的教育理念和坚持终身学习的态度。姚老师指出我们的教学之所以出现了脱轨的现象，根本在余老师用过时的知识在指导当下的学生解决未来的问题，三者在时空上的差异必然导致教育的问题。因此老师们需要由终身学习的态度和自知不知的谦卑，我们对学生的帮助和指导才是有效的。无论是年轻教师还是骨干教师，甚至是名师，各位老师都要对自己的身份有准确的定位，确定自己在一定时间内的职业目标，通过不断提高专业技能来达成。教师是一个光荣的身份，同时是一项富有创造力的事业，教育则是值得花毕生精力来完成的梦想。

分享交流

贵阳一中　姚秀海

作为人生教育的教师做教育的三部曲。教师不仅是一种职业，像培养职业工人的培训师，教师也不仅是一个专家，像培养工程师、会计师等那样的专业教育家，中小学教师培养的对象不是"快要成熟的产品"，而是"一块有成长潜力的材料"，中小学教师的教育必须是人生教育，需要教师学高为师，身正为范。

基础教育是人生发展的基础，中小学课程都包括在内。随着时代的进步，全面的基础教育不可能在高中毕业前完成，作为新时代的人，不管从事什么专业、行业，都还需要进行通识教育，可以说，通识教育是基础教育的延续。

知名的教育专家，105 岁的周有光老先生认为通识教育包括两个方面的内容，第一个内容是，要培养基础知识。近现代以来的传统是，把语数外视为基础知识。基础知识教育要培养得好，主要工作做在中学阶段，因此中学是最重要的。到了大学，先生就可以应用基础知识来获取更加高层次的知识。第二个内容是，学习逻辑思维，培养独立思考能力。这是非常重要的。在通识教育的基础上产生了专业教育。基础教育、通识教育都是先生成长过程中的教育，不是快要成为"产品"的职业或者专业教育。

教师教育贯穿百年树人的全部过程，它是基础教育、通识教育和专业教育的三部曲。

未来的骨干、名师：我们的基础够坚实吗？

反思我们这一代成长起来的教师，当年所谓的基础教育，甚至是专业教育，很多的科学都没有学习过，有的学习过也没有过关。教师教育致力于促进教师的专业发展，我们得缺什么补什么。

任何学科的教师，更不要说骨干教师、教育名师，都要进行教育教学研究，教学论文写作，"言之无文，行之不远"，缺少了什么，我们完成教育过程中一切任务都显得无能为力。

论文需要文字功底，思考需要逻辑严密性，需要建构模式、建立秩序，你不需要数学知识吗？知识理念需要更新，怎么能够任自己上不了网络为借口不进行知识更新？

我们的基础教育存在漏洞，我们每一个人自己清楚，只有自己努力去弥补。名师工作室可以提供一个加速教师专业发展的平台，如果一个学员经过很多的努力，十年、二十年还是难以成为骨干教师、教育名师，可能就是基础教育造成的了。

通识教育在教室教育中的重要性。俗话说："他山之石，可以攻玉。"不少的学员在活动中领悟到，有些在本学科里百思不得其解的东西，在其他学科里能够找到解决问题的钥匙。在这里看到了专业教育与通识教育存在特殊的通道。

什么是通识教育？台北铭传大学国际学院王立天这样解读：有人把通识教育叫作"The Liberal Education"。英国肯特大学将它定义为：大学使命的核心。课程扩展学生智慧的范畴，提升道德和人道主义价值，为学生居住在今天的全球性社会做准备，为学生成为负责任的公民做准备，并能让学生具有创造力的事业人生。通过学习经验，学生能够发展其智慧的灵活性，以适应一个不断变迁的世界。"

教师通识课程的文化经典。2006年香港大学研究员甘阳在复旦大学做的报告中指出："通识教育的根本是追问在如何时代、如何变迁下，最基本的、最不会变化的东西是什么。这些最基本的东西可以训练出最基本的思考能力，包括对伦理问题、人生问题的看法等。"

通识课程的其他板块。通识课程的板块很多，除了上面提到过的文化经典板块外，还有学习板块、逻辑板块、问题板块、系统板块等，教育部规定有八大学习领域。

美国高中教育的七大亮点

贵阳一中　姚秀海

通过阅览上海卓越校长人大附中刘彭芝基地学员随"中美人文交流——中国大中小学校长和教师美国采购考察录"，我了解到美国高中教育的七个亮点。

1. 有鲜明的育人目标。学校的育人目标是全面的、对社会责任感、良好的品德修养等给予了高度重视，值得一提的是美国教育重在培养具有世界科学发现力、技术发明力的未来美国人，在世界各种事务中具有领导力的美国人。培养未来世界的领导者是隐含在这些学校培养目标的灵魂。

2. 开设以想象力、创新精神、领导力培养为特色的特殊课程。学校开设的三类课程：一是以培养美国公民基本素质为目标，开展以七个领域与全国和州标准统一为内容的基本课程；二是以培养未来科学发现与技术发明基本素养为目标，开展以综合性项目研究学习为重要特征的学校特殊课程；三是以培养未来精英领导基本素养为目标，开展以与人沟通、合作、组织、领导、勇气等内容的领导力培养课程。

3. 开展侧重于问题解决学习与探索实践体验为重要特征的教学活动。一个共同点理念是"问题比答案重要"。问题是学生学习的逻辑起点、成长空间、兴趣源泉，它充满着对智慧的挑战。问题之所以比答案更加重要，是因为发现真正有价值的问题的能力是科学发现或者技术发明的第一能力；是因为问题探索过程中有思维方法的有效训练、有思维撞击的智慧火花、有合作与多元宽容的精神培育；还因为问题探索结果，哪怕是数理方面，更不用说是文科方面的，随着学段的增长，同一问题可以有一个不断加深认识与理解的不同答案。

4. 重视学生参与社会活动，尤其是研究性项目学习的评价。学校比较重视 ACT 考试、SAT 考试或者 AP 考试科目的学业水平评价，还十分重视学生工作阶段参与各种研究项目学习及取得的成果评价，客观真实地记录了学生平日的学习成绩，在此基础上为学生上大学写推荐信。不要只用知识性考试标准评价学生，为学生创新、探索精神的培养起到了积极的作用。

5. 豪华、开放的师资队伍。师资力量雄厚，首先是高学养。学校一半以上的教师具有博士学位，是保障学生综合性研究项目高质量学习指导与对话教学时从容指导的学养基础。其次是具有强大的社会智力资源的支持力量，大多数都有多名或者庞大的专家团队，为学校课程多样化和学生开展综合性项目研究学习提供支撑与保障。再次是令人羡慕的师生比，一半以上是 1：5，还有诸多的后勤保障服务人员，这种师生比保证每一个学生得到教师足够的关心，并且为学生公寓楼每七名或八名学生配备一位住校老师，负责关心学生的学习与生活。

6. 一流的、开放性的教学设施条件。有很好供学生学习研究用的专业性较强的实验室（13～15 个）。有的实验室达到大学的专业化程度，同时拥有校外专业研究机构的支持。

7. 拥有良好的社会文化支持力量。高端大学的牵引力，学生都能够上美国一流的高校；对真理的追求与诚实坚守的文化大环境，学术自由、学术自主与学术中立是美国学术界所倡导的。

学习总结

不惧教改浪潮，坚守教育梦想

——记 2015 年贵阳市"三名工程"领衔人培训班个人学习总结

曹晓芹

2015 年 12 月，我非常荣幸能有机会参加 2015 年贵阳市"三名工程"领衔人上海培训班。一周的培训时间转瞬即逝，回顾在上海这一周的学习，每一位授课专家或涵养高远，或深沉睿智，或优雅智慧，或思想创新的讲座让我感悟良多。一起参加培训的各位名师，不管是两鬓斑白的长者前辈还是年富力强的壮年名师都好学上进、乐于创新、真诚勤奋。他们孜孜不倦的认真严谨的态度给予我很大的动力和感触，这个团队给我带来的感动与收获，会鼓励我在今后的教育教学实践的岗位上继续坚定自己的教育梦想。

进入到这一周的学习，让我从"老师"重新回到"学生"的身份，体会学习的快乐。本次培训的安排是非常充实的，从理论知识的充电到实地参观的体会，从名专家教授的讲座到名校校长的具体教学安排，从提升教师专业化发展到优秀教师团队的建设，方方面面都更新了我的观念。下面就我感触最大的问题做如下简单的小结。

上海是全国教育的排头兵，在这里我具体感受到了新一轮高考制度改革带给学校的冲击。从改革理念到具体实施操作，让我近距离地了解到了新高考制度对一线教学的影响。

2014 年 9 月 4 日，国务院发布《关于深化考试招生制度改革的实施意见》，9 月 19 日，上海、浙江两省市政府同时发布高考改革方案，拉开新一轮高考改革的序幕。与普通中学密切相关的是国务院印发的《关于深化考试招生制度改革的实施意见》总体方案以及与之配套的《关于普通高中学业水平考试的实施意见》《关于加强和改进普通高中学生综合素质评价的意见》等几个文件。这几个文件从改进招生计划分配方式、改革考试形式和内容、改革招生录取机制、改革监督管理机制、加大信息公开力度等方面做出规定，明确了进一步促进机会公平，更好地引导素质教育，促进学生健康成长的目标任务。

新一轮高考改革的深层背景是建立科学、公正的人才选拔和培养体系，为提升民族素质和综合国力创造有利条件。高考在表面上是为高等学校选拔新生的考试选拔，但在深层次上，是高等教育资源的分配，是最重要的社会人员流动，特别是纵向流动的途径。高考既具有教育功能，又具有超教育的政治功能、经济功能和文化功能。高考的公平、公正滋润着社会的公平正义体系。高考的内容、形式，通过显课程、潜课程等多种途径，影响着一代代人思维习惯、价值观念和创造能力的形成和改变。高考既有文化传导功能，又有文化塑造功能。高考既直接决定了高等学校的起点的质量，又对中学教育发挥着强有力的导向作用。

改革考试形式和内容、改革招生录取机制等内容势必影响到中学的教学管理，从某种意义上讲与贵州目前现行的高考制度可以说是"颠覆性"的，新的高考制度让学生在考试科目上有了更多选择；一年两考，增加考试机会，把统一高考和高中学业水平考试相结合；高考录取将逐步过渡到不分批次。这些变化将给学生更多自主的空间，同时也为学校管理，学校的教学管理提出大量新问题，带来新挑战，引发我们在教学教育管理上的诸多思考。

思考一：学校能否适应高考改革，真正做到根据新高考选择考试科目的要求对课程进行安排，满足学生的学习需求，促进学生个性化发展。

在这次的学校参观过程中，松江二中、上海市卢湾高级中学两所名校也都面临着课程设置的困难。师资力量的薄弱，教学场地的限制，学生发展的不均衡，等等。贵阳高中教育现状我们该如何处理和面对？如果课程安排依旧以高考为目标，这么繁杂多变的考试选择方案会让学校陷入困局，最终是否能实现高考改革的初衷？

对此轮高考改革作为一线教师的我和大多数人一样，有很多的期盼。也有很多的冷静思考与分析，客观地说要让系统性、综合性这么强的一次的改革一蹴而就是不可能的，要使综合素质评价、社会化考试、自主招生等方面的改革具有可操作性以及建立制度保障机制还有很长的路要走。

课程设置是学校教学的核心部分。此轮高考招生制度改革的核心是"选择教育",让学生选课。英语科目的一年多考,六门学科的等级性考试,所有学科的合格考试必将引发教师专业结构变化,也一定会促使校本课程资源的开发。学校必须依据自己的实际情况,综合分析,找到最适合本校自身情况的能顺应学生成长需要的课程设置,安排好课程,让学生真正能根据自己的学科水平、兴趣特长和未来发展方向,来自主选择合适的科目。

思考二:怎样建立与选课制度相适应的并能解决好行政班与走班之间关系的科学的教学组织管理方式。

《关于深化考试招生制度改革的实施意见》中指出,"改革考试科目设置,考生总成绩由统一高考的语文、数学、外语 3 个科目成绩和高中学业水平考试 3 个科目成绩组成。计入总成绩的高中学业水平考试科目,由考生根据报考高校要求和自身特长,在思想政治、历史、地理、物理、化学、生物等科目中自主选择"。目前中国的高中学校现有的行政班方式已经运行多年,很多学校已经有了行之有效的一套管理方法,对教育结果的测量也往往以班级为单位,对教师工作的考核也是以班级为单位的,也确实起到调动各层次教师和学生的积极性的作用。但在新一轮的高考改革下,原有的模式已经不能适应新形势,怎么分班,如何分层,若严格按照"6 选 3"或"7(加上信息技术)选 3",理论上的排列组合类型,会有 20 种或者更多,师资如何调配,教室如何利用,课程如何配置,课时如何设置,对学校的教学组织管理提出严峻的挑战。

新高考下新班级如何组建?哪个学年分班?依据什么分班?如何进行管理?这些都应该放在新高考制度的大背景下来进行微观细致的安排。分层走班是一种最贴近学生自身发展状况的。通过在分层之前提供中考、月考等大型考试成绩分析数据给学生、家长选择参考;对学生进行职业规划教育;引入专业机构对学生进行心理测试分析,帮助学生明确职业方向;班主任与科任教师个别指导;与家长充分沟通等,这样可以避免学生仅凭个人喜好盲目选择,减少排列组合的种类。然后再以语文、数学、外语为轴心,将选课的合并同类,放到主体教学班中去并搭建若干个各层次的主体教学班,在教学上采取分、合的方式,在管理上采取行政班和走班并存的双向管理模式。若处理好这个问题,新高考下的分层走班应该比原来的分层教学模式效果更好,因为学生有学习兴趣,有一定的学科学习基础,学习效果自然也会好很多。当然分层走班意味着要有足够的师资,足够的场地,而这些也都是我们目前贵阳的学校所最欠缺的。

思考三:如何整合大数据手段实现学校的精细化管理。

在信息化的今天，"经验教学"即将过时，"数据诊断"才是王道。新一轮的高考改革，要满足学生的选课需求，要处理大量的数据，要变革教学管理方式，要实现学校的精细化管理，唯有借助信息化手段。面对众多的组合，学校应建立智能选课平台，将各类分析数据、专家指导、教师建议等放在这个平台里供学生选课参考；为方便走班管理，学校应建立课程管理系统；还应建立智能分班系统、数据分析处理系统、师生评价系统、师生门禁考勤系统（针对走班）等。

新一轮高考改革必将冲击我们现有管理模式，必然要构建新的管理秩序，所有的都需要我们提前思考，以便应对。

面对高考改革，我们必须坚守当年从业时候的教育梦想，做好思想上和物质上的准备，无惧冲击去勇敢面对。

学员学习培训总结

付　晨

今年我有幸参加了姚秀海组织的化学工作室，通过学习我获益匪浅，采取这种培训方式，我觉得非常好，它为教师的教学教研水平的提高提供了一个很好的平台，特别是我这样的年轻教师。本次学习工作室站在理论的高度，要求学员跳出课堂，研读专著，将所学所思再应用于课堂，将理论和实践相结合。为更好消化学习内容，将所学知识内化为自己的教学经验，我对本次学习，做如下总结。

这次培训，使我充分享受到了自身充电带给我精神上的富足和愉悦，亲身体验了在专家引领和伙伴互助下的学习过程是多么的丰富多彩。让我进一步掌握了新课程改革的理念和要求，教师学习的重要性，教师职业倦怠的原因以及改进方法。给我提供了这个再学习、再提高的机会，通过学习和聆听专家讲座，我收获很多，也开阔了眼界，思考问题能站在更高的境界，许多疑问得到了解决或者启发。我不仅学到了丰富的知识，也进一步提高了业务素质。同时深刻感到学习理论知识的重要性，特别是在新课程改革下如何做一名合格的教师。通过理论学习与实践，让我从思想上又有了更深一层次的认识，作为一位高中化学教师，必须具有渊博的学科知识，熟练的操作技能，良好的思想品质，特别是骨干教师，更应当掌握现代教育教学理论、掌握现代教育教学技术。教育理念要提升，理念的更新随之带来的是教育教学方式的变革，未来教育需要"专家型"的教师，而不是"教书匠"，所以我们教师，既不能脱离教学实际又要为解决教学中的问题而进行的研究，不是在书斋中进行的研究，而是在教学活动中的研究。

通过学习，更加深了自己对学习重要性的理解。学习活动是人类社会的基本活动，在教学中自己扮演教学者的角色，少了学习者的体验。通过学习自己越来越感到自己学习的不足，体会了学生学习过程的感受，更加理解终身学习的重要意义。新课程也要求教师树立终身学习的目标，实现自身的可持续发展。树立终身学习的意识，将不断学习作为自身发展的源泉和动力。我要将这次学习的收获贯彻到自己的教学实践中，将学习与实际教学结合起来，努力探索新的教育教学方法。在丰富自身专业知识和理论修养的同时，更好地适应教学所需。通过这次学习我也结交了不少的老师，这为今后的学习与交流创造了良机和平台，我会注重与其他教师的合作与探究，适应新的教育改革的浪潮，适应时代给教师提出的新要求，培养和造就祖国建设的栋梁之材。

通过学习我发现要认真上好每一节课，就要以学生为本，关注学生学习动态，培养学生的问题意识，要学生形成积极主动的学习方式。最后要正确对学生学习进行评价，要通过评价来激发学生的学习兴趣，形成一种积极向上的学习氛围，从而主动地去获取知识，这样才能提高我们的课堂教学效率，促进学生全面发展。另外，我还认真阅读了其他一些教育教学专著，使自己对教育科研方面的理论有了更多的了解，这势必将为我今后的教学研究打下坚实的理论基础。

通过学习使我明白应该转变教学方式方法，创设全新课堂。使我重新反思自己在课堂教学中的方式方法，反思是否让学生体会到学习的乐趣，反思为什么自己做了那么多，而取得的效果却不明显。通过学习，我才明白，要使课堂教学发挥它应有的效果，我们要根据学生的实际情况，及时转变自己的方式方法，因材施教。我们要相信学生，培养学生的自主学习能力。例如，一个知识点，学生刚开始的时候掌握的不熟练，但我们不能由于着急就灌输给学生，久而久之学生养成依赖性，凡是有难度的知识就等着老师教，而自主学习能力得不到锻炼，教学效率依然如故。教无定法，贵在得法。如果我们在教学方法上多考虑学生的实际情况，多用点心去备课，多总结，多反思，那么相信我们的教学将不再繁重，学生的学习将不再困难。

　　通过学习，丰富了自己的理论知识。并体会到自己应该做一名研究型教师，不断反思，不断进步。从反思中研究，从研究中提高。反思的一个重要内容就是自己的课堂教学行为，哪个教学环节有效，哪个教学目标无效，什么时候学生发言积极，什么原因课堂气氛活跃等；反思后进行研究，寻找出优缺点，优点发扬，缺点改进，然后形成自己的教学优势，让一个个教学优势搭建成一架走向优秀教师的阶梯。课后反思，课前还需要研究。研究知识体系，研究教学内容，研究学生，让每一篇教学设计都有一个亮点，让自己的每一节课都有一个笑点，学期之始还要规划。规划整个学期的教学目标和教学内容，其中重点规划教学内容，要摒弃"教材即课程"的想法，用好教材，同时又超越教材，将写作教学和阅读教学作为日常教学的重要内容。教师职业没有最好，只有更好。在不断地反思与积累中获得属于自己的经验与方法，并且能将这种方法深化为一种理论。

　　通过学习，让我能以更宽阔的视野去看待我们的教育工作，让我学到了更多提高自身素质和教育教学水平的方法和捷径。我知道了怎样去定位、去思考、去摸索、去创新，让我的课堂充满激情；我知道了怎样让我的学生真正的喜欢上化学，真正地让每个学生能多样的、持续的发展；我知道了"爱"是教育永恒的主题，怎样更好地去爱我们的学生，怎样让我们的学生在更好的环境下健康的成长。实施素质教育推进新课改形势下的教育教学本质是把握社会发展对人的发展的基本需要，确立培养目标，把握学生年龄个性特点。重于观察、勤于了解、乐于交流、善于沟通。细心培养，精心塑造，耐心转换，爱心评价。要善于差异评价，提倡无错评价。要领会课程标准，激活教材内容。要娴于技能、胜于调控、精于启发、善于表达。语言表达要准确规范、朴实、风趣。课后要体现知识再认识、方法再改进、过程再体验，体现后再提升。在目标上关注个体潜能发挥；在模式上关注个体主动探究和情感体验；在策略上，关注自主学习与受导学习统一。教育由以"本"为本变为以人为本，教师由控制者、评判者转向参与者、引导者，学生由接受型转向探究型与接受型相结合。培养学生的创新意识，发展学生的创新精神，是时代赋予我们的艰巨任务，所以在教学过程中，一定要优化学生的学习氛围，给他们更多的时间和空间，让他们自己去发现问题，研究问题并解决问题，从而培养他们的创新意识和创新精神。我也会在教材的研究上多下功夫，在新课程改革的带动下，转变教育思想，改变教学模式，实施主体性的教学，有意识地培养学生的创新精神和创造能力，努力成为一名新型的研究型教师。

新时代、新知识、新课程都要求教师树立终身学习的目标，实现自身的可持续发展。学习不仅仅只专业方面，要扩充到各个领域，不断地提升自身的修养和素质。首先，必须树立终身学习的意识，把不断学习作为自身发展的源泉和动力。其次，教师应把学习贯彻在自己的教学实践中，将学习与实际教学结合起来，努力探索新的教育教学方法。再次，在丰富自身专业知识的同时，广泛涉猎各种社会科学和自然科学知识，从而更好地适应教学的需要，通过总结经验，提高自身，向更完善的目标努力。最后，要充分利用现代信息通信技术，不断扩大学习资源和学习空间，及时了解专业领域以及其他领域的最新发展动态，注重与其他教师和专家的合作探讨，教师要秉承终身学习和教育理念，以适应教育改革的浪潮。

总之通过本次学习，不但提升了我的业务能力，拓宽了我的知识视野，而且吸取了众多的教学经验，课改理念。这次培训学习让我认识到：学无止境，教育教学无止境，我将带着更新的教学理念，投入到今后的教育教学工作中去，去实现一个个美好的教育理想！

姚秀海名师工作室培训学习笔记、心得体会

陈远贵

本学期培训内容丰富，形式多样，有学术讲座、专题报告、参与式专题与讨论、专题研讨与交流、同课异构教学研讨、实践探究活动等。培训过程中充分重视了学员的参与和体验，无论是学员与专家之间的互动交流，还是学员与学员之间的思想碰撞，都极大地调动了学员主动参与到培训中的积极性，让学员在亲身体验、深入思考中得到提升。姚校长及其他专家、同仁的教育教学理念、人格魅力和治学精神深深地印在我的心中。他们所讲内容深刻独到、旁征博引、通俗易懂、生动有趣、发人深省。

一、通过培训和学习拓宽了知识的视野

在以前的化学教学中，我对新课改的意义和真正的内涵没有真正领会，以及在教学模式和对教材的处理上还有很多欠缺。通过学习后我认识到，新课程改革是人的改革，课程发展是人的发展，需要全员参与。认识到新一轮初中化

学课程改革力图体现"为了每一个学生的发展"的基本理念，以进一步提高学生的科学素养为宗旨，激发学生学习化学的兴趣，尊重和促进学生的个性发展；帮助学生获得未来发展所必需的化学知识、技能和方法，提高学生的科学探究能力。是获得知识与技能的过程，同时成为学会学习和形成正确价值观的过程。并且在教学过程中注意培养学生从化学视角看待物质世界，能应用化学知识和化学方法参与社会决策和解决问题的能力；倡导以科学探究为主的多样的学习方式，重视化学学习方法的启迪，提高学生终身学习的能力，以及在现代社会的生存和竞争能力；培养学生的爱国主义精神、集体主义精神和健康的世界观、人生观、价值观和社会责任感。

在对教材认识和处理方面，通过学习我发现初中化学新课程与原有老课程相比，在课程理念、课程结构、课程内容、课堂教学、课程和教学管理、考试评价等各方面都发生了很大变化。我们必须以积极的心态面对新课程，要不断地更新自己教育观念和知识体系，及时补充新知识，并对原有知识进行整合，更需要调整自己原有教学思路和方法，使自己的教学节奏适应新的教育形式。新课程在教材的取材和功能发生了巨大变化，知识体系也随之发生了改变。

二、教师应善于反思

教师要在教学中反思。尤其是一线教师，重要的工作阵地就是课堂。但教师不能只是课堂技术的机械执行者，而必须是课堂实践的自觉反思者。通过培训学习，让我充分领略到姚校长等专家与名师那份独特的魅力——广博的知识积累和深厚的文化底蕴。姚校长以及专家与名师都有一个共同的嗜好——读书，他们充满智慧和灵气的课堂正是得益于他们读书。读书，可以让自己从不同层面得到丰厚收获；读书，可以加深自身文化底蕴，提高自身专业素养。几乎每个专家在讲座结束之前都向我们推荐了几本好书，让我觉得自身知识的贫乏的可怜。知之而改之，今后我努力的方向就是每天要读书，只要坚持，哪怕读一点点都是好的。在读书的过程中，还必须要学会思考，在思考中进步。

总之，通过培训对我来说有了很大的收获，给我带来了全新的教学理念；通过培训给我们带来了丰富的精神食粮，通过学习使我对新教材教法有了更新的认识，在教育思想和教学理念上有了更新换代。通过培训，让我有机会尝试全新的教学模式，实践自己的教学理念。我要把这些新的教学理念和新的教学模式运用到自己的教育教学工作中去，在学校的新课改教学中发挥自己应有的作用。参加培训学习主要收获体现在以三个下方面。

一是教师要搞好自己的课堂教学，必须准确把握课程标准的要求，按照课程标准的要求确定教学目标，不拔高，不降格。要心中有学生，组织教学从学生的实际出发，面向全体学生，课堂教学问题设置要有层次性，让学生不断在认知冲突中获取知识，提高技能。当前情况下，化学教师要熟练掌握现代教育技术，充分利用现代教育技术把抽象的分子、原子等微观概念形象化，降低学生学习难度，提高学生学习兴趣，促进学生高效学习。在课堂教学中，给学生留足学习思考的空间也非常重要，要切实采取措施引导学生走上主动学习的道路，增强学习的积极性，真正实现由"要我学"向"我要学"的转变。当然，教师灵活的教育机制也是高质量、高效率组织教学的重要保障，各个环节的精巧的过渡，问题设计的层次递进性等，都要体现循序渐进的学习规律。当前，很多教师就是在一些细小的教学环节设计问题上安排处理不当，导致很多好的教学意图没有达成。有的过渡不自然，有的语言啰唆，有的问题设计没有把握好的学生认知上的规律，要么问题无价值，要么问题太难。我们在活动中所听取的两节课，特别是陈老师的那一节课，大环节、小细节都处理得比较完美，给我们启示很多。

二是对课程标准内容的变化有了一定的了解。课程标准对一些化学知识内容学习目标要求有了变化，教材编排有了小幅度的变动，特别是在学生实验方面，明确了学生至少完成的实验活动。这些实验包括：粗盐中难溶性杂质的去除；氧气的实验室制取及性质；二氧化碳的实验室制取及性质；金属的物理性质和某些化学性质；燃烧的条件；一定质量分数的氯化钠溶液的配制；溶液酸碱性的检验；酸碱的化学性质。课程标准指出，科学探究学习目标的实现，必须学生亲身经历丰富的探究活动。义务教育阶段化学课程中的探究活动可以有多种不同的形式和不同的水平。活动包含的探究要素可多可少，教师指导程度可强可弱，活动现场可以在课堂内也可以在课堂外，探究问题可来自课本也可源于生活。探究活动呈现的顺序不是固定的，如进行实验既可以作为收集证据的途径，也可作为提出问题或做出假设的一种依据。

三是通过学习培训与全县学科教师有了交流彼此教学经验的平台，便于就教学中的热点难点问题开展对话，取长补短，扬优弃劣。有利于教师及时解决教学中的某些困惑，有利于教师分享彼此掌握的教学资源，对今后如何组织教学，提高学生学习的实效性有积极的作用。很多教师长时期的面对学生，养成了固执的习惯，总认为别人的东西不如自己的，参加培训嫌内容枯燥，对培训组织者说三道四。教学有法，但无定法，这是个简单的道理。学习培训的目的就是要我们把视野放宽，学会接纳多种观点，学会积极整合利用教育资源。我们口口声声要求学生好好学习，我们都做不到，何以要求学生？我们都不善于学习，怎谈授人以渔？坐井观天、闭门造车都是有前车之鉴的。所以我觉得在学习培训中认真聆听专家的讲座，经常对照培训内容检视自己的工作应该称为教师一种职业习惯。学科教研员提出的"一如既往、关注变化、加强实验、开发资源、方法灵活、有效高效"对我们今后在工作中使用 2011 版课程标准具有指导意义。

社会发展日新月异，随着学生群体的变化和时代的变革，教学必须因时而动，因人而变。作为教育工作者我们必须珍惜每一次教学培训的机会，从中发现自身教学中存在的问题，做到因时而变，使自己的工作适应新学生，适应新时代。唯有如此，提高教学质量、实现真正意义上的素质教育的目标才能实现。

读书心得

《静悄悄的革命》读书心得

龙晓春

刚拿到这本书感到很疑惑，该不会是有关于历史革命题材的书籍吧，为什么这时候要我们一线教师了解日本的革命历史呢？细读之后才知道这个"革命"是源自教育实践、萌生于教室之中，是关于教和学的"静悄悄的革命"。佐藤学老师崇高的敬业精神、务实的工作作风让我为之感动和敬佩，他让我知道了我们的教育教学工作来不得半点虚假，没有务实的工作作风、没有真真切切地付出、没有深入浅出地思考，是不能做好教育教学工作的。这让我对教育教学工作的实践、对教育教学的理念有了更为深切的感悟和思考。

感悟思考一——在阅读教学中要引导学生多读。

本书中列举了这样一个事例：在某次研究会上讨论某小学五年级语文课录像的事情。在课堂教学中，学生的发言一个接着一个的单方面的连续发言，教师针对每一个学生的发言都进行了补充。这样一来每一个学生说话的意思变得明了了，但是发言和发言之间微妙的相互碰撞或者是相互联系却没有产生出来。（其实佐藤学老师所列举的这一事例，也正是我们今天阅读教学中普遍存在的现象。）针对这一现象老师们进行了讨论。通过讨论老师们知道了造成这一现象的主要原因就是读得太少，没有深入浅出的对于教材进行全面细致地把握和理解。最后有一个老师的发言解决了这一问题，在这里我把书中的原话复述出来就是："作为阅读教学，在一节课里面，能让学生多次与教科书的语言发生新鲜的接触，这是决定教学成败的，很有必要返回到阅读教科书去，一节课中若干次反复地阅读。"俗话说："书读百遍，其义自见。"在阅读教学中必须指导学生多

267

读，这是理解文本的最佳方法。只有理解了，才能与作者进行心灵的碰撞，才能让学生感受字里行间所表达的真情实感，感受文本的语言魅力。

感悟思考二——要善于倾听"异向交往"的话语。

本书中佐藤学老师所提到的关于京都大学的哲学家、诗人塆原资明对于"交往"进行了分类，他把交往划分为四种类型：只有一方讲话的"单项交往"；相互交谈的"双向交往"；被拒绝被阻挡的"反向交往"；思路各异的"异向交往"。可以肯定地说在以前的"填鸭式"教学中，大多数都是教师在唱独角戏，应该划分为"一言堂"的单项交往。随着课程改革不断深入的今天，"一言堂""独角戏"早已经被打破了，取而代之的是最为普遍的"双向交往"，这的确是让人感到欣慰的。但是我认为在实际教学中"异向交往"尤为重要。因为学生无论是相貌特征还是性格特点都不可能是相同的，个体的差异是客观存在的，这就决定了对于同一个现象或者问题，每一个学生的看法都不可能是绝对的相同。所以对于我们老师来说，有责任有必要想方设法让每一个学生都能把自己的观点、想法表达出来，进行思维大碰撞，这样才能达到交往的最佳效果，也是我们教师尊重学生个体差异的体现。如果教师对于学生不同的见解置之不理，只是按照自己的思路进行下去的话，不但会打击学生思考的积极性，还会让交往只能停留在表面上，从而变得非常肤浅和单薄了。

感悟思考三——注重倾听，打造实效课堂。

在教学中我们不难发现这种现象，那就是在课堂上比较活跃的同学，他的考试成绩往往不如那些在课堂上默默无闻集中注意力听讲的同学的成绩。在考试中那些十分优异的成绩，往往属于在课堂上并不是表现得太活跃的同学的。有时我也很纳闷，按道理来说只有在课堂上积极举手发言的同学，他的成绩才应该是优秀的，因为只有发言了才能说明其对问题有了见解，这也是在课堂上专心听讲的一种表现。可事实并非如此，佐老师对于"创设以听为中心的教室"让我茅塞顿开。他让我知道了"互相倾听是互相学习的基础""倾听这一行为，是让学习成为学习的最重要的行为。善于学习的学生通常都是擅长倾听的儿童。只爱自己说话而不倾听别人说话的儿童是不可能学得好的。"究竟怎样才能打造以听为中心的课堂，让教学有实效呢？佐老师在多年研究的基础上进行了总结。首先，教师自身要自始至终保持专心专意地、郑重其事地听取每个学生发言的态度。其次，教师应该认真地听取每个学生的发言并做出积极回应，应能慎重的选用每个学生都能理解的词语讲话。在此基础上，我想还可以通过有趣的人物故事等途径，努力创造生动有趣的课堂，吸引学生的注意，从而让课堂变得更加有实效。当然"罗马不是一天建成的",这就要求我们教师在教学中要长期坚持,不断改进自己的教学方法,努力提高自己的课堂实效。

最后我还想说的是,佐藤学老师崇高的敬业精神、务实的工作作风让我为之感动和敬佩,他让我知道了我们的教育教学工作来不得半点虚假,没有务实的工作作风、没有真真切切地付出、没有深入浅出地思考,是不能做好教育教学工作的。在以后的工作中我将会以佐藤学老师为榜样,结合自身的实际情况,从现在开始就参与到这样的"静悄悄的革命"中去,并下定决心将这样的革命进行到底,只有这样才能更好完成教育事业赋予我的神圣使命。

读《学记》想化学教育教学

吴青平

《学记》是中国最早的一部完整论述教育教学思想的典籍,早在春秋战国时期,就已经成为当时学生的必修课。它作为先秦儒家教育思想的总结,是世界上最早的教育理论专著,被誉为"教育学的雏形"。其全文虽不过 1229 个字,但却记载了我国先秦时期的教育思想和教育制度。《学记》全文言简意赅,详细阐述了诸多教育问题,从正反两个方面总结了儒家的教育理论和经验,系统阐发了教育的作用和任务、学校制度、教育目的、教学原则、教师的地位和作用、师生关系等。本文主要论及其教育的地位和作用、教育教学原则以及师生关系思想。作为中国古代系统地阐述教育思想的文献,《学记》的影响已经超越了时空的界限。在步入 21 世纪的今天,名师工作室姚老师指导我们阅读教育教学名著,我选择了中国教育学最古老的这部典籍,不仅有助于我们感悟古人教育思想的真谛,而且对我们当今的教育仍有重大的启迪。《学记》全文如下:

发虑宪,求善良,足以谀(xiǎo,小,有声音)闻,不足以动众;就贤体远,足以动众,未足以化(教化)民。君子如欲化民成俗,其必由学乎!

玉不琢,不成器;人不学,不知道('道':古今异义,指儒家之道)。是故古之王者建国君民,教学为先。《兑(yuè"说")命》曰:"念终始典于学。"其此之谓乎!

虽有嘉肴,弗食,不知其旨也;虽有至道,弗学,不知其善也。是故学然后知不足,教然后知困。知不足,然后能自反也,知困,然后能自强(qiǎng)

也。故曰：教学相长（促进）也。《兑命》曰："学学半。"（前一个"学"字音xiào，本字读作"敩"，意思是教育别人，后一个"学"字音xué，意思是向别人学习。）其此之谓乎？

　　古之教者，家有塾，党有庠（xiáng），术（suì）有序，国有学。比年（隔一年）入学，中年考校。一年视离经辨志；三年视敬业乐群；五年视博习亲师；七年视论学取友，谓之小成。九年知类通达，强立（坚强的意志）而不反，谓之大成。夫然后足以化民易俗，近者说（yuè"悦"）服而远者怀（向往）之，此大学之道也。《记》曰："蛾（'蚁'）子时术之。"其此之谓乎！

　　大学始教，皮弁（biàn）祭菜，示敬道也。《宵雅》肄（yì）三，官其始也。入学鼓箧（qiè），孙（以逊顺之心）其业也。夏楚二物，收其威也。未卜禘（dì）不视学，游其志也。时观而弗语，存其心也。幼者听而弗问，学不躐（liè同后文"陵"，超越）等也。此七者，教之大伦（纲要）也。《记》曰："凡学，官先事，士先志。"其此之谓乎！

　　大学之教也，时教必有正业，退息必有居学。不学操缦，不能安弦；不学博依，不能安诗；不学杂服，不能安礼。不兴其艺，不能乐学。故君子之于学也，藏焉修焉，息焉游焉。夫然，故安其学而亲其师，乐其友而信其道，是以虽离师辅而不反也。《兑命》曰："敬孙务时敏，厥修乃来。"其此之谓乎！

　　今之教者，呻其占毕，多其讯言，及于数进而不顾其安，使人不由其诚，教人不尽其材。其施之也悖，其求之也佛（拂）。夫然，故隐其学而疾其师，苦其难而不知其益也。虽终其业，其去之必速，教之不刑，其此之由乎！

　　大学之法：禁于未发之谓豫；当其可之谓时；不陵节而施之谓孙；相观而善之谓摩。此四者，教之所由兴也。

　　发然后禁，则扞（hàn）格而不胜；时过然后学，则勤苦而难成；杂施而不孙，则坏乱而不修；独学而无友，则孤陋而寡闻；燕朋逆其师；燕辟废其学。此六者，教之所由废也。

　　君子既知教之所由兴，又知教之所由废，然后可以为人师也。故君子之教，喻也。道（dǎo）而弗牵，强而弗抑，开而弗达。道而弗牵则和，强而弗抑则易，开而弗达则思。和易以思，可谓善喻矣。

　　学者有四失，教者必知之。人之学也，或失则多，或失则寡，或失则易，或失则止。此四者，心之莫同也。知其心然后能救其失也。教也者，长善而救其失者也。

　　善歌者，使人继其声；善教者，使人继其志。其言也，约而达，微而臧，罕譬而喻，可谓继志矣。

君子知至学之难易，而知其美恶，然后能博喻，能博喻然后能为师，能为师然后能为长，能为长然后能为君。故师也者，所以学为君也，是故择师不可不慎也。《记》曰："三王四代唯其师。"其此之谓乎！

凡学之道：严师为难。师严然后道尊，道尊然后民知敬学。是故君之所以不臣于其臣者二：当其为尸，则弗臣也；当其为师，则弗臣也。大学之礼，虽诏于天子无北面，所以尊师也。

善学者，师逸而功倍，又从而庸之。不善学者，师勤而功半，又从而怨之。善问者如攻坚木，先其易者，后其节目，及其久也，相说以解。不善问者反此。善待问者如撞钟，叩之以小者则小鸣，叩之以大者则大鸣，待其从容，然后尽其声。不善答问者反此。此皆进学之道也。

记问之学，不足以为人师，必也听语乎！力不能问，然后语之，语之而不知，虽舍之可也。

良冶之子，必学为裘；良弓之子，必学为箕；始驾马者反之，车在马前。君子察于此三者，可以有志于学矣。

古之学者，比物丑类，鼓无当于五声，五声弗得不和；水无当于五色，五色弗得不章；学无当于五官，五官弗得不治；师无当于五服，五服弗得不亲。

君子曰：大德不官，大道不器，大信不约，大时不齐。察于此四者，可以有志于学矣。三王之祭川也，皆先河而后海，或源也，或委也，此之谓务本！

第一部分　从名著获得的感受

（一）《学记》中强调的教育的地位与重要性

1. 教育的地位

《学记》的开篇首先强调了教育的重要性及其战略地位。"发虑宪，求善良，足以謏闻，不足以动众；就贤体远，足以动众，未足以化民，君子如欲化民成俗，其必由学乎。"这就告诉我们，统治者懂得发布政令、善于谋划国家大事，只能获得小的声誉，不能耸动民众；招贤纳良，体恤反对者，可以耸动民众了，但还不能教化百姓。统治者如果想把统治思想贯彻下去，并且充分地体现出来，必须首先做好教育事业。这实际上表明了作者的一种价值观，即将教育放在优先发展的战略地位。

2. 教育的重要性

《学记》还进一步强调了教育的重要性："玉不琢，不成器；人不学，不知道。是故，古之王者，建国居民，教学为先。《兑命》曰：'念终始，典于学'，其此之谓乎！"玉石不经过雕琢不会成为好玉；人如果不学习，就不可能知晓真理。因此，古代的统治者建立国家、统治百姓，都优先发展教育事业。即使在《兑命》上，也始终念念不忘的是教育。教育不仅对人的全面发展产生重要影响，国家的命运也系于教育。

(二)"善喻"的教育方法

1. "善喻"教学法的特点

孔子有句名言："不愤不启，不悱不发。"意为当学生对某个问题积极地进行思考，还没有完全想通的时候给予启发；当学生对某个问题思考已有所得，但不十分明确中还表达不出来的时候给予开导。《学记》指出："君子之教喻也，道而弗牵，强而弗抑，开而弗达。道而弗牵则和，强而弗抑则易，开而弗达则思，和易以思，可谓善喻矣。"中"喻"即启发，"善喻"即善于启发。

"善喻"教学法包括三个要点：

一是"道而弗牵"。"道"即"导"，要求在教学过程中。教师起主导作用，引导学生主动地投入学习，而不能牵制束缚学生的思维，拉着他们的鼻子走。

二是"强而弗抑"。"强"即鼓励、督促。要求在教学过程中，不断给学生以鼓励和督促，给学生以足够的自信心。在愉快的教学过程中，使学生感到我能我行，而不能压抑学生的思维，妨碍发展。

三是"开而弗达"。"开"即"开端"，指提出问题；"达"即"通达""到达"，指问题的结论、答案。要求在教学过程中，教师提出问题后，不必马上提供答案，应引导学生自己去钻研、去探究，力求自己解答。

2. "善喻"教学法的核心

"善喻"教学法强调"道、强、开"，禁止"牵、抑、达"。其核心在"道"(导)，其目的在"和易以思"，要求在和谐的教学过程中，开发学生智力，培养学生能力。这不仅符合教学的一般规律，而且揭示了教学过程与方法的本质特征。两千多年来，它一直为教育家们所推崇并付诸实践。

宋朝朱熹很重视"善喻"教学法。他说："指引者，师之功也。"又说："师友之功，但能示之予始，而正之于终尔。"朱熹强调教师的作用在于"道"，在于"指引"，而不是"牵引"，这和"道而弗牵"的观点是完全一致的。我们现在倡导的"三维"教学目标，自主、合作和探究的学习方式，认为教师应营造和谐氛围，在课堂上当好组织者与指导者，要以学生为主体，培养学生的创新思维。

（三）《学记》中教育教学原则

1. "豫时孙摩"

《学记》说："禁于未发之谓豫，当其可之谓时，不陵节而施之谓孙，相观而善之谓摩，此四者，教之所由兴也。"紧接着，《学记》从反面加以论证。"发然后禁，则扞格而不胜；时过然后学，则勤苦而难成；杂施而不孙，则坏乱而不修；独学而无友，则孤陋而寡闻……教之所由废也。""豫、时、孙、摩"的教育思想包含着四条教育原则。而一"兴"一"废"，则指出了"豫时孙摩"的极其重要性。

"豫"即"预"。《学记》谈及对学生教育，应该在学生不良行为发生之前就加以防范。如等到不良行为发生后再制止，就格外费力。

"时"即"及时"。《学记》认为抓住适当时机，及时教学，便会获得最佳效果。如错过时机，再勤奋费力，也难以取得成效。

"孙"即"顺""循序渐进"。要求循序渐进学习，一步一个脚印地前进，不能好高骛远。如"杂施"无序，学生学得夹生，只能事倍功半。苏联巴甫洛夫曾经再三告诫青年"循序渐进，循序渐进，再循序渐进"就是这个道理。

"摩"即"观摩""切磋"。主张同学之间相互观摩，合作学习，取长补短，就能共同进步。否则，独学而无友，必将孤陋寡闻，影响进步。当然，《学记》还认为，交友要慎重，不要因为交友不慎，走上歧途。

"豫时孙摩"四条原则方法，置之当今，可以视为教学指南。"教之所由兴"，在于它符合教学认知的一般规律。"教之所由废"，在于它不"豫"违"时"、不"孙"无"摩"。

为使教学更有效地进行，《学记》还提出"长善救失"的教学原则。《学记》说："学者有四失，教者必知之。人之学也，或失则多，或失则寡，或失则易，或失则止，此四者，心之莫同也。知其心，然后能救其失也。教也者，长善而救其失者也。"

2. "长善救失"

长善即善于发现学生的闪光点，及时加以肯定。这正如苏联教育家苏霍姆林斯基指出的："教育者的明智、技巧和艺术，就在于发现每一个学生特有的兴趣、爱好、特长和志趣，大胆地让每一个人的才能得到尽量的发展。甚至是在最平庸的、智力发展上最感困难的学生面前，都向他打开精神发展的领域，使他能在这个领域里达到一个高处，显示自己，宣告大写的'我'的存在，从人的自尊感的源泉中吸取力量，感到自己并不低人一等，而是一个精神丰富的人。"苏霍姆林斯基的论述其实是"长善"的最好注脚。

"救失"即补救过失。《学记》分析了学生学习上普遍存在的毛病，总结出了四种类型。一为"或失则多"，表现为贪多务得，过于庞杂，缺乏专精；二为"或失则寡"，表现为学习单一，知识面过于狭窄；三为"或失则易"，表现为对学习的艰巨性估计不足，浅尝辄止；四为"或失则止"，表现为在学习中畏难退缩而裹足不前，缺乏积极进取的勇气。

这四种类型的缺点，有显性的，有隐性的；有张三的，有李四的；有"多"的，有"寡"的；有"易"的，有"止"的，正是"心之莫同也"。作为教师，就得深刻了解学生的个性心理特征，"知其心，然后能救其失也"。

第二部分　对化学教育教学的几点启发

"善喻"的教育方法在化学教学中的应用，比喻就是打比方，原是一种修辞手法，运用到化学教学中，成为教学的一种表述方法。准确而较贴切地运用比喻，一般能起到如下的作用：能使所描述的事物更加生动形象。例如，用"电子云"来描述核外电子运动状态；用"好像释去了价电子的金属离子，沉浸在自由电子的海洋里"来比喻金属键；用"惰性"来比喻稀有气体的化学行为等等，就能使所描述的事物生动形象，给学生以深刻的印象。

"豫时孙摩"的教学原则在化学教学中就是预习和复习。

1. 化学教学中学生预习习惯的培养是一种较好的培养学生学会学习并实践学习能力的途径。预习是学习过程中极为重要的环节与阶段，也是课堂相互交往的前提。通过对化学预习的研究，可以使学生对化学产生兴趣，同时也能提高学生自主学习的能力。预习还是提高学习效率的一个重要措施，它可以帮助学生把握新课的内容，了解重点，增强听课的针对性；在预习过程中，自己能解决的问题尽量自行解决，自己不能解决的，作为问题提出，以便通过课堂研讨解决。这不仅有助于学生发现学习中的重点、难点和疑点，使学习效果事半功倍，还可大大提高学生独立解决问题的能力。

2. 如何搞好教学的复习环节的启示：化学复习的范围是有限的，要想在有限的时间里达到最佳复习效果，只能采用科学的方法，多思善想。系统复习，自始至终都应以教材为本，注意知识的全面性、重点性、精确性、联系性和应用性。对中学化学知识和技能都要一一复习到位；对教材中的关键性知识，进行反复阅读、深刻理解，以点带面形成知识结构；对化学知识的理解、使用和描述要科学、准确和全面，如规范地使用化学用语，正确、全面地表达实验现象和操作要点等；把握知识点之间的相互关系及其前因后果，如与离子反应有关的知识有离子反应方程式的书写和正误判断、离子共存问题、离子浓度大小比较、离子的检验和推断、溶液的导电性变化等。应用性是指通过复习要学会运用知识解决实际问题的方法，如元素周期律、周期表涵盖的内容相当丰富，可以进行元素位、构、性相互推断，预测未知元素的性质，比较各种性质的强弱等。此外，要重视对化学实验内容的复习，而且尽可能地亲自动手操作，通过这些典型实验，深入理解化学实验原理、实验方法的设计、实验结果的处理等，切实提高实验能力。能力的培养是化学总复习的另一个重要任务，它通常包括观察能力、思维能力、实验能力和计算能力，其中思维能力是能力的核心。在复习过程中，特别是做题、单元考试、大型考试后，要常回头看一看，停下来想一想，我们的复习有没有实效，知识和技能是否获得了巩固和深化，分析问题和解决问题的能力是否得到了提高。要善于从学生的实际出发，有针对性地进行知识复习和解题训练，而不是做完练习题简单地对对答案就万事大吉了，而是需要进一步思考：该题考查了什么内容，其本质特征是什么，还有其他更好的解法吗？对典型习题、代表性习题更要多下功夫，不仅一题一得，更要一题多得，既能促使知识得到不断地弥补、完善，又能举一反三，从方法上领会解题过程中的审题、破题、答题的方式和奥秘等，从此培养良好的思维品质。

　　"长善救失"的教学原则要求在化学教学中实施培优扶困："教育者的明智、技巧和艺术，就在于发现每一个学生特有的兴趣、爱好、特长和志趣，大胆地让每一个人的才能得到尽量的发展。甚至是在最平庸的、智力发展上最感困难的学生面前，都向他打开精神发展的领域，使他能在这个领域里达到一个高处，显示自己，宣告大写的'我'的存在，从人的自尊感的源泉中吸取力量，感到自己并不低人一等，而是一个精神丰富的人。"苏霍姆林斯基的论述其实是"长善"的最好注脚。通过培优补差，使全组教师对素质教育有一个全新的认识，人人争当素质教育领头雁，把培优补差当作自己的分内事，走在课改前列。要做到：1. 把培优补差高中化学辅优计划作为教学工作的重中之重，建立培优补差制度和激励措施，解决培优补差工作中出现的问题。必须从理论上、实践上展开对培养尖子生、指导学困生研究和实验。要体现出"尖子生吃好，中等生吃饱，学困生吃了。"2. 要求全盘考虑，根据素质教育的要求、班级学生的实际，"培"化学成绩相对好的群体、学生个体的优势方面；"补"化学成绩相对差的群体、学生个体的劣势方面。

　　后续心得体会应用于教育教学实践有待升入思考和细致研究。

读赞可夫的《和教师的谈话》

甄彩丽

《和教师的谈话》这本书在苏联被誉为教师必备书，现已为美、日、德等十多个国家介绍和翻译。赞科夫被国际上誉为"课程现代化"的三大典型代表之一，也是当代国际上教学论发展中具有代表性的三大学派之一的代表人。

作者以其长期实验积累起来的研究成果，克服旧教育课程的矛盾，建立了适应社会要求的新教育课程。他的指导思想是，在教学中着重抓"能力培养"，这是近20多年来美、日、德等国家教学改革的共同趋势。

一、全书共11章，深入浅出地概述了他的教育、教学思想。

第一章：课堂上的生活。主要论述课堂教学的问题。

第二章：教师和儿童。主要论述教师怎样树立威信，实现教师和学生的和谐关系。

第三章：学习的诱因。主要谈论分数既是考核知识的手段，又是学习的动机，但最主要的是激发学生对知识的渴望。学生对知识的向往是那么强烈，以至既不在乎表扬，也不在乎得到好分数的满足了。

第四章：认识周围世界。主要论述让儿童认识自然、社会，最主要的是向他们阐明现象背后的因果联系，因为这对于儿童开始形成科学世界观的因素非常重要。还涉及教学中怎样恰当运用直观教学手段的问题。

第五章：知识的广度和巩固性。主要论述怎样巩固知识。复习是一种常见的手段，但最主要的是扩大儿童头脑中的知识面，不仅要认真思考教材，还要从各个角度、从各种联系中来理解教材。学生在有机的联系中获得越来越多的新知识，其效果要比进行多次的单调复习好得多。

第六章：劳动教学。主要论述劳动教学在学校教育中占有特别重要的地位。劳动操作的特点就是脑力劳动和手的活动相结合，可以培养儿童计划眼前工作、理解自己的操作和自我监督等能力。

第七章：在美的世界里。主要论述儿童对美的感受，以及教师如何引导儿童接触美的世界的问题。

第八章：教学和发展。主要论述教学结构对儿童发展的影响，即怎样安排学校的教学才能使学生获得比现在更高的智力发展水平的问题。

第九章：教学大纲和教学方法。

第十章：掌握知识和学生的发展。

第十一章：教师的劳动及其创造性。

附录：第四章中谈到的几篇课文

赞科夫的教学论思想（代译后记）

教学论的新探索、新成就（胡克英）

二、教学与发展的关系

何谓发展？赞科夫说"一般发展不仅指智力的发展，而且包括情感、意志、品质、性格、集体主义的个性发展"，"我们的时代不仅要求一个人具有广泛而深刻的知识，而且要求发展他的智慧、意志、情感，发展他的才能和禀赋"。可以知道，赞科夫所指的发展不单单是指智商，还包括情商的发展。他坚决反对死记硬背，一个学生按学习成绩来说属于优等生，但在发展上却可能属于中等的甚至更低的水平。而以前没有进过学校的一些学龄儿童，虽然未能学习书本知识，却在发展上一步一步地前进着？可见，在知识与发展上存在着某种"剪刀差"，不能简单地认为只要掌握知识就会自然而然地变成发展水平高的人。联想现在的教学中，一些老师循循善诱，把学习成绩落后的学生拉在身边，耐心地辅导他，暂时成绩上去了，到了初中却一个个都下来了。为什么？因为教师没有教给他们方法，没有去发展他们，他们只是在死记硬背着，看着好像掌握了知识，实际上意志、品质都没有上去，创造性和独立性都没有发展，他们的能力怎么能提高呢？

三、怎样安排学校的教学，才能使学生获得比现在更高的发展水平

赞科夫在书中提出了可供借鉴的方法。

1. 培养学生的观察力

巴甫洛夫说："观察观察再观察"。达而文也说："我既没有突出的理解力，也没有过人的机智。只是在觉察那些稍纵即逝的事物并对其进行精细观察的能力上，我可能在中等人之上。"可见，观察对发展学生的智力有极其重要的意义。而通常我们所认为的"后进生"，往往是观察能力弱的人，他们容易写错字，看到一件事物不能很好地描述。在教学中，教师往往责怪孩子思想不集中，

连抄字等都要错，其实是孩子观察力差的缘故。因此教师在教学中要注意培养孩子的观察力，培养了孩子的观察力，也就启发了孩子的求知欲，他们越是进行精细观察，就越能提出更多的为什么。

2. 培养学生的思维能力

赞科夫强调在各科教学中要始终注意发展学生的逻辑思维，培养学生思维的灵活性和创造性。不仅要给孩子分析和综合、抽象和概括能力，而且要使学生在研究某一事物时既能从一个角度看问题，又能在必要时改变看问题的角度或者从好几个角度看问题。多个角度看问题可以训练学生的思维，开阔思路，这个原理很多老师都明白，然而在平时的教学中还是没有被很好地重视。

3. 培养学生的实际操作能力

现代社会提倡手脑并用，脑力劳动者也需要实际操作，所以实际操作能力是学生发展的重要因素。然而，对照赞科夫的阐述，比照一些学校的状况，事实上这一点并未得到真正的重视。虽然一些学校也开设了制作课，但形同虚设，丝毫没起作用。

四、精彩语言辑录

1. 如果班级里能够创造一种推心置腹地交谈思想的气氛，孩子们就能把自己的各种印象和感受、怀疑和问题带到课堂上来，展开无拘无束的谈话，而教师们以高度的机智引导并且参加到谈话里去，发表自己的意见，就可收到预期的教育效果。

2. 教师的虚假威信只能有助于维持班级的表面纪律，使学生在形式上看来是在完成作业。从表面来看，一切顺利。然而实际上对学生却没有发生深刻的教育影响。

3. 教师既是学生的年长的同志，同时又是他们的导师，无论对集体或者对每一个个别的学生，都时刻不要放松自己肩负的指导的责任。这一点正是应当做到的，虽然做来相当困难。

4. 当教师把每一个学生都理解为他们每个人都是具有个人特点的、具有自己的志向、自己的智慧和性格结构的人的时候，这样的理解才能有助于教师去热爱儿童和尊重儿童。

5. 教师的义务是要从多方面形成学生的个性。这里是不允许"听其自然"的，必须把每一个学生所缺少的东西填补上去。

6. 教师对学生的亲密关系，表现在他既能形成集体，又能了解每一个学生。

7. 许许多多的观察告诉我们：儿童对教师给予他们的好感，反应是很灵敏的，他们是会用爱来报答老师的爱的。

8. 为了在教学上取得预想的结果，单是指导学生的脑力活动是不够的，还必须在他身上树立起掌握知识的志向，即创造学习的诱因。

9. 追求分数对于掌握知识也会发生不良影响。因为在这种情况下，学习教材变成了获取好分数的手段，知识本身对于学生并没有吸引力。而凡是未经过紧张的脑力活动而获得的东西，以及没有和兴趣结合起来的东西，很容易从记忆中丧失。

10. 如果把对周围世界的认识压缩成使学生吃不饱的一份"口粮"，那么这正是学生对学习、对学校丧失兴趣的原因之一。

五、个人感触

读《和教师的谈话》这本书，感触颇多。本书是用谈话的形式，解释和宣传他的教学论思想。参加谈话的有教师、学校领导者、教育学教授，其中既有参加教育工作不久的教师，也有经验丰富而聪明能干的教师。他们的教育观点具有丰富的内容，具有很大的启发性。

1. 赞科夫说到教师需要很大的热情。没有热情就不可能会很好地去爱学生。我很信奉赞科夫的这句话："儿童对教师给予他们的好感，反应是很灵敏的，他们是会用爱来报答教师的爱的"。教师要用自己的热情去带动学生的热情，用自己的爱去带动学生的爱。我一直很欣赏富有激情的课堂，也很喜欢热情、有活力的老师。很多时候当我对自己的生活和工作满怀热情时，我常常能感受到更多的幸福和愉悦。我想老师的热情该是能感染、激励和吸引学生，让他们快乐学习，体验生活的美好，感受心智活动的乐趣，并能从课堂里感受到那种茅塞顿开、豁然开朗，甚至怦然心动的。那么，教师在教学中的热情是什么？苦苦探寻中，我觉得热情是对学生的"热心"。热心也就意味着对学生的信任、关心和接受，亲切地喊出学生的名字，经常微笑等。

2. 赞科夫认为，教师的教育影响跟教师的威信有很大关系，因为教师的威信是他顺利而有效地工作必不可少的条件。如果没有威信，师生之间就没有正确的相互关系，就缺少了有效地进行教学和教育工作的必要条件。那么教师的威信怎么去建立呢？教师的威信主要来源于师生之间建立起的良好的关系。教师需要做的是：要有渊博的知识，尊重学生，平等对待学生，善于倾听学生的心声等。教师的知识和素养都会深深的影响学生。我认为教师在教学过程中处处都能够体现这一点。从备课入手，教师在备课时，应该多收集一点素材，教给学生实用而又日常的知识，放手让学生去感知、操作，让学生感受到你对他的信任，也是对你树立威信的一种帮助，常言道，力是相互的。不仅如此丰富的课外知识可以让学生对老师产生佩服，从而爱上该门课程。

3. 作者提到教师对学生的爱，首先，应当体现在教师毫无保留地贡献出自己的精力、才能和知识，以便在对自己学生的教学和教育上，在他们的精神成长上取得最好的成果。老师对学生的爱，这可能是一种母爱或父爱，又跟本能的简单流露有着原则性的区别；也可能是对学生的一种热情，说得更白点，可能是把对职业的热爱，间接表现在学生身上。其次，教师的爱还应该与合理的严格的要求相结合。我们用一天去爱一个学生，关心他了解他，课堂上关注他，给他鼓励，生活上关心他询问他，那我们用不出两个月的时间便可以让每一个孩子感受老师给予的爱。让每一个孩子都能够自信起来，从而爱上学习，爱上学校生活。让孩子爱上老师。对每一个孩子都应该宽容，要知道孩子的天性是犯错误，我们的职责就是让他们明白自己的缺点，改正自己的错误，做个好孩子。宽容是一门学问，对孩子宽容是需要教师不断摸索的，只要有爱就可以冷静对待。

4. 人格力量。教师应该把自己当成是孩子王，与孩子们融为一体，从孩子们出发，关心理解孩子，就要约束自己，让自己成为孩子的榜样。教师只有给学生创设平等对话的氛围，营造一个无话不说、无题不辩的对话氛围，让平等对话在一种轻松、愉悦、和谐的心境中进行，才能让学生的奇思妙想得以张扬。营造和谐课堂气氛还需要教师具有高度的机智进行引导并参加到谈话里去，因此，提高教师自身素质是营造和谐课堂气氛的根本保证。

教师是神圣而光辉的职业，如何做一个成功的教师呢？这是许多教育工作者思考的问题，也是为之奋斗一生的人生目标。《和教师的谈话》让我重温了一次学生梦，它不仅教会了我许多教学上的技巧和知识，也教会了我从正确的角度去反省自己的教学，更好地培养学生，最重要的一点是它让我渐渐地明白教师是人类灵魂的工程师这句话的真正内涵。我会努力做一名学生喜欢的老师，播种希望，撒下一颗爱的种子，将会"爱"满人间！

近两年工作室培训活动汇总

2017 年 3 月 15 日下午，姚秀海名师工作室受贵阳市民族中学邀请，主持人姚秀海携部分学员和成员到民族中学开展同课异构教学研讨活动。工作室学员曾琦茹和民族中学唐磊老师就化学能转化为电能课题展开了两节别开生面的示范教学。课后参会老师踊跃讨论，积极分享个人感悟，现场研究氛围热烈。

2017 年 3 月 27 日姚秀海名师工作室的学员杨健，在贵州师范学院化学学院宋万琚院长的带领下，赴黄平县参与贵州师范学院举办的"国培计划（2016）——名师送教下乡项目黄平县培训班"活动，本次活动由贵州师范学院主办，参与人员有贵州师范学院的各位专家，以及贵阳市一线的各位教师。

贵州师范学院继续教育学院秉承贵州教育学院 37 年成人教育的深厚积淀，负责贵州省教育行政干部培训、"国培计划"——中小学骨干教师远程培训、"国培计划"——中小学骨干教师短期集中培训、中小学骨干教师置换脱产研修、各种社会培训、成人教育以及自学考试等工作的组织实施。经过多年的培训工作实践，建立了完善的培训管理制度，积累了丰富的培训管理经验，开发了形式多样的培训资源，与各地教育行政部门建立了良好的沟通合作机制。

受贵州省化学国培项目的邀请，2017 年 4 月 7 日上午，贵州省姚秀海名师工作室一行 5 人来到贵阳市修文县，主持人姚秀海为国培项目的化学骨干教师们做了一场题为"中考化学复习策略"的讲座，从考点解读、热点分析、到做题策略，最后以一首《沁园春·考场》结束。

上午 9 点 10 分，工作室学员戴玉梅老师为化学骨干教师示范了一节"酸碱盐复习"的复习课，整个课堂覆盖面广泛，从具体的"指示剂变色""金属除锈""酸碱中和反应"等常考实验的实验现象出发，全面细致地复习了酸碱盐的性质，并归纳成了简单实用方便记忆的顺口溜。整个课堂全面实现了以学生为主体的理念，师生气氛随着戴老师的课堂展开越来越活跃，可见效率非常高。复习课的公开课较为少见，此次戴老师的公开课非常具有指导意义，充分体现了名师工作室老师的功底。

2017年4月13日—14日，由清华大学基础教育研究所、清华大学附属中学主办，天华慧河教育公司和中华英才培养基金承办的清华基础教育高峰论坛暨"互联网＋教育"聚焦学科核心素养教学研讨活动在清华大学附属中学成功举办。来自全国各地的500多名校长和教师参加了本次活动，聆听各位专家对于互联网时代下教育核心素养的创新理念。我工作室成员也全程参与了学习，收获颇丰。

研讨会现场

2017年4月26日，由贵阳市初中化学教研员肖一明牵头，贵州省高中化学姚秀海名师工作室承办的贵阳市初中化学教研活动在贵阳一中新世界国际学校顺利召开。此次活动汇集了贵阳市和三县的大量初中化学教师，邀请到经验丰富的教师进行教学经验交流分享，受到与会老师的广泛好评。

教研活动中，姚秀海名师工作室成员曹晓芹老师倾情奉献，为大家带来主题是"浅谈微课在复习课中实用化推进"的微课教学。微课对于广大教师来说并不是一个新鲜名词，但是微课的使用推广却并不理想。曹老师从生活中的针织教学视频出发，联想到教师的生存危机不够明显，所以一定程度上与教学微课普及度不够相关。她根据自己的理解把微课分成了精品类和实用类，并鼓励大家积极制作使用实用类微课。曹老师向大家展示了她平时是如何使用微课进行教学，这种教学方式带来了哪些便利，解决了哪些困难。

肖老师主持会议

工作室成员展示微课

2017年5月17日，由贵阳市中学化学专职教研员罗敏牵头，贵州省教育科学院主办的贵州省首届中学化学教研活动在观山湖区贵州省教育科学院顺利召开。此次活动得到了贵州省高中化学姚秀海名师工作室、江琴工作室的大力支持，采用了多个会场同时进行，网络直播的方式，把全省初高中化学教师聚集在一起，共同探讨化学学科热点问题。

罗老师主持会议

由贵州省教科院主办，六盘水市教科院协办，六盘水一中承办的贵州省第二届高考化学复习经验交流会于 2017 年 9 月 17 日—20 日在六盘水一中顺利召开。贵州省姚秀海化学名师工作室成员随程参与了此次交流会的服务和展示。

9 月 18 日早上 8 点，会议开幕式准时开始。中共六盘水市教育工作委员会委员、专职副书记黄初俊，六盘水一中校长陈磊出席了开幕式，贵州省化学教研员罗敏主持会议，会场内接近 300 个座位座无虚席。四天三晚的学习交流中，参会老师认真聆听了国培计划专家库专家、中国教育学会化学教学专业委员会常务理事、重庆市化学教研员钱胜；贵阳一中副校长、贵阳一中党委委员、贵阳一中新世界国际学校校长陈章义；贵阳一中新世界国际学校副校长姚秀海；六盘水市化学教研员彭志江；贵阳九中教学主任郭欣；凯里一中名师张胜科、汪兴东；毕节民中名师杨勋；白云二中名师江琴、赵新；兴义一中政教处主任李吉贵；思南中学高级教师陈先富；瓮安中学高级教师蔡志武；铜仁一中高级教师谢海龙；贵阳一中新世界国际学校学生发展处主任曹晓芹等多位专家名师的高三复习经验讲座。

整个复习交流模块包含了 11 个板块、13 位主讲人、3 节研讨课。其中，我名师工作室主持人姚秀海老师做的一堂关于高三化学二轮复习讲座，工作室成员曹晓芹老师的一堂研讨课，都引来老师们的关注并受到参会老师的一致好评。老师们纷纷表示，这样的交流形式，真正解决了一些老师化学高考复习的困惑，同时提升了教师的专业素养和教学技能。

在 2017 年 9 月 20 日下午的闭幕式中，贵州省教科院化学教研员罗敏老师再次对 2017 年贵州省高考化学卷进行了质量分析。通过分析，老师们深感教学责任重大，要将贵州省的化学教学质量推上一个新台阶，还需要全省化学老师们的不懈努力。

六盘水市教科院化学教研员
彭志江老师主讲物质结构

曹晓芹老师的课后说课

会议现场　　　　　　　　　　　　姚秀海老师在评课

与会老师合影

初中化学组优质课评选活动简报

　　2017 年 12 月 5 日，以观山湖区初中化学优质课比赛为契机，学校化学教研组在初中部青年教师中组织了一场赛前"热身活动"。在本次活动中，杨健、付晨、张馨和马健凯老师精心准备，为我们呈现了各具特色的课堂。借用曹晓芹老师的评语，这次的赛课过程中，我们看到了马健凯的严谨，张馨的灵动，付晨的知性和杨健的个性。

马老师上课的内容是《金属的物理性质和某些化学性质》，其中在讲到金属铝与水的反应现象时，一些同学发现现象和预想不符，在回答问题时十分犹豫。马老师鼓励学生要尊重实验事实，有实事求是的科学精神，并带领学生分析实验现象形成的原因，同学们恍然大悟，对知识的掌握也更加深刻。

马健凯老师上课

张馨老师讲授的内容是《金属性质》，在她的课上，同学们明白了如何鉴别真假黄金、如何防止金属腐蚀，用化学原理解释了生活中的化学现象。最后，同学们还用情景剧演绎了金属反应的过程，在玩中体验了化学的魅力。

张馨老师上课

付晨老师将理科的严密逻辑和艺术的创造结合在一起。在她的《金属资源的保护与利用》课上，同学们需要讨论合作，画出理想的实验装置并加以解释。在实际操作过程中，付老师针对孩子们的作品进行点评，让他们的收获最大化。

付晨老师上课

杨健老师把生活中的"项目设计"带进了课堂，让学生在了解《金属材料》的同时，从设计汽车的角度出发，完成小组项目设计计划并在全班展示。PBL（project-based learning）项目式教学法是一项当今教育领域备受推崇的方法，通过这种教学方式，可以激发学生的创造性思维，锻炼其问题解决能力，还能充分调动学生的学习积极性。

杨健老师上课

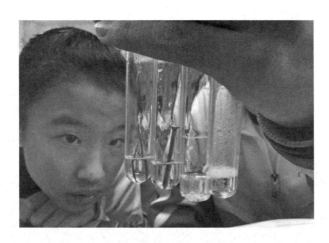

专注观察实验现象的学生

听课现场

　　带领大家领略了四位老师的教学风采，看到孩子们快乐的笑颜，您是否已等不及为化学组的老师们点赞了呢？正所谓台上一分钟，台下十年功，青年教师们今天的笃定和自信源于化学组长期的共同学习和相互督促，在这个大家庭中，每个人都努力成为更好的自己，因为我们相信，只有老师是渴求进步的，学生才会是坚持终身学习的。

　　本次活动高中部老师也积极参与听课观摩，骨干教师曹晓芹、王欣、戴玉梅用心指导评比，报学校初中部研究决定，最终推选出张馨老师代表化学组参与观山湖区初中化学优质课比赛，预祝张老师取得优异的成绩，为化学组争光！

新年第一站——侗乡黎平

　　新年伊始，受黎平县教育和科技局与黔东南州普通高中第二次教研联合体邀请，贵阳一中四名师工作室（坊）于黎平一中开展教学交流活动。

　　2018 年 1 月 5 日下午，在唐远霞老师的组织、带领下，贵州省教科院化学教研员罗敏老师，贵阳一中四名师工作室（坊）团队中的学科老师——语文张春英、黄开春老师，物理田仁军、刘辉南老师，化学姚秀海、杨长远老师，生物周江惠、俞晓蓓老师等一行乘高铁来到细雨朦胧中的黎平一中。

杨正章老师上高三复习示范课

　　1 月 6 日上午，在黎平一中相关老师的安排下，四个学科首先进行了高三复习备考的同课异构听评课活动。化学学科由姚秀海名师工作坊的杨长远老师和榕江一中的杨正章老师上"二轮专题：水溶液中的离子平衡"课。两位老师就水溶液中的离子平衡的不同考查角度设置切入点，给听课的同学和老师们带来了两节别开生面的二轮复习备考课。在第一节，杨正章老师从水溶液中的离子平衡的历年高考题入手，引导学生针对高考中的离子平衡进行知识点的再现与巩固，借助高考题来指导学生进行二轮复习，同时他也很注意引导学生的思路和答题规范，对于指导水溶液中的离子平衡的二轮复习有很强的方法示范作用。在第二节，杨长远老师则从方法上引导学生如何分析、解答水溶液中的离子平衡题型入手。在杨老师的课上，他引导学生从宏观和微观两个方面入手分析水溶液中有哪些离子，这些离子间有什么样的相互影响与联系，帮助学生归纳溶液中各种离子的变化与守恒的关系，并总结解题方法。为了让学生更好地领悟方法，他改编高考题，引导学生由浅入深，逐步分析高考题中各知识点间的关系，最后解决问题。

杨长远老师上高三复习示范课

两位老师独特而实用的课堂教学给老师们很多启发和思考，因此在接下来的评课环节，老师们踊跃发言，各自表达自己听课的体会和思考。姚秀海老师和省教科院罗敏老师更是从两位老师的专业成长和课堂设计、展示等角度给予高度评价，并就化学的二轮复习和日常教学中的困惑回答了老师们提出的问题。虽然天气寒冷，小雨下个不停，但会场的气氛极为热烈。

姚秀海老师评课

中午，活动告一段落的时候，其他学科的老师们也纷纷表示，上午的同课异构听课活动非常成功，与会老师们对贵阳一中团队的授课评价很高，反响很好。

罗敏老师评课

下午是专家讲座时间。对于高三化学备考，省教科院罗敏老师给老师们做了专题讲座。罗老师从一个化学老师应有的专业素养和敬业精神讲起，给老师们展示了复习备考中应该注意的问题和可以借鉴的具体做法，既高瞻远瞩，又具体实用，令老师们大为感叹，大家都说这是他们所听到的既非常实用、又很强操作性的讲座，对今后的化学教学将起到重要的指导作用。

同样，其他三个学科的专家讲座也是好评如潮。唐远霞老师的"高考语文二、三轮复习指导"，田仁军老师的"基于高考能力要求的高考复习策略"，周江惠老师的"2018届高考理综生物二轮复习研讨"等都获得与会老师们的高度评价，老师们纷纷表示，专家们的讲座太给力了，给老师们带来了最好的新年礼物。

细雨如织，微风带寒，宾主惜别。名师工作室（坊）结束了黎平的教研活动，在清冷的夜晚，踏上了返程。黎平，再见！

同课切磋，异构出彩

2018 年 4 月 18 日，姚秀海老师名师工作室和田仁军老师名师工作室受邀到修文中学教学研讨活动的邀请。姚秀海老师带领工作室学员杨长远以及贵阳市百名学科带头人培养对象曾琦茹和曹晓芹老师一行四人来到修文中学进行了有关高三后期复习课《化学工艺流程题解题方法》的同课异构及评课活动。

　　参加本次活动有修文中学的全体化学教师和扎佐中学及周围兄弟学校的部分化学教师。活动分为两个部分，首先是修文中学的陈永红老师和贵阳一中的曾琦茹老师分别上了一节《化学工艺流程题解题方法》的高三复习课。

　　在本次展示课上修文中学的陈老师首先带领学生明确了学习目标，让学生带着目标进行学习。在课堂上讲练结合，注重学生的基础知识落实。将化学工艺流程题目分为三个阶段，利用好分段剖析法将工艺流程题的题头、题干、题尾，以及原件预处理、核心反应、目标产物三段的特点逐一分析给学生。尤其对差生，更是强调在时间不够的时候要注意抓基础分。陈老师的课堂上，多是由学生来进行试题的讲解，还利用实物投影等技术手段，将学生课堂练习的结果实时展示给全班，一起进行分析。

在本次展示课上，来自贵阳一中的曾琦茹首先从提问学生对化工工艺流程题的困惑在哪里入手，引导学生讲出自己的困惑，带着困难去解决困难。同样是对化工工艺流程题目的基本组成结构：原料预处理—核心反应—产品获得（含污染处理）这三个段，曾老师引入习题时还加入了适合贵州学生的背景知识，贵州矿产丰富等，并介绍了贵州磷矿资源，翁福磷矿。即便是在高三容量很大的课堂上，曾老师一样没有放松对学生学科素养提升的培养。然后曾老师节选了磷矿流程，请学生找出工艺原料，目标产物，并说出图中几个重要的工艺步骤的作用。然后曾老师请学生在题目中寻找常见的化工术语和常见操作。明确了本题型复习的目标第一课时是原理复习，第二课时是操作。然后曾老师引领学生对关键词进行了逐一的剖析：

粉碎　目的：增大接触面积，提高反应速率，提高浸出率。

同时针对上课之前作业做出点评，并展示学生作业做出点评。

酸浸，碱浸

通过作业总结出现的离子种类。重点分析铝土矿。

氧化还原：常见的氧化剂，还原剂

学生练习，找出工艺流程中的氧化还原部分。并请学生完成离子反应方程式。

煅烧、焙烧　目的：使固体在高温条件下分解或改变结构，使杂质高温氧化、分解等。

最后通过课堂习题引导学生总结规律。在课堂总结时重新回到化学工艺流程三个阶段。

本次活动的第二个环节是评课环节。首先是两位老师分别介绍了自己设计课堂的一些思考。陈老师从设计本节课的课前知识储备，学情分析，以及课前的学生练习角度入手介绍了本节课的设计。由于该专题复习之前是实验专题。而学生8月份模考有40分上下，加上化工流程难度大，所以综合考虑以复习落脚点基础为主。在上课之前发了一张学案请学生完成。课堂设计思路，首先是考题解析，由2017年的高考题来归纳考点。然后让学生用分段剖析法来解题。但是发现学生的离子方程式书写尤其是氧化还原的配平还是不熟练。最后用课堂练习来巩固。最终希望学生能拿到这类题型的6~8分。不足之处，在分段剖析的地方，在课堂上没有提出专业术语。在讲题的时候没有过多的对学生进行相关辨析。曾老师认为这节课在备课时，觉得工艺流程的专业术语会是学生的难点，因此选择了在工艺流程中一些比较难的点透过工艺流程的专业名词来突破。所以以问题再现的方式来呈现。让学生先从酸碱浸，离子出来了，才好解决问题。第二个重点是氧化还原。把术语串起来就能突破。另外对高三的学生不能只是做题还要有素养的提升。

各个兄弟学校的老师们积极对两节课的课例谈出自己的一些看法。总的来说：1. 陈老师的课时设计很符合本校学生的特点。讲练结合，学生的答案能及时投影，让学生能找到标准。但是对细节处理还可以更加细致。曾老师的课很有启发性，新课的引入是用心的。花点时间调动学生的积极性。对每一个化工术语的讲解很到位。2. 上什么课？要明确自己的目的，任务是什么？要提升学生的什么能力？3. 要研究学生，不同地方，不同学校的学生情况不同。研究学生就能让学生学习更加有效。4. 研究试题，研究考点，研究热点。5. 让学生能把自己的难点，困惑说出来。老师才能更加有效地帮助他们解决。6. 除了讲解方法，还要给学生用的机会。如果错了，还要重复练习。要过关训练，才有教学效果。针对自己的学生有具体的要求，要达到基本目标。7. 研读考试说明，做 3~5 年的高考真题。之前我的做法，题目分为文字信息和图表信息。原料和产物的对比、元素、化合价。每一步的变化，是物理变化，还是化学变化？涉及的仪器，注意事项。原理是什么？有机大题也可以用这样的方式来呈现。加强课堂的针对性。

最后，名师工作室的领衔人姚老师进行点评，认为两位老师的课都有很多的亮点，也都有很多值得改进的地方。如果能让学生更加主动一些会更好。高三的复习课要抓住能够让学生有效提分的点，要研究学生的学情。一堂课的效率如何，取决于课前的教学设计，教学的设计取决于对学生学情的了解。脱离了研究学生的课堂，是没有实效的课堂。

经过上课展示、听课观摩、评课研讨，所有参会的老师都表示得到了不同于以往的课程体验，在思维碰撞中有了更多的想法和收获，在学习研讨过程中逐渐进步，有了这样的经历对于每位老师的教学素养都会有所提升。

2018 年 8 月 21 日下午，姚秀海名师工作室就教师专业发展一题，在贵阳一中新世界国际学校组织了部分学员与成员之间相关理论的学习。该活动由姚秀海主持人主讲，从不同角度的生动见解，参会老师纷纷表示收获满满。

教师专业发展理论学习

2018年9月19日下午，姚秀海名师工作室就青年教师发展一题，在贵阳一中新世界国际学校组织了观摩部分学员青年的汇报课，参与学员成员之间的点评。该活动由姚秀海主持人主持，工作室学员付晨、张馨、李丽娜等分别从不同学段进行为期一个月的课程汇报。

姚秀海名师工作室组织青年教师汇报课

2018 年 10 月 25 日上午，姚秀海名师工作室邀请贵阳市教科所化学教研员前往贵阳一中新世界国际学校视导工作。对此进行了相关安排：高中部各班第 1—3 节按课表上课（第 2、3 节专家听课，无课学员全体参加听课）；第 4、5 节工作室学员参加评课交流活动。该活动由姚秀海主持人主持，两位工作室学员分别进行授课。

2018 年 11 月 7 日，由贵州省教育科学院主办的《普通高中化学课程标准（2017 版）》课题式研修在贵州省教育科学院顺利召开。这次活动由贵州省化学教研员罗敏牵头，课题组老师作为工作人员全程参与了此次活动。

此次活动由省教科院教研员罗敏老师主持，主讲嘉宾是市教研员孙序琼老师、贵阳一中曾琦茹老师、遵义县东皇中学杨文美老师，同时还邀请了姚秀海名师工作室的大部分成员和学员，江琴名师工作室的主持人和部分学员也在与会人员之列。罗敏老师、孙序琼老师在百忙之中抽出时间和大家分享课题研究前期成果、最新的说播课比赛心得信息，让大家深受启发，受益匪浅。

工作室成员曾琦茹《离子反应》说课　　　工作室学员李丽娜进行课题推广

　　2018 年 11 月 22 日—26 日，贵州省《普通高中化学课程标准（2017 年版）》课题式研修培训活动在都匀一中成功举行，全省共有 300 多名化学骨干教师参加课题研修培训活动。活动邀请了周业虹、王军翔、任雪明、王晶、班文岭五位来自全国的知名专家和省内名师邹洪涛、胡长刚、胡立军、曾红、姚秀海、陈章义等老师对新课标的修订、核心素养下的化学教学等内容进行专题培训。课题组负责人省教科院罗敏老师主持活动并做培训，课题组核心成员江琴、万继国老师授课，辐射成员谢海龙、李丽娜、张馨、杨健、刘丹丹等老师参加活动并围绕新课标研修内容积极交流。

课题研修活动开班仪式

一中新世界陈章义老师做培训

工作室主持人姚秀海老师做培训

人民教育出版社化学室王晶老师做培训

2018 年 11 月 28 日，由贵州省高中化学姚秀海名师工作室主办的化学核心素养下新课标研修活动在贵阳一中新世界国际学校顺利召开。这次活动由铜仁市张德权名师工作室承办，同时得到了贵阳一中新世界国际学校、印江中学的大力支持，部分工作室学员作为工作人员全程参与了此次活动。本次活动分为六个环节，第一环节开幕式，对印江中学一行表示热烈欢迎，首先通过观看

观看学习视频

曹晓芹老师交流分享

《视界世界》视频介绍贵阳一中新世界国际学校。然后由工作室成员曹晓芹老师向全体老师进行上海学习的分享。

第二环节工作室学员张馨老师主讲选修5《卤代烃》，印江中学杨绍权老师主讲高三复习《化学平衡中的平衡判断》，参会老师于阶梯教室实时转播、观看课堂教学。第三环节由曹晓芹老师带队，贵阳一中副校长、贵阳一中新世界国际学校校长陈章义老师进行接待。第四环节贵阳一中曾琦茹老师生动形象地还原了其参加全国说播课比赛的场景，带领我们一同感受现场、了解何为说播课。第五环节贵州省教科院罗敏老师为我们进行了新课标的分享。第六环节评课，对上午两位老师的课程分别进行评价。参训教师纷纷表示，活动丰富、受益匪浅。

张馨老师课堂提问

认真的同学们

不忘初心，砥砺前行

贵州省高中化学名师工作室主持人姚秀海成长事例
贵阳市第一中学　贵州贵阳　姚秀海

　　摘　要：通过反思本人成长经历，有幸与时代发展同步伐，归纳了个人成长三大特点——低起点、勤提升、多回报，并指出这三特点在教育教学中成长的独特价值，并且重点分享自己的初心、追求、本人发展案例，从"赶上这个时代发展"到"引领时代同伴发展"的人生跨越，为他人发展提供借鉴。

　　关键词：初心；名教师；低起点；勤提升；多回报

　　从小我就非常敬佩老师，中学毕业的我有一个初心，长大后争取做一位学生喜欢的名师，争取为国家多培养优秀人才。今天回想自己的成长，有幸与改革开放同岁，与时代发展同步伐。为了实现初心，历经艰难险阻，用"低起点""勤提升""多回报"等几个关键词来分享自己的前行之路。从"赶上这个时代发展"到"引领时代同伴发展"的人生跨越。

一、低起点

　　1978 年，我初中毕业，考上松桃县第一中学高中。那一年，党中央召开了十一届三中全会，开启改革开放历史新时期，注定我赶上了这个好时代，1980年，参加全国高考，由于刚刚恢复高考，历史积累大量的人才，与现在相比，每年国家招收的大学生名额少，1980 年全国高校招生计划仅约为 27.5 万人，竞争十分残酷，我学习十分努力，幸运地考上一个师范专科学校，毕业时，有的同学留校、有的同学留在城市，尽管学习成绩在班上名列前茅，还是学校连续表彰的校级优秀学生干部的我，最后只好服从安排，我还算有幸被分配到松桃县第一中学。于是踏上了我的初心之路，成为一名中学教师；从初中化学教学和班主任工作干起，相对那时大多数大学毕业生而言，我的人生起点存在"二低"，即起点文凭低、起始工作单位层次低。

　　我深知一个人的起点决定一个人发展的终点，一个人心态决定一个人状态。面对低起点的现实，要想完成初心，存在着心理压力大和提升难度大的实际，只有自己调整心态，去迎接挑战，让自己时刻有一个积极向上的心态；跟上时代，与时俱进，做好自己人生规划，对待工作，自己时时刻刻都是处于认真、踏实状态，力求兢兢业业办好每一件事，通过不断勤奋学习积累知识，提升自己水平、高度，随时做一个有准备的人，迎接时代发展带来的发展机遇。

　　二、勤提升

　　1. 知识理论提升。在松桃县第一中学工作刚好满四周年，1987 年就以铜仁地区第一名、全省第四名的成绩考入贵州教育学院继续学习，以连续两年的院级"三好学生"毕业，取得本科文本；2000 年考入国家跨世纪教育工程，即教育部在全国范围内培训 2000 名中学骨干教师，当年化学学科贵州省仅有 6 个名额，由南京师范大学承办国家级骨干教师培训中心培训一年，学习化学学科最新前沿理论和新课程理念，2001 年取得合格证；当年 2004 年被铜仁一中派出，参加党校举办的第十一期中青年干部培训班，学习政治理论知识；2008 年作为贵州省教育名师被贵州省教育厅派出，参加华东师范大为贵州省举办的首批教育名师研修班，随后作为贵阳市名师工作室主持人再一次被贵阳市教育局派往华东师范大学学习；2014 年由贵州省教育厅派出，参加国家教育行政学院举办的第十三期全国基础教育改革动态研修班，学习基础教育改革动态；2015 年 11 月—12 月，作为贵州省名师工作室主持人，被贵州省教育厅派往北京师范大学参加贵州省名师、名校长高级研修班，近期又参加了在东北师大为名师工作室主持人组织的培训，学习教育理论及名师工作室建设管理，可谓是读遍了"东、南、西、北"著名的师范大学，学到了最新教育理论和教育理念，不断弥补自己知识的欠缺，不断提升自己的视野，为自己树立了信心，为自己不断发展打下了基础。

　　2. 工作平台提升。从 1983 年分配到松桃一中，在这里我一干就是近 10 年；1993 年，由于本人的追求和铜仁一中用人的需要，我成功加入铜仁地区第一中学，在这里我奋力拼搏了 12 年半，奉献了人生宝贵年华；2005 年 08 月，自己的初心又一次与贵阳一中搬迁金阳的需求相结合，经过贵阳一中面向全国的招考，成功进入到贵阳市第一中学，初步踏上较高发展平台；2009 年 4 月，又经贵阳一中党委、校务会委派，参与创办贵阳一中新世界国际学校，经过近九年时间的创业，贵阳一中新世界国际学校已经发展成了贵州省、贵阳市的一个教育品牌。每提升一次平台，都是一次向高人技艺切磋学习机会，自己的教学水平与能力得到再一次的提升。有了比较高的平台，自己才能更多、更好地为学生及家长服务，培养出更多、更加优秀的人才，同时才能实现自我持续发展。

3. 教研技能提升。从1983年到现在，我经历过60后、70后、80后、90后、00后、10后学生的改变；也经历了从甲种本到乙种本，再到现在的"必修+选修"的教材改版，也经历了从双基发展到三维目标再发展到核心素养教学要求转变；从县城一中到地区一中，再到省会城市第一中学。不同的时期，每一个平台上学生的综合素养不一样，教学理念不一样，教学要求也不一样，时代在前进，服务对象在变迁，平台在提升，没有一劳永逸的教育教学，只有紧紧赶上时代的步伐，不断提升自己的教育教学技能，才能满足学生及家长的需要，时代的需求。长期如此，自己慢慢地形成了研究学生、研究教材、研究区域、研究教学方法及策略的意识和行动；在研究学生、研究教材、研究区域、研究教学方法及策略的意识和行动形成了一些案例，如电解电解质溶液电极反应式的书写，守恒法解决等效平衡教学案例在重要期刊发表，教育教学能力及班主任工作的水平得到不断强化、提升。自己从一名普通中学教师逐步提升为中学一级教师、中学高级教师、中学正高级教师；从一名普通教师提升为一名优秀教师、骨干教师、特级教师、省级教育名师及高中化学名师工作室主持人，实现了做一名优秀的人民教师的初心。形成了一种一切从教学的实际情况出发，制定切实可行的教育教学方案的习惯，培养了一种实事求是，认真研究的能力，推动自己可持续的发展。

赶上了好时代，养成了终身学习的能力和习惯，个人发展不断与时代发展的机遇相撞结，抓住了一次又一次的机会，给自己带来的一个又一个的提升机会，实现了人生一个又一个的提升目标。

每一次的培训与交流，都是自己思想与先进理念的一次碰撞，心灵上又一次洗礼，认识水平又一次提升，学业水平又一次深化；每一次工作平台提升，都是对自己工作能力的又一次检验，每一次与高人同台，都是自己学习和能力提升又一次好机会；每一次变换学情，都是检验自己对陌生教学情境的适应能力，都是考验自己对陌生学情情境的研究、求是能力。

思路决定出路，行动就是执行力，执行力就是自己始终保持自主的、持续的终身学习状态、先进的教育理念，就是始终保持踏实认真、求是的工作作风，精益求精的工匠精神，才有始终做合格人民教师的资格和本领。

三、多回报

1. 成为一名合格人民教师后，回报一就是为国家培养一批又一批的优秀学生。1983年至1992年在松桃第一中学高中期间，自己当了三年初中班主任，送走三届初中毕业生，共计360人，成为松桃县教育局、贵州省教育厅表彰的初中优秀班主任；当了两届高中班主任，送走了两届高中毕业生，共计近260人。1993年至2005年在铜仁一中工作期间，担任了三届高中班主任，连续10年担任毕业班教学工作，送走学生近1600名。1994年被铜仁地委、行政公署表彰为优秀教师，1998年铜仁一中评聘任为中学高级教师。2000—2001年参加国家级骨干教师培养，2004年评为贵州省特级教师；2005年至今在贵阳一中教育集团工作期间，送走了四届高中毕业生，共计学生500人。任教时有初中毕业生从松桃一中以第一名成绩考入铜仁一中，松桃一中的毕业生升学率能够达到70%左右；铜仁一中升学率达到90%左右，一本升学率达到72%左右；贵阳一中教育集团的升学率高达100%，一本升学率达90%左右。共有5名学生升入清华大学，6名学生升入北京大学，培养了一批又一批的优秀毕业生，这些学生大多数已经发展成为各级的骨干力量。

2. 回报二就是培养化学学科优秀学生。组织并辅导学生参加由中国科协主管、中国化学学会主办的每年一次的全国中学生化学奥林匹克竞赛，在近20年的时间里，所辅导的学生参加化学奥林匹克竞赛，有一人次获得国家级二等奖，有10人次以上获省级一等奖，多人次获省级二、三等奖；指导学生参加省市级学生论文比赛，一人次获得二奖，一人次获得三等奖，为一批学生提供施展才华的平台，让他们成长为优秀学生，目前有的已经成为科研机构、大学化学学院的中坚力量。

3. 回报三就是通过"化学教研组＋名师工作室"的发展模式，引领并培养更多的年轻化学教师，帮助他们提升教育教学科研能力。其中通过贵阳一中化学组12名教师的参与，提升了他们的科研能力。组织他们积极申报并参与各类科研课题，主持贵州省基础教育科研课题，已经结题；参与了化学组文静、姚红等老师课题研究，促进了课题研究工作的开展，正在参与带动贵州省教科院组织研究的微课堂电化学教学研究，正在积极申报贵州省名师工作室组织相关课题。组织名师工作室成员积极协助参与承办贵州省高初中化学优质课比赛、高初中化学教研活动、参与贵州省高考模拟考试命题工作；担任过全国化学年会化学创新实验评比评委，担任年贵州省年高初中化学优质课评委。近年来为贵州省高中、初中化学教师共做过 8 场专题报告，组织名师工作室成员、学员间开展同课异构、送课下乡达 10 次左右。作为贵州师范学院兼职教授，参与过三届毕业生教育实习论文答辩，指导过 5 名左右年轻教师——博士、副教授，提升年轻化学教师教育教学科研本领。

身为贵阳市名师工作室领衔人和贵州省高中化学姚秀海名师工作室主持人，其中市工作室培养了 8 名学员，省工作室一共招了两期学员，共 48 名学员，在地（县）学校设立工作站，扩大名师工作室的辐射面。学员通过工作室的学习都有相当大提升，有的成了省、市、学校的教学骨干，有的评上特级教师、正高级教师，有的走上领导岗位等。在培养学员的同时，主持人和学员一起在省内各地（习水县、印江县、三都县、黄平县、关岭县、都匀等）进行过至少 15 次以上的专题报告、讲座、示范课，起到了良好的示范带动作用。

作为贵州省教育科学院高中化学兼职教研员，贵州省骨干教师培训中心兼职教师，贵州省中学化学优质课评委，积极发挥辐射示范作用，如上示范课、研讨课、送课下乡、专题讲座等，协助全省中学化学教研活动、优质课开展及贵阳市中学化学教研活动等。实现从赶上时代到引领时代年轻教师的跨越。

4. 回报四是个人成果。课题论文《新课程理念下高中化学有效教学策略之研究》和《研究教材习题，关注高考热点》等 7 篇论文分别在国家中等教育核心期刊《中学化学教学参考》，全国优秀期刊《数理化学习—高中版》发表；有论文"西北地区中学化学实施双语教学的思考""西部地区中学生化学学困原因的分析与思考"等 9 篇参与国家级、省级论文评选，分别获得一等奖、二等奖。

最近，本人尝试"少教多学"教学实验研究，在高三毕业班教学中，有明显的效果。尝试学科间综合的教学研究，基本形成了原电池形成条件的教学案例等。

5. 回报五是年轻教师成长喜人。作为化学教研组组长、名师工作室主持人，非常重视对年轻教师的专业引领，铜仁一中的李群英等 5 人，分别成长为学校教研组长、学校骨干教师、市级骨干教师、省级骨干教师、特级教师；贵阳一中化学组杨长远、曾琦茹等人，分别成长为学校骨干教师、贵阳市学科带头人、贵州省优质课一等奖获得者。创建并引领贵阳一中新世界国际学校化学组发展十年，先后指导过近 15 名年轻化学教师，他们分别是曹晓芹、杨健、林红志、付晨、张婷婷、张馨、马建凯、李丽娜、陈远贵、蓝俊等。每个人得到了进步与提升，大部分是职称提升，两位老师被学校任命备课组组长，一些人是参加优质课评比获奖，一些人是参加课题研究获奖，一些人是参加论文评比获奖，有的是辅导学生竞赛获奖，有的是带毕业班，获得中高考质量奖。

特别值得一提的是，郭欣老师 2018 年被评为贵州省特级教师、中学正高级教师，被贵阳市教育局提拔为贵阳市教科书领导，分管高中教科研。另外两人是贵阳一中曾琦茹老师、贵阳一中新世界国际学校曹晓芹老师，分别获得贵州省优质课一等奖，2017 年 8 月她们俩人入选贵阳市中小学百名学科带头人。

在 2018 年度学校工作总结中，高初中化学教研组双双荣获优秀备课组，这是对发展模式的充分肯定，每位老师及学员都从中得到了不同程度的提升与成长。

坚持自我发展和示范引领，为贵州省培养更多的优秀教师是我们名师工作室主持人应尽责任，我们需要与时俱进的，成绩只能代表过去，自我发展没有终点，示范引领永远在路上，不忘初心，砥砺前行。

三千史书学习有终时，九万里悟道无归期！

2019 年 1 月 28 日于贵阳一中

后 记

从 2018 年秋天开始，在主编的带领下，编委们做详细的分工，由于各自的工作都忙，断断续续写了很长时间，春节这一天书稿终于完成了，正好赶上春节与立春同一天，或许是苍天有眼，一是让大家安心过年，二是我们的春天已经来临。疲惫许久的身体和心态，瞬间如释重负，轻松、舒畅多了，犹如春天树枝头的绿芽。

这本书记录了我们最近这十年教学悟道历程，有初出茅庐的年轻教师崭露头角，有中年教师的教学感悟，有老教师的心血沉淀。它记录了贵阳一中新世界国际学校化学组从无到有，从弱变强的历程，记录了我们的教学研究成果。回首看来，甚是欣喜。正如苏霍姆林斯基所说："如果你想让教师的劳动能够给高教师带来快乐，使天天上课不至于变成一种单调乏味的义务，那你就应当引导每一位教师走从事教育科研这条道路上来。"的确，教师的教学悟道、从事的研究的最终目的不仅仅是改进教学实际，促进自身的专业发展，还可以改变自己的生活方式，从而在工作中获得理性的华升和情感的喜悦，提升自己的精神境界和思维品质。我们迫切地期盼，这种喜悦能够陪伴发展共同体的每一个人，一生的学习和教学。

此时此刻，回想在我们成长过程以及撰写书过程中，给予我们支撑和帮助的人很多，想要感谢的人很多，有南京师范大学的马宏佳老师等，有华东师范大学培训部的教授们，北京师范大学名师工作室主持人培训的专家，有国家教育行政学院的教授们，有东北师范大学为贵州省名师工作室主持人培训的专家教授，有贵州省名师工作处的谢笠教授，有贵州师范学院的宋万琚教授，有贵州省教科院的罗敏老师，有贵阳市教科所的孙序琼老师，还有贵阳一中及贵阳一中新世界国际学校的历届领导，贵阳一中及贵阳一中新世界国际学校化学组全体化学老师，姚秀海名师工作室全体成员和学员（郭欣、杨长远、曾琦茹、曹晓芹、杨健、张婷婷、李丽娜、张馨、付晨等），当然还有一直支持我们的家人。是他们鼓励我们，给我们出谋划策，大家一道教学悟道，提升智慧，共同成长，编写书稿，群策群力，做出许多亮点，完成了集体心愿，真是感慨万千，集体的智慧无穷，在此给大家拜年啦，道一声谢谢！

　　最后，我想高呼，在教学悟道的过程中，你发展、我发展、学校在发展，在教师专业发展的道路上已经是教师团队的发展共同体模式了。让你我一同走在路上……

编委姚秀海执笔

2019 年 2 月春节于贵阳一中新世界学校